# 슬럼, 지구를 뒤덮다

신자유주의 이후 세계 도시의 빈곤화

마이크 데이비스 지음 | 김정아 옮김

PLANET OF SLUMS

# 슬럼, 지구를 뒤덮다
— 신자유주의 이후 세계 도시의 빈곤화

마이크 데이비스 지음 | 김정아 옮김

2007년 7월 2일 초판 1쇄 발행
2021년 6월 7일 초판 9쇄 발행

펴낸이 한철희 | 펴낸곳 돌베개 | 등록 1979년 8월 25일 제406-2003-000018호
주소 (10881) 경기도 파주시 회동길 77-20 (문발동)
전화 (031) 955-5020 | 팩스 (031) 955-5050
홈페이지 www.dolbegae.co.kr | 전자우편 book@dolbegae.co.kr

책임편집 김희진 | 편집 이상술·이경아·윤미향·김희동·서민경
교정 원지영 | 표지디자인 박대성 | 본문디자인 박정영·박정은·이은정
마케팅 심찬식·고운성 | 제작·관리 윤국중·이수민 | 인쇄·제본 상지사 P&B

ISBN  978-89-7199-276-0 03300
책값은 뒤표지에 있습니다.

이 도서의 국립중앙도서관 출판시도서목록(CIP)은 e-CIP 홈페이지
(http://www.nl.go.kr/cip.php)에서 이용하실 수 있습니다.(CIP제어번호: CIP2007001949)

# 슬럼

**, 지구를 뒤덮다**

내 사랑 로이진에게 바칩니다

슬럼, 준슬럼, 수퍼슬럼.
이것이 도시 진화의 결과다.
— 패트릭 게디스[*]

[*] Lewis Mumford, *The City in History: Its Origins, Its Transformations, and Its Prospects*, New York 1961, p. 464.

## 한국의 독자들에게

고속 도시화, 고가 주택을 제외한 주택 물량 부족, 빈민이 도심에서 쫓겨나는 상황, 올림픽 등 대형 사업을 빌미로 한 도시재개발, 도시가 무질서하게 뻗어나가면서 발생하는 각종 병리적 현상들……. 이러한 이 책의 많은 주제들이 한국인들에게 특별한 의미가 있으리라 믿습니다.

사실, 근대 도시 가운데 서울만큼 극적인 변화를 겪은 도시는 없습니다. 전쟁의 폐허만 남았던 도시가 이제 뉴욕에 버금갈 비참함과 화려함이 공존하는 거대 자본주의 메트로폴리스로 변모했으니까요.

국가와 기업이 사적 이윤을 위해 민중의 공간을 불도저로 밀어내고 부유층 문화를 확산시킬 때, 서울의 노동자 주민들은 도시에 대한 권리를 지키기 위해서 진보적 학생운동 및 노동운동과 연대하여 국가와 기업의 철거 책략에 맞섰던 영웅적 투쟁의 역사를 가지고 있습니다. 세계는 서울의 역사에서 많은 것을 배울 수 있을 것입니다.

나는 이 책의 번역이 한국의 주민들과 대화를 시작할 계기가 되기를 소망하며, 한국의 역사와 투쟁에서 좀더 많은 것을 배울 수 있기를 고대합니다. 한국 독자들에게 『슬럼, 지구를 뒤덮다』를 소개해준 돌베개 출판사에 감사드립니다.


2007년 6월

마이크 데이비스

# 감사의 말

내가 대학 도서관에 들어앉아 책을 보는 동안, 포리스트 힐턴은 안데스 산맥에 바리케이드를 치고 싸우고 있었다. 힐턴은 라틴아메리카 도시화와 관련된 지식을 몸소 체득한 학자로서 이 책에 대해서도 날카로운 조언을 아끼지 않았다. 그가 없었다면 이 책은 나올 수 없었을 것이다. 나는 지금 힐턴과 공동으로 이 책의 속편을 쓰고 있다. 속편에서는 전지구적 자본주의에 저항하는 슬럼 기반 투쟁의 역사와 미래를 연구할 것이다. 콜롬비아와 볼리비아에 관한 그의 책들에서 알 수 있듯이, 힐턴은 현실을 직시하고 미래를 전망하는 학자로서 탁월한 능력을 지녔다.

타리크 알리와 수전 왓킨스 덕분에 『뉴레프트리뷰』 26호(2004년 3·4월호)에 실린 「슬럼의 행성」을 발전시켜 책으로 만들기로 결심했다. 언제나 그렇듯 이번에도 페리 앤더슨은 우정 어린 지지와 조언을 아끼지 않았다. 아나냐 로이의 초청으로 캘리포니아 대학교 버클리캠퍼스의 도시계획과에서 이 논문에 대해 토론할 수 있었다. 그녀의 환대와 고무적

논평에도 감사한다. 버소 출판사 편집자 제인 힌들, 가일스 오브라이언, 톰 펜에게 감사한다. 훌륭한 편집자들이었고, 함께 일하면서 즐거웠다. 얀 브레먼(『인도의 노동 빈민』, 2003)과 제러미 시브룩(『남반구 도시들』, 1996)에게도 존경의 마음을 보낸다. 두 사람 다 만난 적은 없지만, 두 사람의 훌륭한 책들이 큰 도움이 되었다.

최근의 '사이언스 어드벤처' 3부작을 아들 잭에게 헌정했으니, 이 책은 잭의 누나 로이진에게 헌정할 차례다. 로이진은 날마다 100가지 방법으로 나에게 기쁨을 안겨준다(걱정 말아요, 카산드라 목테주마, 제임스 코놀리, 그리고 다른 내 아들딸들, 당신들 차례도 곧 옵니다).

2006년
마이크 데이비스

# 차례

# 표 차례

일러두기

1. 인명이나 지명 등 외국 고유명사의 우리말 표기는 가능한 한 외래어표기법(1986년 문교부 고시)을 따랐다.
2. 주요 인명과 (국가나 주, 도시 등의 지명을 제외한) 슬럼 이름, 마을 이름에는 원어를 병기했다. 원어가 아랍어, 힌디어 등일 경우에는 원서를 따라 로마자로 표기했다.
3. 지은이의 주는 책의 말미에 미주로 실었고, 옮긴이의 주는 본문 하단에 실었다. 또 옮긴이 주 중에 간단한 것은 각괄호를 달아 본문에 넣었다(〔   —옮긴이〕).
4. 위의 경우 외에 본문에서 각괄호(〔  〕)는 지은이가 다른 이의 말, 글을 인용하면서 개입한 것이다.
5. 원서에 나오는 피트, 야드, 마일, 헥타아르 등의 단위는 미터법에 따라 환산했다.

# 도시의 갱년기

*우리는 도시의 시대에 살고 있다. 도시는 우리가 가진 모든 것이다. 도시는 우리를 먹어치운다. 우리가 도시를 찬양하는 것은 그 때문이다.*
── **오누코메 오코메**[1]

　　내년이나 후년, 한 나이지리아 여자가 라고스의 슬럼 아제군레Ajegunle에서 아이를 낳을 것이요, 한 인도네시아 청년이 자바 서부 고향 마을을 떠나 휘황찬란한 자카르타로 상경할 것이며, 한 페루 농부가 가난에 찌든 가족을 끌고 리마에 산재한 무수한 푸에블로호벤pueblo joven ['새 동네'라는 뜻으로 페루에서 판자촌을 일컫는 말─옮긴이] 중 한 곳으로 이주할 것이다. 누가 왜 어디로 갔는가는 그리 중요하지 않다. 그에 대해 신경 쓰는 사람도 없을 것이다. 그러나 이러한 상황은 신석기혁명이나 산업혁명에 버금가는 인류 역사의 분수령이 될 것이다. 역사상 최초로 지구상에서 도시인구가 농촌인구보다 많아질 것이다. 제3세계 인구조사의 부정확성을 감안하면, 도시인구가 농촌인구를 넘어서는 세기적 전환은 이미 일어났을 수도 있다.

지구의 도시화는 '로마클럽'[1968년에 세워진 미래연구 기관—옮긴이]의 1972년 보고서 『성장의 한계』*Limits of Growth*에서 처음 예상한 것보다 더 빠르게 진행되어왔다(이 보고서는 그 멜서스주의적 발상으로 악명을 떨치기도 했다). 1950년 전 세계에서 인구 100만 명 이상의 도시는 86개였다. 현재 인구 100만 명 이상의 도시는 400개이며, 2015년에는 550개가 넘을 것으로 보인다.[2] 실제로 1950년 이후 폭발적으로 증가한 전 세계 인구의 약 2/3가 도시에 흡수되었다. 지금도 도시인구는 새로 태어나는 아이들과 도시로 이주하는 사람들로 매주 100만 명씩 증가하고 있다.[3] 세계의 도시 노동인구는 1980년대 이후 2배 이상 늘어났고, 현재 도시인구(32억)는 존 F. 케네디가 대통령에 취임할 당시의 세계 총인구보다 많다.[4] 반면에 세계 농촌인구는 이미 정점에 이르렀고, 2020년 이후에는 줄어들기 시작할 것이다. 따라서 미래의 세계 인구 증가분은 모두 도시에 수용될 것이다. 세계 인구는 2050년에 약 100억까지 늘어날 것으로 예상된다.[5]

## 거대도시와 '데사코타'

이렇게 증가한 인구의 95%는 개발도상국 도시 지역에 집중될 것이다. 다음 세대 개발도상국 도시인구는 2배로 늘어 거의 40억에 육박할 것이다.[6] 이미 중국과 인도와 브라질의 도시인구를 합산하면 유럽 및 북아메리카 도시인구와 맞먹는다. 또 제3세계 도시화의 규모 및 속도는 빅토리아 시대 유럽과는 비교도 되지 않을 만큼 엄청나다. 1910년의 런던은 1800년대보다 7배 증가한 반면에, 오늘날의 다카, 킨샤사, 라고스는 모두 1950년보다 약 '40배' 증가했다.

**표 1** 세계 인구의 증가 추세

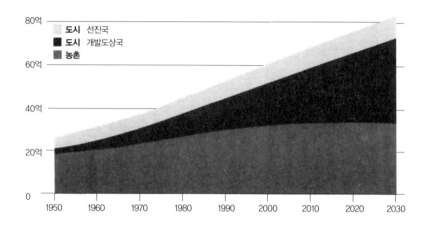

출처: United Nations, *World Urbanization Prospects: The 2001 Revisions* (2002): 표 A.3과 A.4.

특히 중국의 도시화는 "인류 역사에서 유례없는 속도로" 진행된다. 1980년대 10년 동안 중국에서 늘어난 도시 주민 수는 19세기 100년 동안 러시아를 포함한 유럽 전체에서 늘어난 도시 주민 수보다 많다![7]

　도시화 과정에서 가장 눈에 띄는 현상은 인구 800만 이상의 신흥 거대도시megacity와 2,000만 이상의 초거대도시hypercity가 출현한 것이다. 2,000만이라는 숫자는 프랑스혁명 당시 세계 도시인구 수와 같은 것이다. 유엔인구국UNPD에 따르면, 2000년에 어떻게 계산해도 인구가 2,000만 이상인 도시는 메트로폴리스 도쿄밖에 없었다(멕시코시티, 뉴욕, 남한의 수도권은 빠질 때도 있다).[8] 『극동경제리뷰』*Far Eastern Economic Review*에 따르면, 2025년이 되면 그 정도 규모의 대도시권은 아시아에서만 10~

**표 2** 제3세계 거대도시[9]

|  | 1950 | 2004 |
|---|---|---|
| 멕시코시티 | 2.9 | 22.1 |
| 서울-인천(수도권) | 1.0 | 21.9 |
| (뉴욕 | 12.3 | 21.9) |
| 상파울루 | 2.4 | 19.9 |
| 뭄바이(봄베이) | 2.9 | 19.1 |
| 델리 | 1.4 | 18.6 |
| 자카르타 | 1.5 | 16.0 |
| 다카 | 0.4 | 15.9 |
| 콜카타(캘커타) | 4.4 | 15.1 |
| 카이로 | 2.4 | 15.1 |
| 마닐라 | 1.5 | 14.3 |
| 카라치 | 1.0 | 13.5 |
| 라고스 | 0.3 | 13.4 |
| 상하이 | 5.3 | 13.2 |
| 부에노스아이레스 | 4.6 | 12.6 |
| 리우데자네이루 | 3.0 | 11.9 |
| 테헤란 | 1.0 | 11.5 |
| 이스탄불 | 1.1 | 11.1 |
| 베이징 | 3.9 | 10.8 |
| 크룽텝(방콕) | 1.4 | 9.1 |
| 가우텡(비트바터스란트) | 1.2 | 9.0 |
| 킨샤사/브라자빌 | 0.2 | 8.9 |
| 리마 | 0.6 | 8.2 |
| 보고타 | 0.7 | 8.0 |

(인구 단위: 백만)

11개가 생겨날 것이고, 자카르타(2,490만), 다카(2,500만), 카라치(2,650 만)도 여기에 포함될 것이다. 한편, 상하이는 마오주의에 입각한 의도적인 도시화 억제 정책으로 수십 년간 성장이 동결되었음에도 불구하고, 양쯔 강 어귀의 거대한 메트로폴리스 지역은 최대 2,700만 명을 수용할 수 있게 되었다. 또 뭄바이(봄베이)는 인구 3,300만 명을 수용할 계획이다. 이렇듯 엄청난 규모의 빈곤 집중 지역이 생물학적으로 그리고 생태학적으로 지속 가능할 것인가는 미지수다.[10]

　폭발적으로 성장하는 제3세계 도시들은 인접 도시와 연결되는 새로운 형태의 특이한 지형들(망상조직network, 회랑지대, 피라미드)을 형성한다. 남북아메리카 지리학자들은 이미 '리우데자네이루/상파울루 광역 메트로폴리스'RSPER, Rio/São Paulo Extended Metropolitan Region로 알려진 거대 괴물을 거론하기 시작했다. RSPER은 브라질 양대 메트로폴리스 사이, 500km 길이의 교통축에 걸린 중도시medium-sized city들 그리고 캄피나스 중심의 주요 공업 지역을 포함한다. 도쿄-요코하마보다도 거대해진 이 신생 메갈로폴리스의 인구는 현재 이미 3,700만 명에 이르렀다.[11] 한편, 멕시코시티라는 거대한 아메바는 이미 톨루카를 잡아먹고 계속해서 위족偽足을 뻗고 있다. 이놈은 결국 쿠에르나바카, 푸에블라, 쿠아우틀라, 파추카, 쿠에레타로 등의 도시들을 포함하는 멕시코 중부의 상당 부분을 집어삼킬 것이며, 21세기 중반에는 인구 약 5,000만 명(멕시코 전체 인구의 약 40%)의 메트로폴리스로 변신할 것이다.[12]

　더욱 놀라운 곳은 라고스(2015년 인구 2,300만 명으로 예상)를 주축으로 기니 만 연안을 따라 급속하게 형성되는 거대한 서아프리카 대도시 지역이다. 경제협력개발기구OECD 연구에 따르면, 이 망상조직은 2020년이 되면 인구 10만 명 이상의 도시 300개를 포함할 것이며, "인구는 미국 동부 연안 인구에 육박할 것이고, 인구 100만 이상의 도시는 5개로 늘어날 것이다. 〔……〕 6,000만 이상의 주민 전체가 베닌시티와 아크라를 동서로 연결하는 600km 길이의 길쭉한 땅에 밀집될 것이다".[13] 비극적이게도, 이곳에는 도시 빈곤을 보여주는, 지구상에서 가장 큰 발자국 하나가 찍히게 될 것이다.

**표 3** 기니 만의 도시화[14]

| | 1960 | 1990 | 2020 |
|---|---|---|---|
| 10만 명 이상의 도시 | 17 | 90 | 300 |
| 5,000명 이상의 도시 | 600 | 3,500 | 6,000 |

그러나 최대 규모의 후기도시posturban 형태들이 출현하고 있는 곳은 동아시아다. 주장 강 삼각주(홍콩-광저우)[15]와 양쯔 강 삼각주(상하이) 그리고 베이징-톈진 회랑지대는 도쿄-오사카, 라인 강 하류, 뉴욕-필라델피아에 비견되는, 도시-공업 메갈로폴리스로 성장하는 과정 중에 있다. 사실상 도쿄-요코하마와 미국 동부 해안을 모델로 설정하고 공격적인 도시개발을 계획하는 나라는 개발도상국 가운데 중국밖에 없다. 1983년에 만들어진 '상하이경제지구'는 세계 최대 규모의 국가 주도 개발지역으로서, 상하이 메트로폴리스와 5개 인접 성省을 포함한다. 이곳의 인구는 미국 총인구에 육박한다.[16]

그러나 양웨이만楊汝万과 로푸천Lo Fu-chen의 연구에 따르면, 새로운 중국 메갈로폴리스는 '일본/남북한과 자와바라트(서자바)를 연결하는 도시 회랑지대'의 출현을 알리는 신호탄일 수도 있다.[17] 이렇듯 도시는 앞으로 100년 동안 거대하고 기괴하게 뻗어나가면서 규모와 인구에 있어서 최고치에 다다를 것이며, 수천 년 도시 진화의 역사는 그 절정에 도달할 것이다. 또 이렇듯 동아시아 해안 지역이 부상하면서 도쿄-상하이 '세계도시'가 구축될 것이며, 이곳은 전지구적 자본과 정보의 흐름을 통제하는 데 있어서 뉴욕-런던 축과 동등한 지위를 획득할 것이다.

그러나 이러한 새로운 도시 질서에는 대가가 따를 수밖에 없다. 도시의 규모와 경제가 차별화되면서 도시 내부의 불평등 및 도시 사이의 불평등이 심화될 것이다. 실제로 중국 전문가들 사이의 논쟁에 따르면, 과거에는 도시와 농촌 사이의 소득 및 개발 격차가 문제였던 반면에 지금은 작은 내륙 도시들과 거대한 해안 메트로폴리스 사이의 소득 및 개발 격차가 그에 못지않은 근본적인 문제로 대두되었다.[18] 그러나 머지않아 아시아 주민의 대다수가 살게 될 곳은 바로 중소도시이다. 도시의 창공에서 가장 밝게 빛나는 별이 거대도시라면, 미래 세계 인구 증가분의 3/4을 짊어질 곳은 희미하게 빛나는 이류도시, 혹은 더 작은 규모의 도시다. 유엔인간정주위원회UN-HABITAT의 한 연구에서 지적하는 것처럼, "이러한 사람들을 수용하거나 그들에게 공공서비스를 제공하는 문제에 관한 계획은 거의 혹은 전혀 세워지지 않고 있다".[19] (1993년 공식집계에서 43%가 도시였던) 중국에서 '도시'라는 공식 명칭을 가진 곳은 1978년 이후 193개에서 640개로 급증했다. 그러나 거대한 메트로폴리스의 엄청난 성장에도 불구하고, 메트로폴리스에 거주하는 도시인구 비율은 감소했다. 1979년 시장 개혁으로 발생한 농촌의 잉여 노동력의 대다수를 흡수한 곳은 메트로폴리스가 아니라, 중소도시와 최근 '도시 꼴로 변형된' city-ized 농촌 마을이었다.[20] 이러한 현상은 부분적으로는 의도했던 계획의 결과이다. 1970년대 이래로 중국 정부가 선호하는 도시계획 정책은 공업 투자 및 공업 인구를 보다 균형 잡힌 서열구도 속에 배치하는 것이었다.[21]

반면에 인도에서 중소도시와 농촌 마을은 최근 신자유주의적 변화를 겪으며 경제적 중요성이나 인구가 줄어들었다. 이곳에서 중국형 '이중궤도'double-track 도시화의 흔적은 거의 보이지 않는다. 그러나 1990년대에 도시인구 비율이 전체 인구의 1/4에서 1/3로 급증하면서 여기저기 중도시들이 생겨났다. 우타르프라데시 주州의 사하란푸르, 펀자브 주의 루디아나, 안드라프라데시 주의 비샤카파트남이 여기에 속한다. 하이데라바드는 지난 25년 동안 연간 성장률이 5%에 달했으며, 2015년이면 인구 1,050만 명에 이르는 거대도시로의 성장이 예상된다. 최근 인구조사에 따르면, 인도의 35개 도시가 인구 100만 명을 넘어섰고, 35개 도시의 인구는 총 1억 1,000만에 육박한다.[22]

아프리카의 경우, 라고스(1950년 인구 30만의 도시에서 오늘날 인구 1,350만의 도시로 성장)를 비롯한 몇몇 도시는 마치 초신성超新星처럼 엄청나게 성장했고, 수십 개의 작은 농촌 마을과 오아시스는 샌프란시스코와 맨체스터보다 큰 도시로 꼴사납게 번져나갔다. 부르키나파소의 와가두구, 모리타니의 누악쇼트, 카메룬의 두왈라, 우간다의 캄팔라, 이집트의 탄타, 기니의 코나크리, 차드의 은자메나, 콩고민주공화국(자이르)(이하 '콩고'는 모두 '콩고공화국'이 아닌 '콩고민주공화국'을 지칭한다―옮긴이)의 루붐바시, 소말리아의 모가디슈, 마다가스카르의 안타나나리보, 말리의 바마코 등이 여기에 속한다. (가장 엄청난 규모로 성장한 도시는 콩고 다이아몬드 거래의 중심지인 음부지마이로서, 1960년 인구 2만 5,000명의 황량한 소읍에서 오늘날 인구 200만의 메트로폴리스로 탈바꿈했는데, 성장은 대부분 지난 10년간 이루어졌다.[23]) 라틴아메리카에서는 오랫동안 일류도시들이 성장을 독점해왔지만, 이제는 볼리비아의 산타크루스, 베네수엘라의 발렌시아, 멕시코의 티후아나, 브라질의 쿠리치바, 칠레의 테무코, 베네수엘라의 마라카이보, 콜롬비아의 부카라망가, 브라질의 사우바도르와 벨렝 등 이류도시들이 급성장하고 있다. 특히 인구 50만 명 미만의 도시들이 가장 빠른 성장세를 보인다.[24]

인류학자 그레고리 굴딘Gregory Guldin이 지적한 것처럼, 도시화의 의미를 정확하게 이해하기 위해서는 도시―농촌 연속체에 걸쳐 있는 모든 지점을 고려해야 한다. 즉, 도시화란 연속체 전체의 구조적 변형인 동시에 각각의 지점들 사이의 상호작용 강화를 뜻한다. 굴딘의 중국 남부 사례연구에 따르면, 시골은 엄청난 규모의 이주민을 양산할 뿐 아니라 그자체로 도시화된다. "시골 마을은 점점 읍내 장터나 향鄕을 닮아가고, 현縣과 작은 도시는 점점 대도시를 닮아간다." 실제로 많은 경우 농촌 주민은 더 이상 도시로 이주할 필요가 없다. 도시가 농촌으로 파고드는 상황이니 말이다.[25]

말레이시아도 마찬가지다. 언론인 제러미 시브룩Jeremy Seabrook에 따르면, "도시로 이주하지 않은 피낭 어부의 운명 역시 도시화의 격랑에 휩쓸린다. 그들은 자기가 태어난 바로 그곳에서 난파된다." 고속도로 건설로 집에서 바다로 가는 길이 막히고, 도시 폐수로 어장이 오염되고, 아파트단지 건설로 인접 산림지가 깎여나간 뒤로, 어부들은 딸들을 근처 일본인 소유의 노동 착취 공장으로 보내는 것 말고는 다른 도리가 없었다. 시브룩의 지적대로, "예로부터 바다와 공생해온 사람들에게 이것은 생계의 파괴일 뿐 아니라 정신의 파괴이자 영혼의 파괴였다".[26]

시골과 도시의 충돌은 양성적 풍경, 즉 부분적으로 도시화된 시골의 풍경을 만들어낸다. 중국, 동남아시아의 많은 지역, 인도, 이집트, 심지어 서아프리카에서도 이러한 풍경을 볼 수 있다. 굴딘의 주장에 따르면, 이러한 양성적 풍경은 "인간의 주거와 개발에 있어서 새롭게 등장한 중대한 방향, 〔……〕 시골도 아니고 도시도 아닌 시골과 도시가 혼합된 형태다. 중심을 이루는 거대한 도시와 도시를 둘러싼 여러 지역들은 조밀한 상호관계의 망으로 연결되어 있다".[27] 독일의 건축가이자 도시이론가인 토마스 지베르츠Thomas Sieverts는 이렇게 분산 분포된 도시를 '사이-도시'Zwischenstadt라고 부른다. 지베르츠의 주장에 따르면, '사이-도시'는 (가난한 나라와 부유한 나라를 막론하고 어데까지 도시가 성장해온 과정과 관계없이) 21세기의 전형적인 풍경으로 급속하게 확산되고 있다. 그러나 굴딘과는 달리 지베르츠는 이러한 새로운 형태의 광역도시conurbation를 가리켜 전통적인 중심도 없고 중심과 구분되는 주변도 없는, 다중심의 방사형 망이라 부른다.

전 세계 모든 문화권에서 광역도시는 완전히 새로운 형태의 도시 환경구조라는 특별한 공통점이 있다. 그 구조는 얼핏 보면 기하학적 패턴의 여러 섬들이 무질서하고 산만하게 널려 있는 모양인데, 분명한 중심은 없지만, 기능별로 선명하게 분화된 영역·망상조직·연결고리를 포함한다.[28]

지리학자 데이비드 드라카키스스미스David Drakakis-Smith가 특히 델리를 염두에 두고 말했듯이, 이러한 '광역 메트로폴리스 지역'은 "도시개발과 지역개발의 혼합으로, 여기서는 도시와 시골의 구분이 흐려진다. 도시는 통신 노선을 따라 회랑지대를 형성하면서 확장되는데, 이런 과정에서 작은 마을과 촌락을 지나거나 둘러싸게 되고, 이로 인해 그 마을과 촌락이 기능과 업종의 변화를 겪는다".[29] 인도네시아의 자보타벡(자카르타 광역수도권)*은 시골/도시 혼종화混種化가 심화된 형태를 보여준다. 연구자들은 이러한 새로운 유형의 토지 활용을 '데사코타'(도시마을)**라고 지칭하며, 이것이 새로운 형태의 도시화로 나아가는 과도기적 풍경인지 아니면 자체로 완전히 새로운 종류의 도시화인지를 놓고 논쟁을 벌인다.[30]

라틴아메리카의 도시계획 전문가들 사이에서도 비슷한 논쟁이 벌

* Jabotabek, 자카르타Jakarta와 보고르Bogor와 탕게랑Tangerang과 베카시Bekasi의 첫음절을 따서 이렇게 부른다.
** 인도네시아어로 '데사'는 마을village을, '코타'는 도심town을 뜻한다.

어진다. 여기서도 시골/도시 경계가 불분명한 다중심 도시 체제가 출현하기 때문이다. 지리학자 아드리안 아길라Adrián Aguilar와 피터 워드Peter Ward는 오늘날 멕시코시티, 상파울루, 산티아고, 부에노스아이레스 주변에서 진행되는 도시외곽peri-urban 개발을 '지역 기반 도시화' 개념에 의거해 설명하려 한다. "메트로폴리스의 성장률이 낮아지는 현상은 도심과 외곽 사이의 상품·사람·자본 순환이 증가하고, 도시와 시골 사이의 경계가 흐려지고, 제조업이 메트로폴리스 외곽으로 분산되는 현상과 일치한다. 특히 제조업은 거대도시를 둘러싼 도시외곽 지역과 경계 지역으로 옮겨간다." 아길라와 워드에 따르면, "21세기에 세계 최대 규모의 도시들에서 노동 재생산이 가장 집약될 것으로 보이는 지역은 바로 이런 도시외곽이다".[31]

어쨌든, 옛것과 새것은 쉽게 섞이지 않는다. 스리랑카에 있는 콜롬보 '데사코타' 외곽의 경우, "지역사회는 외지인과 토박이가 분리되어 있으며, 이로 인해 인간관계를 형성할 수도 없고 결속력 있는 지역사회를 구축할 수도 없다".[32] 그러나 인류학자 막달리나 녹Magdalena Nock이 멕시코의 사례에서 지적한 것처럼, 이것은 돌이킬 수 없는 과정이다. "전지구화로 인해 사람·물자·용역·정보·뉴스·공산품·돈의 이동이 늘어났고, 이로써 시골에서 도시의 특징이 나타나고 도심에서 농촌의 특색이 나타나는 일이 많아졌다."[33]


## 디킨스의 시대로 돌아가다

제3세계 도시화는 19세기와 20세기 초 유럽과 북아메리카의 도시화를 반복하는 면도 있지만, 동시에 이전의

**표 4** 중국의 공업도시화[34]

| | 인구 | GDP |
|---|---|---|
| 1949 | 11 | – |
| 1978 | 13 | – |
| 2003 | 38 | 54 |
| 2020 (추정치) | 63 | 85 |

(숫자는 도시가 차지하는 %)

도시화와 완전히 다른 면도 있다. 중국에서 일어난 사상 최대의 산업혁명은 유럽 전체 인구와 맞먹는 인구를 한적한 농촌 마을에서 도시의 스모그와 마천루 속으로 옮기며, 그야말로 아르키메데스의 지렛대 노릇을 했다. 1970년대 후반 시장 개혁 이후 시골에서 도시로 이주한 중국인은 2억 명에 이르는 것으로 추산되며, 앞으로 수십 년간 2억 5,000만 명에서 3억 명의 '농민 물결'이 그 뒤를 따를 것으로 예상된다.[35] 이 어마어마한 인구 유입의 결과, 2005년에 중국에서 인구 100만 이상의 도시는 166개에 이르렀다(미국은 9개에 불과하다).[36] 둥관, 선전, 포산, 정저우와 같은 신흥 공업도시는 포스트모던의 셰필드와 피츠버그라 할 수 있다. 『파이낸셜타임스』 *Financial Times*의 지적대로, "수천 년간 중국은 농업이 압도적으로 우세한 국가였다. 그러나 10년 안에 상황은 달라질 것이다".[37] 상하이 세계금융센터의 초대형 유리창 밖으로 마오쩌둥도 르코르뷔지에도 상상치 못했던 거대한 도시 세계를 굽어볼 날이 머지않았다.

한편, 무허가 판자촌과 전쟁의 폐허로 뒤덮였던 서울이 무서운 속도로 돌진하여(1960년대 내내 연평균 11.4%라는 가공할 증가세를 보였다) 50년 만에 뉴욕 규모의 메갈로폴리스로 변신할 것이라고 예상한 사람은 아무도 없었다. 하지만 그렇게 따지면 빅토리아 시대 사람들 중에 1920

년에 로스앤젤레스 같은 도시가 생길 것을 예상했던 이가 있었는가? 그러나 오늘날 동아시아에서 도시화는 이 지역의 특수한 역사만큼이나 놀라운, 거의 기적에 가까운 결과를 낳았음에도 불구하고, 제조업 성장과 도시 이주가 그런대로 고전적인 관계를 유지하고 있다. 1965년 이래 1인당 국내총생산GDP이 3배씩 늘어난 것도 그러한 관계를 보여주는 증거다. 오늘날 마르크스가 말했던 산업 프롤레타리아의 80%가 살고 있는 곳은 중국 등지이지, 서유럽과 미국은 아니다.[38)]

그러나 대다수 개발도상국의 경우, 도시의 성장은 중국·독일·대만의 경우처럼 강력한 공산품 수출 동력이나 중국의 경우처럼 외국 자본의 대규모 유입(개발도상국으로 흘러드는 총 외국 자본의 절반에 해당한다)으로 뒷받침되지 못한다. 1980년대 중반 이후 남반구the South*의 대규모 공업도시 — 뭄바이, 요하네스버그, 부에노스아이레스, 벨루오리존치, 상파울루—는 모두 엄청난 규모의 공장 폐쇄와 산업 축소로 몸살을 앓았다. 그 밖의 지역에서 도시화는 산업화와 완전히 단절된 상태로(심지어 개발 자체와 완전히 단절된 상태로) 진행되었으며, 사하라 이남 아프리카에서는 도시화의 필수조건으로 일컬어지는 농업 생산성 증가와도 단절된 상태로 진행되었다. 결과적으로 도시경제의 규모와 도시인구의 규모는 놀라울 정도로 서로 무관해진다. 표 5는 세계 최대 메트로폴리스들의 인구 순위와 GDP 순위 사이의 격차를 보여준다.

혹자는 산업화 없는 도시화가 생산 증대와 고용 증대 사이의 관계를 끊어버린 실리콘 자본주의의 냉혹한 추세를 보여준다고 주장할 것이다.

---

* 유럽과 북아메리카 등 비교적 부유한 지역이 북반구에 몰려 있고 아시아, 아프리카, 라틴아메리카 등 빈곤 지역이 남반구에 몰려 있는 상황이 암시된 표현으로, 지리적인 의미의 남반구라기보다는 비서구 빈곤국을 총칭한다.

**표 5** 세계 10대 도시: 인구순과 GDP순[39]

| | 2000년 인구 | 1996년 GDP |
|---|---|---|
| 1 | 도쿄 | 도쿄(1) |
| 2 | 멕시코시티 | 뉴욕(3) |
| 3 | 뉴욕 | 로스앤젤레스(7) |
| 4 | 서울 | 오사카(8) |
| 5 | 상파울루 | 파리(25) |
| 6 | 뭄바이 | 런던(19) |
| 7 | 델리 | 시카고(26) |
| 8 | 로스앤젤레스 | 샌프란시스코(35) |
| 9 | 오사카 | 뒤셀도르프(46) |
| 10 | 자카르타 | 보스턴(48) |

(괄호 안의 숫자는 2000년 인구 순위)

그러나 앞으로도 살펴보겠지만 아프리카, 라틴아메리카, 중동, 그리고 상당수 아시아 지역에서 나타나는 성장 없는 도시화는, 테크놀로지 선진화의 필연적 결과가 아니라, 전지구적 정치위기 — 1970년대 후반의 전세계적 채무위기와 뒤이은 1980년대 국제통화기금IMF 주도의 제3세계 경제 구조조정 — 의 유산이다.

게다가 제3세계 도시화는 1980년대와 1990년 초반의 불황기에 실질임금 하락, 물가 급등, 도시 실업 급증을 겪으면서도 그 무시무시한 속도를 그대로 유지했다(1960~1993년 사이 내내 연평균 3.8%).[40] 이 뒤틀린 도시 붐은 대다수 전문가의 예상을 뒤엎었다. 그것은 도시의 불황이라는 부정적 피드백이 시골에서 도시로 향하는 이주의 속도를 늦추거나 아예 그 방향을 뒤바꾸리라고 예측한 종래의 경제 모델과도 모순되는 것이었다.[41] 개발경제학자 나이절 해리스Nigel Harris는 1990년에 다음과 같은 말로 놀라움을 표했다. "저소득 국가의 경우, 단기적으로 보았을 때

도시 소득의 대폭적 하락이 반드시 농촌-도시 이주를 감소시키지는 않는 듯하다."[42]

아프리카의 경우는 특히 역설적이었다. 코트디부아르, 탄자니아, 콩고-킨샤사, 가봉, 앙골라 등 경제가 매년 2~5%씩 후퇴하는 나라에서 어떻게 도시인구가 매년 4~8%씩 증가할 수 있었을까?[43] 라고스의 경우, 도시경제가 심각한 침체를 경험했던 1980년대에 어떻게 인구는 나이지리아 전체 평균의 2배 속도로 증가할 수 있었을까?[44] 아프리카 전체의 경우, 도시 고용이 정체되고 농업 생산력이 벽에 부딪힌 상황에서 어떻게 연간 도시화 비율 3.5~4%를 유지할 수 있었을까?(이는 빅토리아 시대 최고의 성장기에 대다수 유럽 도시가 기록했던 평균 도시화 비율인 2.1%를 훌쩍 넘는 수치다).[45]

물론 여기에는 IMF와 세계은행이 강요했던 농업 자유화나 금융감독 정책이 적지 않은 영향을 미쳤다. 도시의 고용창출이 중단된 후에도 농촌의 잉여 노동인구가 고향을 탈출해 도시 슬럼으로 몰려가는 엑소더스 현상이 멈추지 않은 것은 이러한 정책들 때문이었다. 저명한 유럽의 아프리카 연구자 데버러 브라이시슨Deborah Bryceson이 최근의 연구를 요약한 글에서 지적한 것처럼, 1980~1990년대에는 시골이 전지구적 차원에서 유례없는 격변을 겪었다.

> 빚에 몰린 국가들은 하나씩 하나씩 구조조정프로그램SAP, Structural Adjustment Program과 IMF의 융자조건에 종속되어갔다. 보조금 등 농업 자금과 농촌의 기간시설 구축 비용은 급격하게 감소했다. 라틴아메리카와 아프리카 국가들이 농업 '근대화'를 포기함에 따라, 농민들은 국제금융 기관들이 강요한 '운 좋으면 살아남기'sink-or-swim 경제 전략에 종속되었다. 국

가적 차원의 시장규제 철폐로 인해, 농산물 생산자는 중소 농민의 생존을 위협하는 전지구적 상품시장으로 내몰렸다. SAP와 경제 자유화 정책은 농업 축소라는 전 세계적 추세와 농민 축소를 조장하는 국가 정책이 한 곳으로 수렴되는 상황을 대표한다.[46]

지역적 안전망이 사라지면서 가난한 농부들은 가뭄, 인플레이션, 이율 상승, 상품가격 하락 등 온갖 외부적 충격에 점점 취약해졌다. (외부적 충격에는 질병도 포함된다. 땅을 팔고 도시로 이주하는 캄보디아 영세 농민의 약 60%가 의료비 채무로 인해 어쩔 수 없이 고향을 떠난다.[47])

한편, 탐욕스러운 군벌이나 고질적인 내전이 시골 전체를 쑥대밭으로 만들기도 했다. 콩고와 앙골라의 경우처럼, 채무로 인해 강요되는 구조조정이나 약탈적 외국기업이 야기하는 경제 혼란이 내전의 원인이 되는 경우도 많았다. 도시의 경제가 정체 내지 후퇴하고 필수적인 기간시설·교육설비·공공의료 투자도 새롭게 이루어지지 않지만, 그럼에도 불구하고 도시는 이러한 세계 농촌위기의 결과를 수용하지 않을 수 없었다. '노동집약적인 농촌과 자본집약적인 산업형 메트로폴리스'라는 고전적 유형과는 다르게, 지금 제3세계에는 자본집약적 농촌과 산업이 축소된 노동집약적 도시의 사례들이 많이 있다. 다시 말해 '과잉도시화'의 추동력은 빈곤 재생산이지 일자리 공급이 아니다. 이는 신자유주의 세계질서가 미래를 예상치 못했던 방향으로 몰아가고 있음을 보여주는 여러 사례 가운데 하나다.[48]

마르크스에서 베버까지 고전적 사회 이론은 미래의 대도시가 맨체스터, 베를린, 시카고가 거쳐간 산업화의 발자취를 따라갈 것으로 믿었다. 실제로 로스앤젤레스, 상파울루, 부산, 그리고 최근 멕시코의 시우다드후아레스, 인도의 방갈로르, 중국의 광저우는 대체로 이러한 고전적 궤적을 밟아왔다. 그러나 남반구의 대다수 도시는 오히려 빅토리아 시대의 더블린과 흡사하다. 에밋 라킨Emmet Larkin이 강조한 것처럼, "그때의 더블린은 19세기 서구 사회에서 만들어진 슬럼권 중에서도 독특한 곳이었다. 〔……〕 산업혁명의 산물이 아니었기 때문이다. 사실상 1800~1850년 사이 더블린의 골칫거리는 산업화가 아니라 산업의 축소였다".[49]

콩고의 킨샤사, 앙골라의 루안다, 수단의 하르툼, 탄자니아의 다르에스살람, 에콰도르의 과야킬, 페루의 리마 역시 수입대체 산업의 몰락, 공공부문의 위축, 중산층의 하락 추세 등에도 불구하고 엄청난 성장을 계속하는 도시다. 도시가 사람들을 '끌어당기는' 힘은 채무와 경기침체로 인해 현저히 약화되었지만, 시골에서 사람들을 '밀어내는' 전지구적 동력들 — 자바와 인도의 농업 기계화, 멕시코와 아이티와 케냐의 식량 수입, 아프리카 전역의 내전과 가뭄, 그리고 전 세계적으로 진행되는 기업 합병 및 거대 농기업 경쟁 — 은 여전히 도시화를 지속하는 힘으로 작용하는 듯하다. 결과적으로 구조조정·통화가치 하락·국가재정 감축 속에서 진행된 급속한 도시 성장은 슬럼의 대량생산이라는 결과를 피할 수 없었다. 국제노동기구ILO의 연구에 따르면, 제3세계 공식 주택시장이 제공하는 주택 물량은 새로운 주택 수요의 20%를 넘지 않으며, 따라서 사람들은 어쩔 수 없이 무허가 판잣집, 비공식 임대, 해적형 분양, 노숙 등에 의존한다.[50] UN에 따르면 "지난 30~40년간 남반구의 대다수 도시에서는 불법 내지 비공식 토지시장이 주택 물량 부족분을 보충할 대지를 제공해왔다".[51]

1970년대 이래로 남반구 전역에서 슬럼의 성장 속도는 도시화 자체의 속도를 앞질렀다. 도시계획 전문가 프리실라 코놀리Priscilla Connoly가

20세기 후반의 멕시코시티를 돌아보며 말했듯이 "도시 성장의 60%는 민중들, 특히 여성들이 공공서비스가 부재하는 변두리 땅에 손수 살 집을 짓는 용기를 발휘한 결과다. 언제나 비공식 생계형 노동이 전체 고용의 상당 부분을 차지하는 상황이었다".[52] 상파울루에서 슬럼을 뜻하는 파벨라favela는 1990년대에 걸쳐 연평균 16.4%라는 폭발적인 성장률을 기록했다(1973년에 전체 인구의 1.2%에 불과했던 주민 수가 1993년에는 19.8%로 늘어났다).[53] 아마존은 세계에서 도시가 가장 빠른 속도로 성장하는 지역으로, 그렇게 형성된 도시의 80%가 공공시설과 대중교통이 부재하는 판자촌이다. 이로써 '도시화'와 '파벨라화'는 동의어로 사용된다.[54]

이와 같은 추세가 아시아 전역에서 발견된다. 베이징 경찰당국의 추산에 따르면, 해마다 20만 명의 '망류'盲流(미등록 농촌 유민)가 베이징으로 들어오고, 그중 상당수가 수도의 남쪽 경계 지역에 위치한 불법 슬럼으로 몰려든다.[55] 한편, 1980년대 후반의 남아시아 연구에 따르면, 도시 가구 성장의 90%는 슬럼에서 이루어졌다.[56] 카라치에서 확산되는 카치아바디katchi abadi(스쿼터) 인구는 10년마다 2배씩 증가하며, 인도 슬럼은 인구 성장 속도보다 2.5배 빠르게 성장을 계속한다.[57] 뭄바이에서 공식 주택 부족 물량은 4만 5,000개로 추산되며, 이는 비공식 슬럼 가구가 그만큼 늘어난다는 의미다.[58] 해마다 델리로 이주하는 50만 명 가운데 40만 명 이상이 슬럼에서 살게 되는 것으로 추산된다. 2015년이 되면 인도 수도의 슬럼 인구는 1,000만을 넘어설 것이다. 도시계획 전문가 가우탐 차터지Gautam Chatterjee는 "이러한 추세가 계속될 경우 도시는 사라지고 슬럼만 남게 되리라"고 경고한다.[59]

물론 아프리카의 상황은 이보다도 끔찍하다. 아프리카 슬럼의 성장률은 아프리카 도시들의 폭발적 성장률을 2배나 앞선다. 케냐는 1989~

1999년 사이 85%라는 믿기 힘든 인구성장을 기록했고, 늘어난 인구를 흡수한 곳은 나이로비와 몸바사에 악취를 풍기며 터질 듯 들어찬 슬럼들이었다.[60] 한편, 아프리카의 도시 빈곤이 완화될 것이라는 현실적 희망은 공식적 논의에서 사라졌다. 2004년 10월 IMF와 세계은행의 공동 연례회의에서, 영국 재무장관이자 토니 블레어의 후계자인 고든 브라운은 애초에 2015년까지 달성할 계획이었던 UN의 아프리카 새천년개발목표MDG, Millenium Development Goals가 앞으로 몇 세대 동안은 실현될 수 없을 것이라고 말했다. "사하라 이남 아프리카는 2130년까지는 초등교육을 의무화할 수 없을 것이고, 2150년까지는 빈곤 50% 감축을 달성할 수 없을 것이고, 2165년까지는 영아사망 예방조치를 취할 수 없을 것이다."[61] 2015년이 되면 블랙 아프리카의 슬럼 인구는 3억 3,200만 명에 이를 것이며, 이는 15년마다 2배로 늘어날 것이다.[62]

　이렇듯 미래의 도시는 이전 세대 도시계획 전문가urbanist들이 상상했던 것처럼 유리와 강철로 이루어진 도시가 아니라, 손으로 찍어낸 벽돌, 지푸라기, 재활용 플라스틱, 시멘트 덩어리, 나뭇조각 등으로 지어진 도시다. 21세기의 도시 세계는 하늘을 찌를 듯 빛나는 도시가 아니라, 공해와 배설물과 부패로 둘러싸여 덕지덕지 들러붙은 슬럼 도시일 것이다. 포스트모던 시대의 슬럼에 살고 있는 10억 주민은 9000년 전 도시 생활 여명기에 세워진 아나톨리아 정착촌 차탈회위크Çatalhöyük의 튼튼한 진흙집 잔해를 부러움이 가득한 눈으로 돌아볼 것이다.

# 슬럼이 대세다

*반은 슬럼이고 반은 낙원인 이 도시를 쳐다보며 그는 두서*
*없는 상념에 빠졌다. 이곳은 어쩌면 이토록 추악하고 폭력*
*적인 동시에 이토록 아름다운 것일까?*
——**크리스 아바니**[1]

슬럼이 도시의 대세라는 놀라운 발견은『슬럼
의 도전』*The Challenge of Slums*의 가장 중요한 주제다.『슬럼의 도전』은 2003
년 10월 UN-HABITAT에서 출판한 획기적이고도 암담한 보고서다. 도
시 빈곤을 전지구적 차원에서 현실적으로 검토한 최초의 작업인 이 보고
서는 프리드리히 엥겔스, 헨리 메이휴Henry Mayhew, 찰스 부스Charles Booth,
야콥 리스Jacob Riis의 유명한 연구 성과들을 계승하는 것이자 1805년 제
임스 화이틀로James Whitelaw의『더블린의 빈곤 조사』*Survey of Poverty in Dublin*
로부터 시작되어 2세기 동안 이어져온 슬럼 생활의 과학적 답사를 완결
하는 작업이다. 또『슬럼의 도전』은 사람들이 오랫동안 기다려온 자료
로서, "도시 빈곤이 다음 세기의 가장 심각한 문제이자 정치적으로 가장
폭발적인 문제가 되리라"[2]는 세계은행의 경고에 경험적 근거를 제공하

는 작업이기도 하다.

『슬럼의 도전』은 100명이 넘는 연구자의 공동 작업으로, 가장 최근의 분석 자료와 통계 자료를 활용함으로써 세 가지 중요한 성과를 보여준다. 첫째, 이 책은 코트디부아르의 아비장에서 호주의 시드니까지 34개에 이르는 메트로폴리스의 빈곤, 슬럼 상황, 주택 정책에 대한 개괄적인 사례연구에 토대를 두고 있다. 이러한 UN-HABITAT의 기획을 현실화한 단체는 런던 대학교 유니버시티칼리지의 개발계획단이었다.[3] 둘째, 이 책은 UN-HABITAT의 '2001 이스탄불+5 도시정상회담을 위한 도시지표프로그램'Urban Indicators Programme for the 2001 Istanbul + 5 Urban Summit에서 전 세계 237개 도시를 비교해 만든, 독특한 데이터베이스를 활용한다.[4] 셋째, 이 책은 최초로 중국과 구舊소비에트연방 진영을 포괄하는 전지구적 가구조사household survey 자료를 활용한다. 이 책의 저자들은 전지구적 불평등을 연구하기 위해 이 강력한 미시적 자료를 최초로 정리한 세계은행 경제학자 브랑코 밀라노비치Branko Milanovic에게 특별한 사의를 표한다(밀라노비치는 자신의 한 논문에서 "연구자들은 세계 소득 및 복지〔지출 혹은 소비〕의 분배에 대한 자료로서, 인류 역사상 처음으로 총인구의 90% 이상을 포괄하는, 그런대로 정확한 자료를 확보했다"[5]고 말한 바 있다). '기후변화에 관한 정부간 패널'IPCC의 보고서가 지구온난화의 위험에 대한 전대미문의 과학적 합의를 대표하는 것과 마찬가지로, 『슬럼의 도전』은 도시 빈곤이라는 전지구적 재난에 관해서 권위 있는 경고의 목소리를 들려준다.

그러나 '슬럼'이란 무엇인가? '슬럼'의 정의가 실려 있는 최초의 문헌은 옥중 작가 제임스 하디 보James Hardy Vaux의 1812년 『은어 사전』Vocabulary of the Flash Language이라는 것이 정설이다. 여기서 슬럼은 '사기'

혹은 '불법적 거래'와 동의어로 사용된다.[6] 그러나 콜레라가 기승을 부리던 1830~1840년대에 들어서, 슬럼은 빈민층의 행위를 뜻하는 단어에서 빈민층의 거주지를 뜻하는 단어로 변했다. '슬럼'("천한 짓거리들이 행해지는 장소")이라는 단어가 거리의 은어에서 신사 계층 작가가 편안하게 사용할 수 있는 용어로 바뀐 것은 도시 개혁에 관한 와이즈먼 추기경Cardinal Wiseman의 글들 덕분이라는 견해도 있다.[7] 19세기 중반에 이르러 슬럼은 프랑스, 아메리카, 인도에서 그 존재가 확인되면서, 대체로 국제적인 현상으로 간주되었다. 감식가connaisseur와 산책가flâneur는 인간이 가장 심하게 타락한 곳이 어디일까를 놓고 논쟁을 벌였다. 화이트채플Whitechapel인가 아니면 라샤펠La Chapelle인가? 고발스the Gorbals인가 아니면 리버티스the Liberties인가? 피그앨리Pig Alley인가 아니면 멀버리벤드Mulberry Bend인가?* 1895년에 『스크리브너스매거진』Scribner's Magazine은 대도시 빈민에 관한 탐방 기사를 실으면서 나폴리의 폰다치fondaci가 인간이 사는 곳 가운데 가장 끔찍한 곳이라고 했지만, 고리키는 모스크바의 악명 높은 키트로프Khitrov 지역이 "더욱 낮은 나락"이라고 확신했다. 한편, 키플링은 이들을 비웃으며 독자들을 "더욱 깊고 깊은" 콜루톨라Coloootollah로 데려갔다. 이곳은 콜카타의 "무시무시한 밤의 도시"에 위치한 "가장 낮은 수렁"이었다.[8]

이러한 고전적 슬럼은 악명을 떨치는 장소이자 생생한 개성을 자랑하는 장소였다. 그러나 모든 슬럼은 쓰러져가는 주택, 인구과밀, 질병, 빈곤, 비행이 뒤섞인 장소라는 찰스 부스 — 런던 밑바닥의 리빙스턴 박

---

* 화이트채플은 런던의 빈민가, 라샤펠은 파리의 빈민가, 고발스는 영국 글래스고의 빈민가, 리버티스는 더블린의 빈민가, 피그앨리는 파리의 사창가 피갈Pigalle의 별명, 멀버리벤드는 뉴욕 맨하튼의 이민자 지역.

사[*] ― 의 견해에 개혁가들은 대체로 동의를 표했다. 물론 19세기 자유주의자들이 보기에 슬럼의 가장 큰 특징은 비도덕적이라는 점이었다. 그들이 생각힌 슬럼은 구제 불능의 흉폭한 '인간쓰레기 더미'가 부도덕하고 허랑방탕하게 썩어가는 장소였다. 실제로 방대한 문학 작품들이 도시의 어두운 쪽에서 벌어지는 끔찍한 이야기를 들려줌으로써 빅토리아 시대 중간계급에게 짜릿함을 제공했다. 예를 들어, 1854년 『도시의 인간』Humanity in the City에서 에드윈 차핀Edwin Chapin 목사는 다음과 같은 장광설을 늘어놓았다. "음침한 숲 속의 야만인이 아니라 가스등 불빛을 받으며 경찰의 눈앞에서 왔다 갔다 하는 야만인이다. 인디언 같은 고함을 지르고 몽둥이를 들고 다니고 요상한 옷을 입고 영혼도 요상한 것이, 지구 반대편의 야만인과 완전히 똑같다."[9] 그로부터 40년 후, 그때 막 만들어진 미국 노동성은 미국 셋방살이에 대한 최초의 '과학적' 조사라 할 수 있는 1894년의 『볼티모어, 시카고, 뉴욕, 필라델피아의 슬럼들』The Slums of Baltimore, Chicago, New York, and Philadelphia에서 여전히 슬럼을 "더러운 뒷골목, 특히 불결한 범죄자들이 사는 지역"이라고 정의했다.[10]

## 전지구적 슬럼 인구조사

『슬럼의 도전』의 저자들은 슬럼에 대하여 빅토리아 시대의 도덕적 비난을 가하지는 않지만, 슬럼에 대한 그 밖의 고전적 정의(인구과밀, 열악한 비공식 주택, 안전한 식수와 위생설

---

[*] David Livingstone, 19세기 영국의 선교사·남아프리카 탐험가. '노예 사냥' 실태를 폭로해 노예 무역 금지에 기여했다.

비의 부재, 주택보유의 불안정)는 그대로 유지한다. 슬럼에 대한 이러한 정의는 2002년 10월 나이로비에서 열린 국제연합UN 회의에서 공식적으로 채택된 것인데, 이러한 정의는 "주거의 물리적·법률적 특징에 국한되며" 비교적 측정이 어려운 "사회적 차원"을 포함하지 못한다. 대부분의 상황에서 슬럼이 경제적·사회적 주변성과 동일하게 인식되기는 하지만 말이다.[11] 슬럼에 대한 이러한 정의는 슬럼의 원형인 도심 빈민가와 도시외곽 판자촌을 포함하지만, 현실적으로 어디까지가 슬럼인가를 결정하는 기준으로는 매우 보수적이다. 멕시코 도시 주민 가운데 슬럼 거주 비율이 19.6%밖에 안 된다는 UN의 조사 결과를 보면, 멕시코의 도시의 실상을 알고 있는 독자들은 너무 낮은 수치에 깜짝 놀랄 것이다. 실제로 지역 전문가들은 멕시코 주민 가운데 콜로니아포풀라레colonia populare(낡은 셋집)에 거주하는 비율이 2/3에 이른다는 사실을 인정한다. 그러나 이렇듯 슬럼에 대하여 매우 제한적인 기준을 설정한 UN 연구자들조차도 2001년에 슬럼 주민이 최소한 9억 2,100만 명이었고 2005년에는 10억을 넘어선다고 추산했다. 이는 1844년에 청년 엥겔스가 세인트자일스St. Giles와 맨체스터 구舊도심의 비열한 거리에 첫발을 들여놓던 당시의 세계 총인구에 필적하는 숫자다.[12]

신자유주의적 자본주의로 인해 디킨스의 『황폐한 집』Bleak House에 나오는 악명 높은 슬럼 '탐올얼론즈'Tom-all-Alone's와 유사한 빈민가는 기하급수적으로 늘어났다. 슬럼 거주자는 선진국의 경우 도시인구의 6%에 불과한 반면에, 저개발국가의 경우에는 도시인구의 78.2%라는 가공할 수치를 기록한다. 이는 전 세계 도시인구의 1/3에 해당하는 숫자다.

UN-HABITAT에 따르면, 세계에서 슬럼 주민의 비율이 가장 높은 곳은 에티오피아(도시인구의 99.4%라는 경이로운 수치), 차드(역시 99.4%),

표 6  국가별 슬럼 인구 순위[13]

| | 인구(단위: 백만) | 도시인구 중 슬럼 인구 % |
|---|---|---|
| 중국 | 193.8 | 37.8 |
| 인도 | 158.4 | 55.5 |
| 브라질 | 51.7 | 36.6 |
| 나이지리아 | 41.6 | 79.2 |
| 파키스탄 | 35.6 | 73.6 |
| 방글라데시 | 30.4 | 84.7 |
| 인도네시아 | 20.9 | 23.1 |
| 이란 | 20.4 | 44.2 |
| 필리핀 | 20.1 | 44.1 |
| 터키 | 19.1 | 42.6 |
| 멕시코 | 14.7 | 19.6 |
| 남한 | 14.2 | 37.0 |
| 페루 | 13.0 | 68.1 |
| 미국 | 12.8 | 5.8 |
| 이집트 | 11.8 | 39.9 |
| 아르헨티나 | 11.0 | 33.1 |
| 탄자니아 | 11.0 | 92.1 |
| 에티오피아 | 10.2 | 99.4 |
| 수단 | 10.1 | 85.7 |
| 베트남 | 9.2 | 47.4 |

아프가니스탄(98.5%), 네팔(92%)이다. 뭄바이는 스쿼터squatter(무단점유자)
와 슬럼 세입자 1,000만~1,200만 명을 자랑하는 전 세계 슬럼의 수도이
며, 그 뒤를 잇는 곳이 멕시코시티와 다카(각각 900만~1,000만 명), 그 다
음이 라고스, 카이로, 카라치, 킨샤사-브라자빌, 상파울루, 상하이, 델리
다(각각 600만~800만).[14]

　　슬럼이 가장 급속도로 성장하는 곳은 러시아연방(특히 '사회주의' 기
업 마을들은 전적으로 한 기업에 의존했기 때문에 그 공장이 문을 닫자 슬럼

화되었다)과 구소련에서 독립한 나라들이다. 도시가 방치되는 속도는 경제적 불평등이 확산되고 공공투자가 철수되는 속도만큼이나 엄청나 멀미를 일으킬 지경이다. 1993년 UN의 '도시지표프로그램' 보고서에 따르면, 바쿠(아제르바이잔)와 예레반(아르메니아)의 빈곤율은 80%을 넘어선다.[15] 마찬가지로, 콘크리트-강철로 유명했던 소비에트 시대의 중심 도시 울란바토르는 빈곤의 바다에 에워싸인 상태이며, 사방에는 목동에서 빈민으로 전락한 주민 50만 명 이상이 게르스gers라 불리는 천막에 살고 있다. 이 사람들은 대부분 하루에 한 끼도 해결하기 어려운 처지다.[16]

그러나 가장 가난한 사람들의 도시는 주민의 2/3 이상이 최소한의 식비도 벌지 못하는 루안다, 마푸토(모잠비크), 킨샤사, 코차밤바(볼리비아)일 것이다.[17] 루안다에서는 전체 가구 1/4의 하루 소비가 1인당 75센트에 미치지 못하며, 1993년 유아사망률(5세 이하)은 1,000명당 320명이라는 끔찍한 수치를 기록했다.[18]

물론 도시 빈민이 모두 슬럼에 사는 것은 아니고, 슬럼에 산다고 모두 가난한 것도 아니다. 빈민 대다수가 거주하는 곳을 엄밀한 의미의 슬럼으로 규정할 수 없는 경우가 있다는 사실은 『슬럼의 도전』에서도 지적하는 바다.[19] 도시 빈민과 슬럼 주민이라는 두 가지 범주는 분명 겹치는 부분이 많지만 도시 빈민의 수가 슬럼 주민의 수보다 훨씬 많은 것이 사실이며, 국가별 빈곤선을 기준으로 삼을 경우 도시 빈민은 전 세계 도시 인구의 절반을 넘는다.[20] 또 도시 주민의 대략 1/4이 상상도 하기 힘든 '절대적' 빈곤 상태에서 살아간다(1988년 조사). 이들이 하루에 쓰는 돈은 1달러 미만이다.[21] UN 자료가 정확하다면, 일반적으로 시애틀 같은 부자 도시와 이바단 같은 극빈 도시에서 1인당 소득 격차는 무려 **739 대 1**이다. 어마어마한 불평등이다.[22]

정확한 통계를 얻기는 사실상 어렵다. 공무원들은 빈민 인구와 슬럼 인구를 고의적으로 줄일 때가 많고 공식집계와 현실과의 차이가 엄청난 경우도 왕왕 있기 때문이다. 예를 들어, 1980년대 후반에 방콕에서 '공식적' 빈곤율은 5%에 불과했다. 그러나 조사 결과, 인구의 거의 1/4(116만 명)이 1,000여 개에 이르는 슬럼과 스쿼터 천막촌에 살고 있는 것으로 밝혀졌다.[23] 1990년대에 멕시코 정부는, 도시 주민의 40%가 하루 2달러 미만으로 살아간다는 명백한 UN 통계에도 불구하고, 빈곤 인구가 도시 주민의 1/10에 불과하다고 억지를 부렸다.[24] 인도네시아와 말레이시아 통계 역시 도시 빈곤을 은폐하기로 악명이 높다. 대부분의 연구에 따르면 자카르타 인구의 1/4이 가난한 캄풍kampung(촌락·군락) 주민인데, 공식집계는 5%라는 어이없는 수치를 내세운다.[25] 지리학자 조너선 릭Jonathan Rigg이 비판한 바에 따르면 말레이시아 당국은 공식적 빈곤선을 정하면서 "도시 물가가 상대적으로 높다는 것을 고려하지 않았으며", 중국인 빈민의 수를 고의적으로 축소했다.[26] 한편, 도시사회학자 에르하르트 베르너Erhard Berner는 마닐라 당국이 빈곤율 수치를 고의적으로 부정확하게 계산했다고 주장한다. 슬럼 인구의 최소한 1/8이 계산에서 빠져 있다는 것이다.[27]

## 슬럼의 유형

지구상에는 20만 개 이상의 슬럼이 존재하는 것으로 추정된다. 하나의 슬럼에 거주하는 인구는 수백 명에서 수백만 명까지 다양하다. 남아시아의 5대 메트로폴리스(카라치, 뭄바이, 델리, 콜카타, 다카)만 계산해도, 슬럼 마을이 약 1만 5,000개에 이르고 슬럼의 총인구가 2,000만 명을 넘는다. '거대슬럼'megaslum은 판자촌과 스쿼터 마을이 비공식 주택 및 빈곤 지대를 형성하며 연결될 때 발생하며, 주로 도시 변두리에 나타난다. 예를 들어, 1992년에 멕시코시티에서는 348km²에 이르는 비공식 주택지에 660만 명의 저소득 주민이 살고 있었던 것으로 추산된다.[28] 마찬가지로, 리마에서 대부분의 빈민은 도심에서 외곽으로 확산되는 코노cono라는 거대한 빈민가에 살고 있다. 아프리카와 중동에서도 도시 빈곤이 거대한 규모로 밀집되는 현상은 흔히 볼 수 있다. 한편, 남아시아에서 도시 빈민은 여러 개의 지역 슬럼들로 나뉘는 경향을 보인다. 슬럼이 도시 이곳저곳에서 산발적으로 발생하는 패턴은 마치 프랙탈fractal과 같이 복잡하다. 예를 들어 콜카타에서는 수천 개의 티카부스티thika bustee가 그 밖의 다양한 주택 형태 및 토지 형태와 어지럽게 섞여 있다. 티카부스티란 오두막 5개로 이루어진 9개의 수용시설인데, 방 하나의 크기는 45m²이고 이것을 놀랍게도 평균 13.4명이 함께 사용한다.[29] 다카에서 비非슬럼 지역은 압도적 면적을 차지하는 절대빈곤 지역들 사이에 떠 있는 섬으로 보아야 할 것이다.

슬럼들 중에는 역사가 오래된 곳도 있다. 예를 들어, 리우데자네이루 최초의 파벨라인 모로데프로비덴시아Morro de Providencia는 1880년대에 세워졌다. 그러나 대부분의 거대슬럼이 세워진 시기는 1960년대. 예를 들어, 시우다드네자우알코요틀Ciudad Nezahualcóyotl은 1957년에 주민 수가 1만이 될까 말까 했는데, 오늘날 멕시코시티의 이 가난한 교외의 주민은 무려 300만 명이다. 카이로 외곽으로 퍼져가는 만시예트나스르Manshiyet Nasr는 1960년대에 나스르시티Nasr City 교외가 세워질 당시에 건설 노동자 수용시설로 만들어진 곳이고, 카라치의 거대한 언덕 슬럼 오랑기/발디아Orangi/Baldia는 인도에서 탈출한 모슬렘 난민과 아프간 국경 지역에서 탈출한 파탄 족 난민이 뒤섞이며 1965년에 세워진 곳이다. 비

**표 7** 세계 30대 거대슬럼[30]

(2005년 현재, 단위: 백만)

| | | | | | |
|---|---|---|---|---|---|
| 1 네사/찰코/이스타 (멕시코시티)[31] | 4.0 | | 16 다라비 (뭄바이) | 0.8 |
| 2 리베르타도르 (카라카스) | 2.2 | | 17 키베라 (나이로비) | 0.8 |
| 3 엘수르/시우다드볼리바르 (보고타) | 2.0 | | 18 엘알토 (라파즈) | 0.8 |
| 4 산후안델루리간초 (리마)[32] | 1.5 | | 19 사자들의 도시 (카이로) | 0.8 |
| 5 사드르시티 (리마)[33] | 1.5 | | 20 수크레 (카라카스) | 0.6 |
| 6 아제군레 (라고스) | 1.5 | | 21 이슬람샤할 (테헤란)[35] | 0.6 |
| 7 사드르시티 (바그다드) | 1.5 | | 22 틀랄판 (멕시코시티) | 0.6 |
| 8 소웨토 (가우텡) | 1.5 | | 23 이난다 INK (더반) | 0.5 |
| 9 가자 (팔레스타인) | 1.3 | | 24 만시예트나스르 (카이로) | 0.5 |
| 10 오랑기 (카라치) | 1.2 | | 25 알팅다으 (앙카라) | 0.5 |
| 11 케이프플래츠 (케이프타운)[34] | 1.2 | | 26 마타레 (나이로비) | 0.5 |
| 12 피키네 (다카) | 1.2 | | 27 아과스블랑카스 (칼리) | 0.5 |
| 13 임바바 (카이로) | 1.0 | | 28 아제제 (라고스) | 0.5 |
| 14 에즈벳엘하가나 (카이로) | 1.0 | | 29 시테솔레이 (포르토프랭스) | 0.5 |
| 15 카젱가 (루안다) | 0.8 | | 30 마시나 (킨샤사) | 0.5 |

야엘살바도르Villa El Salvador는 리마 최대의 바리아다barriada[역시 페루에서 판자촌이나 슬럼을 일컫는 말—옮긴이] 가운데 하나로서, 1971년에 페루 군사정부의 지원으로 세워졌고, 몇 년 만에 인구 30만 명을 넘어섰다.

제3세계 곳곳에서 주택 선택은 혼란스러운 고려사항들을 어렵사리 계산한 결과이다. 무정부주의 건축가 존 터너John Turner의 유명한 말처럼 "하우징*은 동사다." 도시 빈민은 주택 비용, 주거 안정, 삶의 질, 출퇴근 상황, 때로는 신변 안전까지 고려하여 최적의 상황을 얻기 위한 복잡한 방정식을 풀어야 한다. 예를 들어, 노숙자를 포함한 수많은 사람들에게

---

* 'house'는 주로 '주택'이라는 뜻의 명사로 쓰이지만, 'to house'의 어원을 고려하면 '산다' 혹은 '살게 한다'는 뜻으로도 볼 수 있다.

는 직장과 가까운 곳(즉 시장이나 역)에 사는 것이 집 안에서 자는 것보다 중요하다. 또 어떤 사람들에게는 땅을 거의 공짜로 얻을 수 있다는 것이 외곽과 도심 사이의 통근 전쟁을 참아내는 이유가 된다. 모든 사람에게 최악의 상황은 비싼 데다 공공시설도 없고 불안정한 주거지에 살게 되는 것이다. 터너는 1960년대에 페루에서 작업했던 경험을 토대로 유명한 이주 모델을 구축했다. 터너의 모델에 따르면, 우선 농촌 이주민은 (비용이 아무리 많이 들더라도) 지방에서 도심으로 이주하여 직업을 구하고, 이어 고용이 안정된 사람들은 자기 집을 마련할 수 있는 변두리로 옮겨간다. 이것은 터너의 용어를 쓰자면 '거점확보군'bridgeheader에서 '진지강화군'consolidator으로의 진행이다. 그러나 터너의 모델은 특정 대륙 혹은 특정 국가에서 특정한 시대에 일어난 일시적인 상황만을 반영함으로써 이주의 현실을 이상화하고 있다는 문제점을 안고 있다.[36]

상황을 좀더 정교하게 분석하는 주택 전문가 아메드 솔리만Ahmed Soliman은 카이로 빈민의 기본 주거 전략 네 가지를 거론한다. 첫째로, 중앙 인력시장과 가까우면 아파트 임대를 고려할 수 있다. 임대주택은 교통의 편의와 주택보유의 안전성을 제공하지만 가격이 비싸고 내 집 마련의 희망을 꺾어버린다. 둘째 선택은 도심에 위치한 비공식 주거다. 솔리만의 설명에 따르면, 이러한 형태는 "열악한 동네에 위치한 아주 작은 방이나 옥탑이고, 집세가 싸거나 아예 없고, 일자리를 구하기가 용이하다. 그러나 안정된 주거의 희망은 전혀 없다. 이들은 결국 스쿼터 수용시설이나 반半공식 주택으로 옮겨가게 된다".[37] 가장 저렴한 셋째 답안은 공유지 스쿼팅으로서, 공유지는 주로 카이로 외곽의 사막이며 바람이 불 때마다 도시의 매연이 밀려온다. 직장까지 통근비가 너무 비싸지는 않은가, 정부가 인프라를 방치하지는 않는가 등도 주택 선택의 고려사항이

**표8** 슬럼의 유형

| **A 도심** | **B 변두리** |
|---|---|
| 1 공식 슬럼 | 1 공식 슬럼 |
|  a 셋집 |  a 사적 임대 |
|   i 용도변경 주택 |  b 공공주택 |
|   ii 빈민용 셋집 | 2 비공식 슬럼 |
|  b 공공주택 |  a 해적형 분양지 |
|  c 합숙소, 간이숙소 등 |   i 주인 거주 |
| 2 비공식 슬럼 |   ii 임대 |
|  a 스쿼터 |  b 스쿼팅 |
|   i 허가 |   i 허가(택지개발 시행) |
|   ii 무허가 |   ii 무허가 |
|  b 노숙자 | 3 난민 수용시설 |

된다. 예를 들어, 엘데킬라EI Dekhila의 스쿼터 지역은 지난 40년 동안 지방당국이 아무런 공적 조치나 간섭도 행하지 않았다. 넷째 답안은 실제로 대부분의 카이로 빈민들이 가장 선호하는 방법으로, 광대한 반半공식 개발지역(베두인 족이나 농촌으로부터 사들인 토지)의 주택부지를 사들이는 것이다. 법적으로 보유할 권리는 있지만 공식적으로 건축허가를 받을 수는 없는 이런 곳은 직장과의 거리가 멀어도 주거의 안정은 보장된다. 택지의 부동산화動産化가 상당 정도 진행되고 정치적 협상이 이루어지면 기본적인 공공시설이 제공되기도 한다.[38]

거주지 선택의 모델은 도시에 따라서 달라질 수 있으며, 따라서 도시별 주택보유 유형 및 정착 모형 분포도를 그려볼 수 있다. 표8은 전 세계 도시들에 적용할 수 있는 중요한 특징들을 골라 단순하게 도식화한 것이다. 주택의 법적 지위를 중시하는 도식도 그려볼 수 있지만(**공식** 주택이냐 **비공식** 주택이냐), 도시로 이주하는 사람들이 거주지를 선택할 고

려하는 첫째 조건은 일터가 밀집된 지역에 살 수 있는가의 여부다(**도심**
지역이냐 **변두리** 지역이냐).

물론 제1세계의 경우, '도넛' 모양의 미국 도시(빈민은 낙후된 도심과
교외 중앙에 밀집)와 '접시' 모양의 유럽 도시(이주민과 실업자는 외곽에 위
치한 고층 주택으로 퇴출) 사이에는 형태상 차이가 있다. 미국 빈민이 수
성에 산다면, 유럽 빈민은 해왕성이나 명왕성에 사는 셈이다. 한편 **표 9**
가 보여주는 것처럼, 제3세계 슬럼 주민은 도시의 다양한 지점에 위치한
다. 제3세계에서 인구가 가장 밀집된 지역은 저층건물이 주종을 이루는
변두리 지역이다. 남반구(특히 홍콩, 싱가포르, 중국) 빈민에게 공공주택은
유럽과 달리 규칙이 아니라 예외다. 도시 빈민의 1/5~1/3이 도심 혹은
도심 근처에 거주하며, 주된 주거 형태는 오래된 다세대 임대주택이다.


## 1  도심 빈곤

북아메리카와 유럽의 경우, 도시 주
택은 기본적으로 '용도변경' 주택과 빈민용 셋집으로 구분된다. 전자에
는 할렘의 고급 주택과 더블린의 조지 시대 건축이 포함되고, 후자에는
베를린의 미츠카제르네Mietskaserne*와 뉴욕 동남부Lower East Side의 악명
높은 덤벨스dumbbells가 포함된다. 아프리카 신흥도시에는 용도변경 주택
이 드물지만, 라틴아메리카와 몇몇 아시아 도시에서는 식민지 시대 맨션
이나 빅토리아 시대 빌라 같은 용도변경 주택을 흔히 볼 수 있다. 한때

---

* 19세기 중반 카이저 시대와 빌헬름 시대를 대표하는 노동자 임대아파트. 현대적 도시 계획을 기반으
로 복구·보존되어 오늘날까지도 활용되고 있다.

**표 9** 빈민이 사는 곳[39]

| | 도심 슬럼 | 변두리 슬럼 |
|---|---|---|
| 카라치 | 34 | 66 |
| 하르툼 | 17 | 83 |
| 루사카 | 34 | 66 |
| 멕시코시티 | 27 | 73 |
| 뭄바이 | 20 | 80 |
| 리우데자네이루 | 23 | 77 |

(숫자는 빈곤 인구 %)

화려함을 자랑했던 과테말라시티의 팔로마레palomare, 리우데자네이루
의 아베니다avenida, 부에노스아이레스와 산티아고의 콘벤티요conventillo,
키토의 킨타스quintas, 구舊아바나의 쿠아르테리아cuarteria는 이제 대부분
위험할 정도로 낙후된 데다, 엄청나게 많은 사람들이 살고 있다. 이를테
면, 건축가 데이비드 글라세David Glasser가 찾아간 키토의 한 빌라는 한때
1가구가 살았던 곳인데, 글라세가 갔을 때는 25가구 128명이 함께 살고
있었고, 공공시설은 제대로 돌아가는 것이 없었다.[40] 멕시코시티의 베신
다데vecindade는 빠르게 고급화되거나 철거되는 추세지만, 그중 몇몇 곳
은 여전히 카사그란데Casa Grande만큼이나 많은 사람이 모여 살고 있다.
그중에 700명이 모여 사는 유명한 셋집 블록은 인류학자 오스카 루이스
Oscar Lewis의 『산체스의 아이들』The Children of Sanchez에 의해 널리 알려진
바 있다.[41] 아시아에서 이런 곳을 찾자면, 콜카타의 퇴락한 (지금은 시정
부 소유인) 자민다르zamindar 저택과 콜롬보의 그 이름도 시적인 (도시 낙
후 주택의 18%를 차지하는) '슬럼 정원'slum garden 등이 있다.[42] 아시아에
서 규모가 가장 큰 용도변경 슬럼은 구시가Old City라 불리는 베이징의 도
심 슬럼이다. 재개발로 인해 면적과 인구가 줄기는 했지만 여전히 가장

큰 규모를 자랑하는 이곳은 명·청 시대 전통 가옥들로 이루어져 있어서 현대적인 설비들은 찾아보기 어렵다.[43)

한때 유행하던 상파울루의 캄포엘리세오Campo Eliseo나 식민지 시대 리마의 일부 도시 경관처럼, 부르주아 마을이 슬럼으로 넘어갈 때도 많다. 한편, 알제의 유명한 해안 지역 밥엘쿠에드Bab-el-Qued에서는 콜롱colon〔알제리에 정착한 프랑스 백인—옮긴이〕 노동계급이 살던 곳에 토착 빈민이 자리를 잡았다. 세계적으로 지배적인 패턴은 빈민을 도심에서 몰아내는 것이지만, 제3세계 도시들 중에는 미국식 차별분리segregation 방식을 재생산하는 경우도 종종 있다. 미국식 차별분리 방식이란 탈식민postcolonial 중간계급이 도심을 피해 폐쇄형 교외 지역이나 이른바 가장자리도시edge city*에 거주하는 방식을 뜻한다. 킹스턴이 오랫동안 그런 곳이었다. 25만 명의 빈민은 범죄율은 높지만 문화적으로는 역동적인 번화가downtown에 거주하는 반면에, 중간계급은 주택가uptown에 거주한다. 1970～1980년대 몬테비데오의 경우에는, 부자들은 도심을 피해 좀더 매력적인 동쪽 해안으로 떠났고, 집 없는 사람들이 버려진 집들과 호텔들을 점거했다. 리마에서는 몬테비데오보다 훨씬 전에 이러한 이동 현상이 나타났다. 1940년 대규모 지진이 일어난 후 중간계급과 상류계급이 하나둘씩 유서 깊은 도심을 떠났던 것이다. 다만, 1996년에 노점상 일제 단속이 있었는데, 이는 안데스 노동계급으로부터 도심을 빼앗기 위한 정부 주도 '재정복'reconquista 사업의 서막으로 볼 수 있다.[44) 한편, 요하네스버그에서는 최근 들어 회사 사무실이나 호화 상점이 도심을 피해 주로 백

* 도심이 아닌 도시 주변부에 발달된 상업단지나 고밀도 주거지. 쇼핑센터, 사무용 빌딩, 주택 등이 밀집해 있는 지역.

인들이 거주하는 북부 교외로 옮겨가는 현상이 나타났고, 도심에는 슬럼 셋집과 중간계급 아파트단지가 공존하게 되었다. 결국 한때 아프리카 전 대륙의 금융수도였던 요하네스버그의 도심 싱업지구는 이제 비공식 거래와 흑인 영세 사업의 중심지로 전락했다.[45]

오래된 건물을 주택으로 전용하는 도시의 가장 특이한 예는 카이로 의 '사자들의 도시'City-of-the-Dead일 것이다. 100만 명에 이르는 빈민들은 마멜루크Mameluke 묘지들을 조립식 간이주택 부품처럼 사용한다. 이 거대한 묘지는 여러 세대 동안 군주나 대공들의 매장지로 사용된 땅으로, 담장 하나를 사이에 두고 혼잡한 도로와 면해 있어 마치 도시 속 섬과 같은 곳이다. 18세기에 처음으로 이 묘지에 거주했던 사람들은 카이로 부자들에게 고용된 무덤지기들이었고, 이후에는 채석장 노동자들이었다. 최근에 이곳에 거주하는 사람들은 1967년 전쟁*으로 시나이와 수에즈 를 떠나온 난민들이다. 카이로 소재 아메리카 대학교의 연구원 제프리 네도로칙Jeffrey Nedoroscik에 따르면, "무덤에 숨어든 사람들은 무덤을 창조적으로 개량함으로써 일상의 문제를 해결했다. 비석과 묘석은 책상이나 침대머리나 탁자나 선반으로 사용했고, 묘비들 사이에 줄을 매어 빨래를 말렸다".[46] 한편 (한때 29개의 유대교 회당이 있었던) 카이로에서는 소규모 스쿼터 집단들이 버려진 유대인 무덤을 차지했다. 막스 로덴벡 Max Rodenbeck 기자에 따르면, "내가 이곳을 방문했던 1980년대에는 젊은 부부와 네 자녀가 멋들어진 신新파라오식武 묘실 안에 안락하게 자리 잡

---

* 제3차 중동전쟁, 6일전쟁, 6월전쟁이라고도 한다. 1952년 제2차 중동전쟁 이후 시리아에 거점을 둔 아랍인 게릴라 활동이 격화되자 1967년 4월 이스라엘이 시리아를 공격하고 이에 이집트가 시리아에 대군을 투입하여 벌어진 전면전. UN 중재로 6월 9일 정전이 선포되었고 이스라엘이 시나이 반도, 가자지구, 요르단 강 서안, 동예루살렘을 점령했으며 그해 11월 분쟁의 정치적 해결을 위해 UN 안전보장이사회의 242호 결의안이 채택되었다.

고 있었다. 이들 가족은 유골함 뚜껑을 뜯어내고 유골함을 옷과 냄비와 컬러 TV를 수납하는 편리한 붙박이 선반으로 사용했다".[47]

그러나 대부분의 제3세계에서 더 흔한 것은 용도변경 주택이 아니라 셋집이나 영구 임대주택(애초에 빈민들에게 세를 줄 목적으로 지은 집—옮긴이)이다. 식민지 시대 인도의 경우, 인색하기 이를 데 없었던 영국 통치 세력은 도시 내 인도인 마을에는 최소한의 수도시설과 위생시설도 제공하지 않았으며, 이로 인해 주택 정책은 해당 지역 지주 엘리트의 탐욕에 좌지우지되었다. 지주 엘리트가 지어놓은 셋집들은 끔찍할 정도로 북적이고 비위생적이었지만, 대단히 높은 수익을 올렸으며 수백만 명의 인도 사람들이 지금도 이러한 셋집에 살고 있다.[48] 뭄바이의 경우, 전형적인 촐chawl은 공식 주택 공급량의 75%를 차지하는 낙후된 단칸 셋방인데, 15m²밖에 안 되는 방에 6인 가족이 거주하는 것이 보통이다. 변소 1개를 보통 7가구가 공동으로 사용한다.[49]

뭄바이의 촐과 마찬가지로, 리마의 카예호네callejone는 빈민에게 세를 놓을 목적으로 지어진 것인데, 리마에서 가장 강력한 슬럼 지주 세력인 가톨릭 교회가 특히 많은 카예호네를 건설했다.[50] 대부분의 카예호네는 어도비 벽돌이나 킨차quincha(나무틀을 진흙과 짚으로 메운 건축 재료)로 지어진 초라한 집으로, 쉽게 낡을 뿐 아니라 위험하게 흔들릴 때도 많다. 카예호네를 연구한 논문에 따르면, 수도꼭지 1개를 85명이 같이 쓰고, 변기 1개를 93명이 같이 쓴다.[51] 상파울루의 경우에도, 1980년대 초반에 변두리 파벨라가 급속도로 증가하기 이전까지 대부분의 빈민들은 코르티수cortiço라는 도심 셋집에 거주했는데, 코르티수 가운데 절반은 애초부터 임대용으로 지어진 것이었고 나머지 절반은 도시 부르주아 계급이 쓰다 버린 것이었다.[52]

부에노스아이레스의 경우, 잉킬리나토inquilinato는 원래 라보카La Boca 나 바라카스Barracas 등 부둣가 바리오barrio(아르헨티나에서 판자촌이나 슬럼을 일컫는 말—옮긴이)에 거주하는 가난한 이탈리아 이민자를 위해 지어진 것이었다. 그러나 중간계급에 속했던 많은 가정들은 1980년대의 채무위기 이후 아파트를 잃고 잉킬리나토 단칸방에 북적이며 살고 있다. 공동부엌과 공동욕실은 5가구 이상이 함께 사용한다. 위기로 점철됐던 지난 10년 동안 부에노스아이레스에서는 수도권의 버려진 건물과 공장에만 10만 명의 스쿼터가 새로 생긴 것으로 추산된다.[53]

반면에, 사하라 이남 아프리카에서는 구舊도심 빈민 주택을 찾아보기 어렵다. 지리학자 마이클 에드워즈Michael Edwards가 지적한 것처럼, "영국의 식민지였던 곳에서 빈민가가 드문 것은 애초부터 도시에 도심이 없었기 때문이다. 아프리카 사람들 사이에서 임대는 독립 이전부터 일반적인 주거 형태였지만 그 형태는 셋집이 아니었다. 독신남일 경우 주로 합숙소hostel를 이용하고 가족들은 흑인 재정착촌township(흑인이나 빈민 등을 차별적으로 분리시켜 생겨난 집단거주지. 특히 남아프리카공화국에 많다—옮긴이)의 영구 임대주택에 산다".[54] 아크라와 쿠마시의 전통사회에서는 여전히 관습적인 토지소유 형태를 흔히 볼 수 있다. 이곳에서도 임대가 지배적인 주거 형태이지만, 임대에 혈연관계가 관여하기 때문에 라고스와 나이로비에 비하면 임대료 징수 방식이 그렇게 가혹한 것은 아니다. 친족 기반 주택단지에 거주하는 빈민들은 비교적 부유한 친척들과 함께 확대가족 주택에서 살아가기 때문에, 가나의 마을들은 대부분 다른 아프리카 도시들에 비해 경제적으로 다층적이다.[55]

그 밖에도 도심 주택에는 불법증축, 간이숙소flophouse, 스쿼팅, 소규모 판자촌 등 기발한 형태들이 존재하며, 이는 공식 형태와 비공식 형태를 포함한다. 홍콩에서는 25만 명의 주민이 옥상에 불법으로 증축한 옥탑방이나 건물 중앙의 환기통에 살고 있다. 그러나 최악의 형태는 이른바 '새장'이다. "여기서 '새장'은 독신용 침대를 가리키는 이 지역 특유의 용어로, 거주자가 물건을 도둑맞지 않기 위해 침대에 철사 줄로 보호막을 설치하는 모습을 빗대어 표현한 것이다. 이렇듯 침대가 빽빽이 들어찬 방 1칸에 평균 38.3명이 들어간다. 1인당 평균 생활공간은 1.8m²(0.5평 정도)다."[56] 한편 '간이숙소'는 미국에서는 한물간 주거 형태지만, 대부분의 아시아 대도시에서는 아직 많이 남아 있다. 서울의 경우를 예로 들면, 전통적인 스쿼터 정착지에서 쫓겨난 사람들이나 일자리를 잃은 사람들은 이른바 '쪽방'으로 몰려든다. 서울의 쪽방은 5,000개 정도로 추정되는데, 이곳에서는 하룻밤 단위로 잠자리를 임대하고 화장실 1개를 15명이 공동으로 사용한다.[57]

빈곤화된 도심 거주자 일부는 야영을 택한다. 프놈펜 주민 10명 중 1명이 옥상에서 잔다. 믿기지 않지만, 이렇듯 맨몸으로 옥상에 살고 있는 주민의 수는 카이로에 150만 명, 알렉산드리아에 20만 명이다.[58] 카이로의 이른바 '제2도시'로 불리는 옥상은 임대주택에 비해 더 시원하다는 장점이 있지만, 자동차와 시멘트 공장의 매연뿐 아니라 사막의 모래에 완전히 노출되어 있다. 한편, 수상 슬럼은 남아시아에서는 아직 흔하지만 홍콩에서는 급속하게 사라지고 있다. 한때 홍콩에서 보트는 왕령식민지Crown Colony 주민의 10%에게 잠자리가 되었는데, 주로는 (주류 한족은 열등한 민족으로 취급했던) 탕카 족과 하카 족이 보트를 집으로 이용했다.[59]

마지막으로 노숙이 있다. 로스앤젤레스는 제1세계 노숙자의 수도로서, 노숙자 수는 10만 명 정도로 추정되며 가족 단위 노숙자가 증가하는 추세다. 이들은 번화가의 거리에 천막을 치고 살거나 공원과 도로변에서 단속을 피하며 살고 있다. 제3세계에서 노숙자 수가 가장 많은 곳은 뭄바이다. 1995년 조사에 따르면, 100만 명 정도가 길거리에 살고 있다.[60] 인도에서 노숙자 하면 흔히 떠오르는 이미지는 갓 상경해서 구걸로 연명하는 빈털터리 농민이지만, 뭄바이에 관한 조사에서 밝혀진 바로는, 거의 모든 노숙자(97%)가 가족 중에 돈을 버는 사람이 1명 이상 있고, 70%의 노숙자가 도시에서 6년 이상 살았고, 1/3의 노숙자가 슬럼이나 '촐'에서 쫓겨난 경력을 갖고 있다.[61] 실제로 많은 수의 노숙자가 인력거꾼, 건설 노동자, 시장 짐꾼 등 평범한 노동자들이다. 일거리 때문에 어쩔 수 없이 메트로폴리스의 심장부에 살아야 하지만 이곳에 집을 구할 형편은 안 되는 사람들이다.[62]

그러나 길가라고 해서 공짜는 아니다. 베르너가 지적한 것처럼, "인도나 필리핀의 경우, 길에서 노숙하는 사람들은 경찰이나 조합에 정기적으로 세를 내야 한다".[63] 라고스에서는 중개인들이 건설현장으로부터 손수레를 대여하여 노숙자들에게 침대로 임대한다.[64]


## 2 해적형 도시화

전 세계 도시 빈민의 대다수가 사는 곳은 이제 도심이 아니다. 1970년부터 전 세계 도시인구 증가분을 흡수해온 곳은 제3세계 도시 변두리에 위치한 슬럼 마을이다. 한때 사람들은 스프롤현상을 북아메리카의 독특한 것으로 여겼지만, 상황이 바뀐 것은 이미 오래 전 일이다. 가난한 도시의 '수평화'horizontalization는 인구증가만큼이나 경이로울 때가 많다. 예를 들어, 하르툼에서 1988년 개발지역의 넓이는 1955년의 48배로 늘었다.[65] 실제로 수많은 가난한 도시에서는 변두리가 너무나 넓어졌기 때문에, 변두리라는 개념을 재고할 필요가 생겼을 정도다. 예를 들어, 루사카의 경우에 도시인구의 2/3가 변두리의 판자촌에 살고 있다. 이를 보고 한 작가는 "우리는 이곳 주택지구를 '근교'라고 부르지만, 사실은 도시 자체가 변두리다"[66]라고 말하기도 했다. 터키 사회학자 차을라르 케이더Çağlar Keyder도 이스탄불을 둘러싼 게체콘두gecekondu[터키에서 판자촌이나 슬럼을 일컫는 말—옮긴이]를 보면서 비슷한 말을 했다. "사실상 이스탄불 전체가 (최소한의 유기적 통일성을 유지한 채로 뭉친) 게체콘두 구역들의 덩어리라고 해도 과언이 아니다. 새로운 게체콘두 공간이 — 불가피하게 가장 바깥쪽에 — 덧붙으면서 전체 망에 새로운 연결고리들nodes이 계열적으로 첨가된다".[67]

　　무질서하게 뻗어나가는 제3세계 도시에서 '변두리'는 지극히 상대적인 용어이자 특정한 시기에 국한된 용어이다. 오늘은 도시에 인접한 들판이나 숲이나 사막으로 보이는 곳이 내일은 인구가 밀집된 메트로폴리스 도심이 될 수 있기 때문이다. 국가가 도시 변두리에 상당한 규모의 택지를 조성하는 동아시아의 경우(이를테면 스징산, 펑타이, 장셴뎬 등 베이징의 오래된 변두리 산업지구)를 제외하면, 제3세계 도시에서 변경의 개발은 주로 스쿼터 정착지와 해적형 도시화urbanizaciones piratas(의미심장한 콜롬비아 용어)라는 두 가지 형태를 취한다. 이 두 형태가 합쳐져 '판자촌' 풍경을 만들어내는데, 이곳에서는 거주자가 직접 지어 인프라 설비가 부족한 기준미달 주택이 높은 비율을 차지한다. 해적형 분양지가 스쿼터 마을로 오인되는 경우도 많지만, 이 둘 사이에는 근본적인 차이점이 존재한다.

　　물론 스쿼팅은 매매권 내지 소유권 없이 토지를 점유하는 것이다. 변두리의 '무상' 토지는 극빈층에게 엄청난 보조금을 지급하는 결과를 낳아 제3세계 도시화의 은밀한 마법으로 거론되기도 한다. 그러나 스쿼팅에는 거의 항상 선불금이 들어간다. 스쿼터가 토지를 점유하기 위해서는 대부분 정치가, 폭력조직, 경찰에게 상당한 뇌물을 상납해야 하며, 이런 식의 비공식 '임대료' 상납이 돈/투표의 형태로 몇 년씩 계속되는 수도 있다. 또 도심에서 멀리 떨어지고 공공시설이 갖춰지지 않아, 그에 따르는 비용도 엄청나다. 모든 비용을 더해보면, 베르너가 마닐라 연구에서 지적했듯이 스쿼팅이 부지를 사는 것보다 반드시 싼 것만은 아니다. "토지개발 및 건물 개량이 점진적으로 이루어질 수 있다. 이로 인해 개발 비용을 〔단계별로〕 오랜 기간에 걸쳐 지불할 수 있다는 것 정도가 스쿼팅의 매력이다."[68]

때때로 스쿼팅은 정치 드라마의 표지를 장식한다. 1960~1980년대에 라틴아메리카, 이집트, 터키, 남아프리카에서 스쿼팅은 무허가 토지 개척land invasion의 형태를 취했는데, 이러한 종류의 스쿼팅은 급진 단체의 지원을 받을 때가 많았고 민중적·민족적 성향의 정부로부터 지원을 받을 때도 있었다(1960년대 페루, 1980년대 니카라과). 예로부터 대중의 공감에 의존했던 스쿼터들은 미개발 공유지나 1명의 대지주가 소유한 토지를 스쿼팅의 과녁으로 삼았다(대지주가 나중에 보상을 받게 되는 경우도 있었다). 한편, 스쿼팅은 억압적 국가기구에 끈질기게 대항하는 의지와 인내의 시금석 역할을 하기도 했다. 1970년대 카라카스의 경우를 다루었던 캘리포니아 대학교 로스앤젤레스캠퍼스UCLA 연구팀에 따르면, "스쿼터 정착지가 하룻밤 사이에 세워지고 다음날 경찰에 의해서 철거되고 그날 밤 다시 세워지고 다시 철거되고 다시 세워지고 하는 일이, 당국이 지칠 때까지 계속된다는 소식을 듣는 것은 드문 일이 아니다".[69] 터키 작가 라티페 테킨Latife Tekin 역시 자신의 소설 『베르지크리스틴: 쓰레기 언덕 이야기』*Berji Kristin: Tales from the Garbage Hills*에서 이스탄불 슬럼을 계체콘두('하룻밤 사이에 세움'이라는 뜻)라고 부르는 이유를 이렇게 설명한다. '꽃 언덕'Flower Hill의 영웅적 스쿼터들은 밤마다 그 모든 판잣집을 세우고 또 세웠다. 당국이 아침마다 그 모든 판잣집을 허물고 또 허물었기 때문이다. 호메로스의 트로이 전쟁을 연상시키는 37일간의 포위공격 이후, 정부는 결국 한발 물러나 새로운 계체콘두가 쓰레기 언덕에 정착하는 것을 허용했다.[70]

그러나 대부분의 스쿼터 마을은, 사회학자 아세프 바야트Asef Bayat가 테헤란과 카이로에 대한 글에서 "일상의 고요한 잠식"이라고 부른 과정을 거쳐 생겨난다. 이는 변두리나 틈새에 소규모로, 비대결적으로 스며드는 것을 말한다. 빈곤층 농민의 "브레히트식式 계급투쟁 및 저항"(제임스 스콧James Scott의 연구가 인용하여 유명해진 방식)과는 달리, 도시 빈민의 이러한 투쟁은 "수세적이기도 하지만 은밀하게 공세적이기도 하다". 투쟁의 목표는 권리를 빼앗긴 사람들이 스스로의 생존 공간과 권리를 계속해서 확장하는 것이기 때문이다.[71] 다음 장에 나오듯이 이러한 투쟁은 종종 토지점유를 위한 절호의 기회들, 예를 들어 박빙의 선거, 자연재해, 쿠데타, 혁명과 동시에 일어난다.

스쿼팅의 온갖 형태가 극단적 형태를 띠었던 곳은 1970년대의 라틴아메리카, 중동, 동남아시아인 것으로 보인다. 오늘날 엄밀한 의미의 스쿼팅이 계속해서 진행되는 곳은 주로 도시의 저가 토지이다. 이런 곳은 흔히 위험하거나 사람이 살기 힘든, 범람원·비탈지·습지·오염된 폐廢산업지대brownfield에 위치해 있다. 도시경제학자 아일린 스틸왜건Eileen Stillwaggon에 따르면, "근본적으로 스쿼터들이 점유하는 곳은 임대가 불가능한 토지, 즉 아무도 군이 소유권을 가지거나 주장하려 하지 않는 무가치한 토지이다."[72] 예를 들어, 부에노스아이레스의 경우 수많은 볼리비아와 파라과이 불법이민자들의 정착지인 비야데에메르헨시아villa de emergencia는 대부분 오염되고 악취 심한 리오델라레콘키스타와 리오델라마탄사 강변에 세워졌다. 지리학자 데이비드 킬링David Keeling이 리오델라레콘키스타 강변에 위치한 한 전형적인 비야데에메르헨시아를 방문하고 쓴 글에서 말했듯이, "고여 있는 물과 처리되지 않은 하수에서 엄청난 악취가 풍겼고, 지역 전체가 들쥐, 모기, 파리 등의 곤충들로 넘쳐났다". 사람들이 이런 마을villa들을 없애지 않는 이유는 불황 시에는 이런 유의 폐산업지대가 당분간 무가치한 곳이기 때문이다.[73] 카라카스의 경우에도, 불안정한 란초rancho(스쿼터)들은 산사태가 나기 쉬운 위험한 산비탈을 조금씩 계속해서 올라간다. 정신이 온전한 개발업자라면 이런 곳을 시장용 부동산으로 고려할 수 없을 것이다. 이제 스쿼팅은 불가피한 재난과 겨루는 도박이 되었다.

그러나 변두리 평지는 물론 사막도 시장가치를 갖고 있다. 사실상 오늘날 도시 변경에 위치한 대부분의 저소득 정착지는 눈에 보이지 않는 부동산시장을 통해서 움직인다.[74] 이러한 '해적형 도시화'에 대해서 처음으로 자세한 연구를 실시한 것은 1970년대 말에 보고타에 머물렀던 세계은행의 라케시 모한Rakesh Mohan 연구진이었다.

이들 해적형 분양지는 무허가 토지개척으로 생겨난 것이 아니며, 토지의 주인이 바뀐 것은 사실상 합법적 매매를 통해서였다. 보통은 분양 자체가 불법적이지만, 이러한 종류의 정착지는 불법적이라기보다는 법외적이라고 할 수 있다. 미개발 지대를 손에 넣은 사업가들은 공식 주택시장에서 밀려난 저소득·중저소득·중소득 가구들을 대상으로 토지를 분양하는데,

이때 구획법, 분양규제, 설비기준 등이 지켜지는 일은 전혀 없다. 팔리는 땅들은 흔히 최소한의 설비만을 제공할 뿐인데, 도로 몇 군데와 펌프 몇 개가 고작일 때가 많다. 이러한 초보적 수준의 인프라는 최초로 정착이 이루어진 이후부터 점진적으로 개선된다.[75]

해적형 도시화란 결국 스쿼팅의 사유화다. 1990년의 중요한 연구에서 주택 전문가 폴 바로스Paul Baróss와 얀 반데어린덴Jan van der Linden은 해적형 정착지, 다른 말로 '상업적기준미달주거분양지'SCRS, substandard commercial residential subdivision가 빈민 주택의 새로운 규범이 되었다고 설명했다. 진짜 스쿼터들과는 달리, 해적형 분양지의 주민들은 자기 땅에 대한 법적 권리 혹은 실질적 권리를 갖게 되었다. 피분양자가 법적 권리를 인정받는 경우 분양자는 흔히 투기꾼, 라티푼디스타latifundista(대농장주), 농촌 코뮌(예를 들면 멕시코의 에히도), 전통적 집단(베두인 족이나 마을 의회 등)이다. 킬링이 부에노스아이레스 교외의 아센타미엔토asentamiento의 경우를 논하며 지적한 것처럼, 땅 주인들은 주민(피분양자)들의 조직적인 무허가 토지개척을 부추긴다. 국가가 실질적인 보상과 인프라 개발을 보장하지 않을 수 없으리라는 약삭빠른 기대가 있기 때문이다.[76]

다음으로 분양지 주민들이 실질적 보유 권리를 인정받는 경우, 토지 원 소유주는 국가일 때가 많다. 여기서 정착민들에게 보유증서를 파는 것은 유력 정치가, 족장, 범죄조직 등이다. 예를 들어 삼합회≡合會는 홍콩의 중심적인 비공식 개발업자다.[77] 카라치의 달랄dalal('포주'라는 뜻도 있고 '브로커'라는 뜻도 있다)도 정착민 착취로 악명을 떨치는 세력이다. 유명한 '오랑기파일럿프로젝트'Orangi Pilot Project의 창립자인 악타르 하미드 칸Akhtar Hameed Khan은 이들을 가리켜 "탐욕스러운 정치가 및 관료들과 결탁하는 법을 배우고 그들을 조종하는 법까지 배운 사업가들"이라고 말한다. "정치가와 관료들의 값비싼 비호를 받고 있는 달랄들은 공공부지의 소유권을 확보하고, 강제퇴거를 면할 권리를 사들이고, 수도·교통 설비를 손에 넣는다."[78] 달랄들은 카라치 인구의 거의 절반이 거주하는 카치아바디 katchi abadi(오랑기와 같은 해적형 분양지)를 지배한다.[79]

해적형 분양지의 주택들이 지방정부의 공인을 받는 경우는 거의 없지만, 많은 스쿼터 수용시설과는 달리 일반적인 격자형 거리로 구획되어 분양된다. 그러나 공공시설은 최소한에 그치거나 아예 존재하지 않으며, 매매가격은 직접 인프라를 갖추거나 인프라 개선을 협상하는 주민들의 능력에 달려 있다. 바로스와 반데어린덴에 따르면, "요컨대 SCRS의 본질은 계획적 구획을 따르고, 공공시설이 열악하고, 변두리에 위치하고, 보유 안정성이 높고, 도시개발 계획을 따르지 않고, 주택을 자체적으로 마련한다는 것이다".[80] 지역에 따라서 차이가 있지만, 이러한 정의는 수백 개 도시들의 변경 개발을 대표하는 특징이다. 멕시코시티, 보고타, 상파울루, 카이로, 튀니스, 하라레, 카라치, 마닐라는 물론, 경제협력개발기구 OECD 진영에 속하는 리스본과 나폴리 주변의 클란데스티노clandestino와 최근 엘파소와 팜스프링스에 생겨난 콜로니아colonia (주로 멕시코인들이 거주하는 미국 남서부의 슬럼 지역을 일컫는 말—옮긴이)에도 이러한 정의가 적용된다.

몇몇 국가에서는 수십 년 전부터 변두리 슬럼 개발의 상업화가 진행되어왔다. 도시계획 전문가 아이세 욘더Ayse Yonder의 설명에 따르면, "이스탄불에서는 1960년대 중반까지 전통적인 의미의 스쿼팅이 사라졌다. 정착민들은 공유지를 점유하는 경우에도 그 지역 세력가들에게 권리금을 내야 한다".[81] 오늘날 임대료가 엄청나게 비싼 도시가 된 나이로비의 경우, 이미 1970년대 초엽에 온전한 형태의 상업화가 출범했다. 당시 부유한 외지인들은 스쿼팅이 합법화되는 경우 엄청난 횡재를 수반하는 새로운 토지시장을 형성한다는 사실을 발견했다. 땅 주인들은 (원래 주인인 아시아인들로부터 땅을 물려받은 경우가 많은데) 무허가 분양지를 팔기 시작했다. 빈곤 문제 연구자인 필립 어미스Philip Amis에 따르면, "이들은 사실상 자기 땅에 무허가 토지개척을 감행했고, 나름의 계획에 따라 무허가 주택을 건설하기 시작했다. 〔……〕 위험을 감수한 보람이 있었다. 강제철거 명령은 내려지지 않았고, 투자 수익은 매우 높았다". [82]


## 3  눈에 띄지 않는 셋방살이

비공식 주택을 다루는 대중문학이나 학술문헌은 스쿼터를 낭만화하면서 세입자들을 간과하는 경향이 있는 것 같다. 세계은행 연구자들이 최근 인정한 것처럼, "저소득 임대시장에 대한 연구가 거의 없는 것은 놀라운 일이다". [83] 전 세계적으로 임대제도는 슬럼 생활에서 나타나는 근본적으로 분열적인 사회관계 그 자체다. 임대제도는 도시 빈민이 자신의 (공식·비공식) 지분을 화폐화하는 주된 방법이지만, 한편으로는 더욱 가난한 사람들에 대한 착취의 수단일 때가 많다. 비공식 주택의 상품화는 기존 판자촌의 틈새 개발이나 해적형 분양지의 다세대 건축 등 각종 임대 방식의 빠른 성장을 포함한다. 물론 서아프리카 도시 빈민의 대다수는 원래부터 임대에 의존했다. 다카와 몇몇 아시아 도시의 대다수 주민들도 마찬가지였다(방콕에서 '스쿼터'의 2/3는 집터를 빌려서 판잣집을 짓는다). [84] 라틴아메리카, 중동, 남아프리카의 경우 도시 변두리에서의 임대는 우리가 생각하는 것보다 훨씬 흔한 일이 되었다. 예를 들어, 카이로에서 상층 빈민은 농부들로부터 해적형 토지를 사는 반면, 그보다 못한 빈민은 시정부 토지를 스쿼팅하며, 빈민 중의 빈민은 스쿼터의 토지에 세를 든다.[85] 마찬가지로 도시지리학자 앨런 길버트Alan Gilbert가 1993년에 라틴아메리카에 대해서 말했던 것처럼, "새로운 임대주택의 절대다수는 도심이 아니라 인프라 문제를 자체적으로 해결하는 변두리 공동체에 세워진다".[86]

멕시코시티는 이러한 상황을 보여주는 중요한 사례다. 호세 로페스 포르티요José López Portillo 정부(1976~1982)는 콜로니아프롤레타리아colonia proletaria에 대해 모범법Model Law을 제정하여 부재지주, '가로채기'poaching, 저소득 주택에 대한 투기를 금지하려 한 반면에, 슬럼 주민이 자기 집을 시장가격으로 파는 것은 허용했다. 이러한 개혁의 한 가지 결과는 가난한 콜로니아프롤레타리아였던 곳들 중에 위치가 좋았던 몇몇 곳이 중간계급의 구미에 맞도록 고급화되었다는 것이다. 또 하나의 결과는 소지주 임대제도가 활성화되었다는 것이다. 1987년에 사회학자 수전 엑슈타인Susan Eckstein은 과거에 연구했던 콜로니아프롤레타리아를 15년 만에 다시 찾았는데, 원래 스쿼터 가운데 약 25~50%가 2~15가구가 살 수 있는 소규모 베신다데를 지었고 이를 더 가난한 전입자들에게 임대했다는 사실을 발견했다. 엑슈타인은 이렇게 지적한다. "콜로니아프롤레타리아에는 사회경제적 차이를 반영하는, 본질적으로 서로 다른 두 층의 주택시장이 존재한다. 내가 지난번에 그곳을 찾았던 때에 비해 주민층은 사회경제적으로 '하향' 평준화되었다. [……] 가난한 세입자 계층이 많아졌다."[87] 기존의 주민들 가운데 몇몇은 지주로 부자가 되기도 했지만, 새로 이사 온 세입자들은 이전 세대에 비해 사회경제적 지위가 상승할 희망이 훨씬 적다. 전반적으로 콜로니아프롤레타리아는 더 이상 '희망의 슬럼'이 아니다.

세입자들은 흔히 슬럼 주민 가운데 가장 눈에 띄지 않는 힘없는 계층이다. 재개발과 강제퇴거에서도 세입자들은 보상이나 재정착의 대상에서 제외될 때가 많다. 20세기 초의 베를린이나 뉴욕의 공공 임대주택 주민들이 슬럼 지주에 맞서 긴밀하고도 강력한 연대감을 공유했던 것과 달리, 오늘날의 슬럼 세입자들은 단체를 조직하거나 집세 파업에 돌입할 능력이 없는 것이 보통이다. 주택 분야의 선도적 연구자들의 설명대로, "세입자는 불규칙한 정착지에 산재해 있으며 비공식 임대 형식은 저마다 상당한 차이를 보인다. 그리고 세입자들은 압력단체를 조직하여 스스로를 보호할 능력이 없는 경우가 많다".[88]

넓은 변두리 슬럼, 특히 아프리카 슬럼은 많은 경우 친족 네트워크, 보유권 체계, 세입자 관계 등이 뒤얽힌 복잡한 퀼트 작품을 연상시킨다. 나이로비 마징기라연구소Mazingira Institute 공동 설립자인 다이애나 리스미스Diana Lee-Smith는 나이로비 동쪽 외곽에 위치한 거대한 슬럼인 코로고초Korogocho에 대한 상세한 연구를 진행했다. 코로고초를 구성하는 7개 마을은 저마다 다양한 주택 유형과 임대 유형을 선보인다. 가장 비참한 마을인 그로간Grogan은 단칸 판잣집들이 모여 있는데, 대부분 도심 근처에 위치한 기존의 판자촌에서 쫓겨난, 여성이 가장인 가구들이 살고 있다. 한편 군대 막사 같은 기트아Githaa는 "전체가 투기용 마을로서, 사업가들이 임대용으로 지은 곳이다"(단, 이곳의 토지는 공유지다). 인근의 단도라Dandora는 택지개발계획Site-and-services scheme에 따라서 만들어진 마을로서 현재 소유주의 절반이 부재지주다. 리스미스의 지적대로, 소규모 임대와 전대轉貸는 빈민의 주요 축재 전략이며, 집이 있는 사람들은 좀더 가난한 사람들의 착취자로 신속하게 변모한다. 자주적 건설자 겸 소유자-점유자라는 스쿼터의 영웅적 이미지가 남아 있기는 하지만, 코로

고초를 비롯한 나이로비 슬럼에서는 셋집과 소규모 착취가 하릴없이 증가하고 있는 것 또한 사실이다.[89]

변두리 지역에서 인구 200만의 위성도시로 성장한 소웨토 역시 다양한 스펙트럼을 보여준다. 주민의 2/3가 공식적인 사유주택이나 공영주택council homes에 산다. 전문직 중간계급은 전자에, 그보다 좀더 많은 수를 차지하는 전통적 노동계급은 후자에 거주하는데, 특히 공영주택 주민들은 뒤뜰에 불법 판잣집을 짓고 신혼부부나 독신자에게 임대한다. 농촌 출신 이주자 등 더 가난한 사람들은 합숙소에 머물거나 외곽에서 스쿼팅을 시도한다. 알렉산드라Alexandra 역시 아파르트헤이트 시대부터 존재했던 요하네스버그의 유명한 슬럼인데, 이곳 주민들은 더 가난하고 공식 주택도 더 적다. 인구의 대다수가 스쿼터, 임차인, 합숙소 거주자다.[90]

아프리카와 라틴아메리카의 넓은 슬럼들의 경우, 서로 다른 자산 형태 및 주거 형태가 서로 다른 현실 인식을 낳는 것은 당연한 일이다. 지리학자 워드가 멕시코시티의 사례에서 지적한 것처럼, "한 사람의 이데올로기적 관점은 그가 사는 주택의 위상에 따라 형성되는 것 같다".

> 거주 방식이 서로 다르기 때문에 〔……〕 집단적 대응력이 약화된다. 토지 획득 방식, 마을 형성의 '단계', 설비에 대한 주민들 사이의 우선권, 마을 지휘구조, 사회적 계층, 그리고 무엇보다 보유관계(임대인 대 중간임대인 대 임차인)를 기반으로 정착지가 분할되기 때문이다. 이러한 주택보유 형태의 차이로 인해 선거구의 정치적 성향은 더욱 다변화된다. 〔……〕 임차인, 스쿼터, 번화가로 흘러든 세입자. 이들이 정부가 끊임없이 발표하는 주택 정책에 매수된 주민들에 비해 급진적인 경향, 반정부 시위에 끌리는 경향을 보이는 것은 당연한 일이다.[91]

## 4 변두리의 밑바닥

연구대상이 제3세계 '도심'에서 멀어질수록, 연구자의 시야를 가로막는 안개는 더욱 더 짙어진다. 역사학자 엘런 브레넌Ellen Brennan이 강조한 것처럼, "대부분의 제3세계 도시들은 토지 용도변경 패턴이나 지난 해에 건축된 (공식·비공식) 주택단지의 수나 인프라 구축 패턴이나 토지 분양 패턴 등에 대한 정확한 최근 자료를 갖고 있지 않다".[92] 특히 정부가 가장 무지한 곳은 도시외곽의 경계 지역이다. 도시와 시골의 경계는 시골화된 도시가 도시화된 시골로 이행하는 곳, 마치 연옥limbo 같은 이상한 곳이다.[93]

도시의 변방은 도시의 구심력과 시골의 내파력內波力이 충돌하는 장소, 즉 사회의 임팩트존Societal impact zone이다. 모하마두 압둘Mohamadou Abdoul에 따르면, 다카 외곽의 방대한 빈곤 지역인 피키네Pikine는 "1970년대에 시작된 두 차례의 대규모 인구유입"에 의해서 만들어진 지역이다. "다카의 노동계급 마을과 판자촌에서 (많은 경우 군대에 의해) 쫓겨난 사람들과 농촌 대탈출에 휩쓸린 사람들이 이곳으로 흘러든다."[94] 방갈로르의 경우에도, 급속도로 증가하는 변두리 슬럼에 거주하는 200만 빈민들 중에는 도심에서 추방당한 슬럼 주민들과 농지를 빼앗긴 농업 노동자가 포함된다. 멕시코시티, 부에노스아이레스 등 라틴아메리카에서 도시의 변두리를 둘러보면, 한편에는 최근의 농촌 출신 이주자들이 건설한 판자촌이 있고, 바로 옆엔 도심의 범죄와 위험을 피해온 중간계급 통근자들이 거주하는 폐쇄형 교외 주택가가 있다.[95]

공해물질, 유독물질, 불법 산업 역시 폐기물을 불법 처리하기 쉬운 변두리로 흘러든다. 지리학자 한스 솅크Hans Schenk에 따르면, 아시아에서 도시 주변부는 규제의 사각지대이자 진정한 의미의 최전선이다. "다윈이 케인스를 누르고 승리를 거두는" 이곳에서 해적형 사업가와 부패한 정치가는 대체로 법이나 공공의 감시에 구애받지 않는다. 예를 들어, 베이징의 악명 높은 소규모 의류 공장들은 남쪽 외곽에 산재한 반半농촌 마을과 판자촌들 사이에 숨어 있다. 방갈로르의 경우에도, 도시 주변부는 국가의 감시에 최소한으로 노출되면서 노동을 값싸게 착취할 수 있는 곳이다.[96] 수백만의 임시직 노동자들과 절망적인 상황의 농민들 역시 수라트나 선전深圳 같은 세계적인 초착취super-exploitation 수도들의 외곽을 배회한다. 이들 노동 유목민은 도시에도 시골에도 안전한 발판이 없으며, 평생 동안 도시와 시골 사이에서 일종의 절박한 브라운운동을 해야하는 경우가 많다. 한편, 라틴아메리카에서는 정반대의 상황이 벌어진다. 즉 인력업자들은 도시의 판자촌 주민들을 시골에 데려가 계절제 노동자나 임시직 노동자로 고용한다.[97]

그러나 예나 지금이나 제3세계 도시 변경의 가장 큰 기능은 인간쓰레기를 처리하는 기능이다. 경우에 따라서 도시에서 나오는 쓰레기와 오갈 데 없는 이주자는 똑같은 종말을 맞이한다. 이러한 악명 높은 '쓰레기 슬럼'으로는 이름도 절묘한 베이루트 외곽의 카란티나Quarantina,* 하르툼 외곽의 힐랏쿠샤Hillat Kusha, 멕시코 산타크루스의 메예우알코Meye-hualco, 마닐라의 구舊스모키마운틴Smoky Mountain, 콜카타 외곽의 방대한 다파Dhapa 쓰레기처리장 및 슬럼 등이 있다. 시정부가 슬럼과의 전쟁을 벌인 후, 쫓겨난 사람들이 황폐한 정부 수용시설이나 조야한 택지개발 정착지에 처박히게 되는 것도 흔한 현상이다. 예를 들어, 피낭과 쿠알라

---

* 이탈리아어로 '40일'을 뜻하며 '검역' quarantine의 어원이다. 중세 유럽 도시 당국이 전염병을 우려하여 도시로 입성하려 하는 외부인을 40일간 격리수용한 데서 유래했다.

룸푸르 외곽의 경우 슬럼에서 쫓겨난 사람들은 최소한의 설비밖에 갖춰지지 않은 수용시설에 고립된다. 주택 문제 활동가들은 이렇게 말한다.

> 말레이어로 '루마 판장'이라고 부르는 '장형주택'은 말레이 특유의 안락한 고택을 연상시키지만, 현실은 그와는 완전히 딴판이다. 이들 가수용단지는 얄팍한 합판과 석면으로 지어진 판잣집이 황량하게 일렬로 늘어선 형태로 되어 있다. 판잣집들은 좌우가 연결되어 있고, 가로수 한 그루 찾아볼 수 없는 비포장도로를 사이에 두고 맞은편에도 똑같은 판잣집들이 연결되어 있다. 기초적인 공공시설은 드문드문 있거나 아예 없다. 이들 가수용단지는 알고 보면 사람들을 임시로 수용하는 단지가 아니다. 정부에 의해 강제퇴거 당한 많은 사람들은 20년이 지난 지금까지 이곳을 떠나지 못한 채 정부가 저소득층 주택을 짓겠다는 약속을 기억해주기를 기다리고 있다.[98]

인류학자 모니크 스키드모어Monique Skidmore는 체포의 위험을 감수하면서 황량한 도시외곽의 재정착촌 — 이른바 뉴필즈New Fields — 을 찾아갔다. 양곤(랑군) 외곽에 위치한 이곳은 군부독재가 수십만의 도시 주민을 강제로 이주시킨 곳이다. 주민들이 원래 살던 슬럼들이 도심의 초호화 관광지 재건에 걸림돌이 되었기 때문이다. "주민들은 자기가 살던 곳을 떠나야 하는 슬픔과 고통을 이야기한다. 〔……〕 집들은 대부분 술집, 쓰레기 더미, 웅덩이, 진흙에 흘러든 오수 따위에 둘러싸여 있다." 한편, 만달레이의 변두리 판자촌은 상황이 더 열악하다. 스키드모어의 설명에 따르면, "재정착촌 주민들은 땔감을 찾기 위해 샨 산 기슭까지 걸어가야 한다. 양곤의 몇몇 이주자 재정착촌에는 공업 지역이나 의류 공장 등 노

동자들을 비정규직으로 고용해 착취하는 공장들이 있지만, 이곳에는 그나마 그런 곳도 없다".[99]

국제난민과 국내난민IDP, internally displaced people에 대한 처우는 도시의 강제퇴거민보다도 가혹할 때가 많다. 제3세계의 거대한 난민 수용소 가운데 몇몇은 가장자리도시로 진화해나갔다. 예를 들어, 가자Gaza는 난민 수용소가 진화하여 도시화된 경우로서(난민 75만 명), 인구의 2/3가 하루 2달러 미만으로 살아간다(이곳을 세계 최대의 슬럼으로 보는 시각도 있다).[100] 케냐 국경 바로 안쪽에 위치한 다다드Dadaad에는 12만 5,000명의 소말리아 난민이 거주한다. 1990년대 중반 콩고의 고마Goma가 대략 70만 명의 르완다 난민의 열악한 피난처가 되었던 것과 같다. 당시에 난민 중 다수는 형편없는 위생 환경에 방치된 채 콜레라로 목숨을 잃었다. 하르툼 외곽의 사막 지역에는 네 군데에 거대한 수용시설이 있는데(마요 팜스Mayo Farms, 제벨아울리아Jebel Aulia, 다르엘살람Dar el Salaam, 와드알−바쉬르Wad al-Bashir), 이곳에는 가뭄·기근·내전으로 집을 잃은 40만 주민이 쑤셔 박혀 있다. 그 밖에 150만 IDP는 주로 남부인들이며, 이들은 수단 메트로폴리스 주위에 세워진 수십 개의 대형 스쿼터 정착지에 산다.[101]

한편, 전쟁으로 집을 잃고 이란과 파키스탄에서 송환된 난민들은 카불 위쪽에 위치한 수십 곳의 산비탈 슬럼에서 스쿼터가 된다. 『워싱턴포스트』Washington Post 2002년 8월 기사에 따르면, "카르테아리아나Karte Ariana 구역의 경우, 탈레반과 반군의 전투를 피해서 아프가니스탄 북부 농촌을 떠나온 수백 개 가구가, 수직으로 늘어선 슬럼의 미로 속으로 몰려들어갔다. 이들 판잣집에는 부엌도 욕실도 없으며, 아무리 좁은 곳에도 최소한 15~20명이 몰려 살고 있다. 몇 년간 비가 거의 오지 않아 우물이 거의 말랐고, 이들 슬럼에 살고 있는 아이들은 오염된 물 때문에 항상

후두염 등 각종 질병을 달고 산다. 평균 수명이 세계에게 가장 짧은 곳 중 하나다".[102]

세계에서 IDP가 가장 많은 나라는 앙골라와 콜롬비아다. 앙골라는 25년 이상 계속된 내전(1975~2002)으로 도시화가 강요된 나라인데, 남아프리카공화국과 백악관의 음모로 가속화된 내전은 인구의 30%를 고향에서 내몰았다. 파괴된 시골은 위험한 곳이었고, 많은 난민들은 고향으로 돌아가지 못한 채 루안다, 로비투, 카빈다 등의 도시를 둘러싼 황량한 뮈세크musseque(판자촌)에서 스쿼터로 살아갔다. 그 결과, 1970년에 도시인구가 14%에 불과했던 앙골라는 이제 도시인구가 과반수를 넘는 나라가 되었다. 도시 주민의 대다수는 절망적일 만큼 가난한데, 국가는 이들을 철저하게 무시한다. 1998년에 앙골라 정부가 공교육과 공공복지에 지출한 예산은 전체 예산의 1%에 불과한 것으로 추정된다.[103]

콜롬비아의 경우도 수마파스Sumapaz, 시우다드볼리바르Ciudad Bolívar, 우스메Usme, 소아차Soacha 등 방대한 비공식 정착지를 포함하는 기존의 보고타 도시 빈곤 벨트에, 끝도 없이 계속되는 내전으로 40만 IDP가 더해졌다. 어느 구호 비정부기구NGO의 설명에 따르면, "대부분의 난민은 공식 생활과 공식 고용에서 배제당한 사회적 추방자이다. 현재〔2002년〕 65만 3,800명의 보고타 주민이 도시에 일자리가 없는데, 더욱 충격적인 것은 이들 중 절반이 29세 미만이라는 점이다". 도시에서 살아갈 기술도 없고 많은 경우 학교를 다닌 적도 없는 이들 젊은 농민들과 그들의 자녀들은 뒷골목 폭력조직과 준군사조직에게는 이상적인 포섭의 대상이다. 동네 꼬마들에게 공격을 받는 지방 사업가들은 우익 살상집단과 결탁하는 그루포데리미에사grupo de limieza를 조직하고, 마을 외곽에는 살해당한 아이들의 시체가 쌓여 있다.[104]

칼리 외곽에도 똑같은 악몽이 횡행한다. 인류학자 마이클 타우시그 Michael Taussig는 "어마어마하게 위험스러운" 두 변두리 슬럼의 생존투쟁을 설명하기 위해 단테의 『신곡』 *La divina commedia* 중 「지옥편」을 인용한다. 우선, 나바로Navarro라는 슬럼은 악명 높은 '쓰레기 산'인데, 굶주린 여자들과 아이들이 쓰레기를 뒤지는 곳이자 지역 우익 준군사조직들이 총잡이 청년들을 고용하거나 몰살하는 곳이다. 카를로스알프레도디아스Carlos Alfredo Díaz라는 또 다른 슬럼은 "수제 엽총과 수류탄을 가지고 뛰어노는 아이들"로 가득하다. 타우시그에 따르면, "게릴라가 광대한 카케타 삼림 중에서도 아마존 강 유역의 오지 끝에 본거지를 두고 있는 것과 비슷하게, 광폭해진 청년 조직폭력의 세계는 슬럼이 옥수수밭과 만나는 바로 이곳 카를로스알프레도디아스 도시 끝에 범접할 수 없는 그들만의 근거지를 마련했다". [105]

# 국가의 배신

> *제재 없이 날뛰는 자본주의도 용서하기 어렵지만, 부자들*
> *을 위해 존재하는 부패한 국가는 그보다 더 악독한 것이다.*
> *상황이 이 정도면, 체제 개선을 위한 노력은 별다른 성과를*
> *거두지 못한다.*
> ── **앨런 길버트와 피터 워드**[1]

　　최근 지리학자인 길버트와 워드는 "놀랍게
도, 세계대전 이후부터 지금까지 제3세계 도시에서 저소득 주거 지형의
변화를 추적한 사람이 아무도 없었다"[2]는 불만을 토로했다. 당연히, 비
공식 주거의 전지구적 패턴을 현대적인 관점에서 역사적으로 개관한 사
람 역시 아무도 없었다. 각국의 역사와 도시별 특수성을 고려하면, 슬럼
과 역사를 결합하는 작업은 엄청난 수고를 요하는 작업이다. 그렇지만
세계 빈곤의 도시화에 나타나는 시대별 주요 경향과 사건을 지적하는
것은 가능한 일이다.

　　하지만 제3세계 도시와 슬럼이 왜 20세기 후반기에 그토록 빠르게
성장했는가를 연구하기에 앞서, 제3세계 도시와 슬럼이 왜 20세기 전반
기에 그토록 **느리게** 성장했는가를 연구할 필요가 있다. 몇몇 예외는 있

지만, 오늘날 대부분의 거대도시는 역사적으로 한 가지 공통점을 지니고 있는데, 처음에는 비교적 느리고 심지어 후퇴하는 성장세를 보이다가, 1950년대와 1960년대에 갑자기 성장이 가속됐다. 이때 시골에서 이주해온 사람들이 변두리 슬럼에 정착했다. 20세기 초에는 시골 빈곤이 대규모로 도시로 흘러드는 것을 방지하는 장치가 있었다. 즉 경제적·정치적 방어막이 도시를 둘러싼 성벽처럼 작용하여, 상당수의 농촌인구는 도시로 들어오지 못하거나 실질적인 시민권을 보장받지 못했던 것이다. 단, 여기서는 권리의 차단이 물리적인 차단보다 좀더 중요한 의미가 있었다.


## 농민을 막아라

물론 가장 주된 장벽은 유럽 식민주의였다. 영국이 통치했던 동아프리카와 남아프리카 식민지 도시는 유럽 식민주의가 가장 극단적인 형태로 나타난 곳으로서, 원주민이 도시에서 토지를 소유하거나 도시에 영구적으로 거주하는 것이 금지되었다. 분할통치devide and rule의 기수였던 영국인들은 아프리카인들이 도시 생활을 통해서 '탈脫부족화'하거나 반反식민 연대를 형성할까봐 두려워했다.[3] 도시 이주는 통행법에 따라 통제당했고, 비공식 노동은 부랑방지 규정에 따라 처벌받았다. 예를 들어, 인종적으로 구획된 나이로비에서 1954년까지 아프리카인은 체류자 이상의 권리를 가질 수 없었고 임차권을 가질 수 없었다.[4] 카린 누루Karin Nuru의 연구에 따르면, 다르에스살람에 거주했던 아프리카인들 역시 "임시 노동력으로 묶이는 데 불과했고, 결국 시골로 돌아가야 했다".[5] 로디지아(오늘날의 짐바브웨)의 아프리카인들은 독립 전날까지 도시 주택에 대한 법적 소유권을 가질 수 없었으며, 루사카의 아프리카 주민들은 "대략 임시 주민으로 간주되었다. 그들이 도시에 머무는 유일한 목적은 식민주의 행정관들을 시중드는 것이었다. 루사카는 인종·계급·성별에 따라 고도로 분할된 도시였다".[6]

이러한 분할통치 체제를 극단적으로 밀어붙였던 아파르트헤이트는 일종의 디스토피아적 풍경을 조성했다. 식민주의적 인종주의의 토대 위에 세워진, 2차 세계대전 이후 남아프리카 법률은 도시 이주를 범죄로 간주했을 뿐 아니라, 유서 깊은 도심 흑인 공동체를 뿌리 뽑는 계기로 작용했다. 100만 명에 육박하는 흑인이 이른바 '백인' 지역에서 쫓겨났고, 이로 인해 순純도시화net urbanization 비율은 1950년(43%)에서 1990년(48%)까지 거의 늘지 않았다. 실제로 1960년대에 도시 지역은 흑인의 순유출net overflow 현상을 보였다.[7] 그러나 "백인은 도시에, 흑인은 변두리 동네에"라는 이러한 이상은 피해자들의 용감한 저항에 부딪혔을 뿐 아니라, 대자본의 노동시장 수요에도 어긋나는 것이었다.

인도 대륙의 영국인들 역시 시골에서 유입되는 인구를 격리하고 단속했다. 우타르프라데시의 도시들에 대한 탁월한 연구서에서 난디니 굽투Nandini Gooptu는 식민지 관리와 새로 시민권을 얻은 토착 엘리트가 빈민을 줄기차게 도시 변경이나 도시 바깥으로 밀어내는 과정을 연대별로 기술했다. 특히 새로 유행하던 도시개량신탁Town Improvement Trust은 슬럼을 쓸어내는 데 상당한 효과가 있었다. 이를 통해 주거지구와 상업지구 사이에 있었던 이른바 '역병의 온상'이 사라졌고, 식민 지역과 토착 중산층 지역 사이에 완충지대가 만들어졌다. 한편 '침입금지법'이 강력하게 시행되면서 스쿼팅과 노점이 법으로 금지되었다.[8] 이와 함께, 영국이 통치하는 인도의 도시경제는 그다지 성장하지 않았고, 성장하는 경우에도 그 형태는 불규칙했다. 기업 엘리트와 섬유 공장으로 유명했던 봄베이(뭄바이)의 경우에도 성장은 느렸고, 1891~1941년 사이 반세기 동안 인구는 2배에도 이르지 못했다.

영국인들은 원주민이 도시에 대규모로 정착하는 것을 몹시 싫어했지만, 역사를 통틀어 슬럼을 가장 많이 지은 것도 영국인들이었다. 아프리카의 영국인들은 지방 노동력을 불안정한 판자촌에 살도록 강제하는 정책을 채택했다(판자촌은 인종별로 구획된 도시의 변경에 세워졌다). 인도, 미얀마, 실론의 영국인들은 원주민 마을에서 위생시설을 개량하거나 최소한의 인프라를 구축할 의도가 전혀 없었으며, 따라서 20세기 초 유행병(흑사병, 콜레라, 독감)으로 엄청난 사망자가 난 것은 당연한 일이었다. 탈식민 민족 엘리트는 영국인들이 초래했던 막대한 도시위생 문제들을 물려받게 되었다.

성공의 정도는 차이가 있었지만, 다른 제국들도 농촌 출신 이주민을 제한하고 규제하려 했던 것은 마찬가지였다. 드물게 예외가 있었지만, 식민지의 항구나 교통 요지에는 제조 및 가공에서 생성되는 부가가치의 여지가 거의 남아 있지 않았기 때문에, 공식 고용이나 도시 성장은 불가능했다. 원주민 노동력이 슬럼과 판자촌을 벗어날 수 없는 것은 어디서나 마찬가지였다. 최근에 콩고 도시들의 역사를 살펴보면, 식민지 정부는 마을 사방으로 규제망을 뻗침으로써 도시로 들어오는 이주민들을 비교적 효과적으로 통제했고, 이를 통해 규정된 경로 바깥에서 진행되는 소규모 거래 및 '무정부적' 주택 건설을 차단할 수 있었다.[9]

한편, 역사학자 장 쉬레카날Jean Suret-Canale은 열대 아프리카의 프랑스인들이 농촌의 노동운동을 엄격하게 단속하는 한편으로 아프리카 도시 주민을 열악한 변두리로 몰아냈던 과정을 다시 한번 환기시킨다. 다

카의 메디나medina, 아비장의 트레슈빌Treichville, 브라자빌의 포토포토
Poto-Poto 같은 식민지 슬럼에서 거리는 "모랫길 아니면 진흙길이었다.
〔……〕 배수로는 없었고 하수구 몇 개가 고작이었는데 그나마 뚜껑이 없
거나 함석으로 대충 덮여 있었다. 수도는 전혀 혹은 거의 없었고, 공용
펌프 몇 개가 있었는데, 이른 아침부터 차례를 기다리는 사람들이 줄을
섰다. 인구과밀은 사람들의 건강에 치명적인 위협이 되었다".[10] 이렇듯
1950년대까지 거의 모든 제국들이 '원주민 지역'에 최소한의 위생 인프
라를 제공하지 않으려 했던 것은 단순한 인색함 때문이 아니었다. 즉 제
국들은 원주민 지역을 방치함으로써 원주민이 '도시에 대한 권리'를 갖
고 있지 않다는 것을 분명히 하려 했다.

   그러나 유럽의 식민주의가 도시 성장을 통제하는 유일한 체제였던
것은 아니다. 아시아의 스탈린주의 정권 역시 도시 성장을 억제하는 체
제였다. 즉 중국 공산당은 농민반란 덕분에 권력을 잡았으면서도 농촌
에서 올라오는 이주자의 행렬을 막았다. 1949년 중국혁명 초기의 정권
은 도시의 성문을 활짝 열고 귀향 난민과 일자리에 목말랐던 옛 농민군
을 환영했는데, 이로 인해 도시들은 통제 불능의 범람 상태에 빠졌다. 불
과 4년 만에 1,400만 명이 도시로 몰렸다.[11] 결국, 1953년에 새 정권은
국내 이주를 엄격히 통제함으로써 농촌 출신 이주민 행렬을 막으려 했
다. 이와 함께 마오주의 정권은 도시 프롤레타리아에게 특혜를 주었고
('철밥통'과 요람에서 무덤까지 보장하는 복지 혜택), 사회적 시민권을 직장
단위의 정주자격과 연결짓는 가구등록제도(호구제도)를 도입함으로써
도시인구증가를 엄격하게 제한했다.

   베이징 당국은 1960년까지 집이 없는 주민에게 집을 주며 대부분의
도시 판자촌을 철거했고, 그후에도 비공식 농촌 출신 이주민이 유입되는

것을 막기 위해 엄청난 경계 조치들을 취했다. 도시와 시골은 완전히 분리된 세계로 인식되었으며, 당-국가가 규정하는 까다로운 조건하에서만 제한적으로 교류가 허용되었다. 도시 주민이 다른 도시로 이동하기 위해서는 허가를 받아야 했으며 그나마도 흔한 일은 아니었다. 그러니 농민이 당국의 승인을 받아 자기가 살고 있는 공동체를 떠난다는 것은 거의 상상할 수 없는 일이었다. 1960년대 초반에는 엄청난 인구가(혹자는 5,000만에 이르는 것으로 추산한다) 미등록 상태로 도시로 이주해왔다가, 원래의 마을로 쫓겨났다.[12] 르아브르 대학교 중국학 교수 길렘 파브르Guilhem Fabre에 따르면, 이로 인해 도시인구 비율은 1960년대 최고 20%에서 1971년 12.5%로 떨어졌다.[13] 북한, 알바니아, 베트남에서도 1950년대에 농촌-도시 이주민에 대해 이와 비슷한 제재를 가했다(베트남의 호구제도는 비교적 온건한 조치였다). 물론 이데올로기적 반反도시화의 절정을 장식한 사건은 폴포트가 1975년 프놈펜 시민들을 잔인하게 퇴거시킨 일이었다.

라틴아메리카의 경우에도 도시 이주를 차단하는 장벽이 있었다. 그리 체계적이라고 할 수는 없지만 어쨌든 가공할 조치였다. 2차 세계대전 이전에 라틴아메리카의 가난한 도시 주민들 대부분은 도심의 임대주택에 살았다. 그러나 1940년대 후반에 수입대체품목의 산업화가 진행되면서, 멕시코시티를 비롯한 라틴아메리카 도시들의 외곽으로 스쿼터의 행렬이 물밀듯이 몰려들었다. 이로 인해 판자촌이 우후죽순처럼 생겨나자, 각국의 공권력은 도시 중간계급의 열렬한 지지를 받으면서 비공식 정착지를 대규모로 진압하기 시작했다. 도시로 들어오는 새로운 이주자 가운데 다수가 인디헤니스타indigenista (토착 인디오—옮긴이), 즉 노예의 후손이었으며, 이로 인해 '스쿼팅과의 전쟁'에는 인종차별적 측면이 드러날 때가 많았다.

2차 세계대전 이후에 집권한 베네수엘라의 독재자 마르코스 페레스 히메네스Marcos Perez Jimenez는 비공식 주거의 탄압으로 특히 악명이 높았다. 카라카스를 연구한 UCLA 연구팀은 그 과정을 이렇게 요약했다. "바리오에 대한 정부의 해법은 불도저였다. 정해진 날 아침에 경찰과 트럭이 바리오에 도착한다. 공무원의 지휘에 따라 주민들의 짐을 트럭에 싣는다. 경찰들이 모든 반발을 처리한다. 짐과 주민을 새 집으로 옮긴 후에 집들을 철거한다." 스쿼터들은 카라카스 외곽으로 쫓겨났다. 정부가 이들에게 마련해준 것은 끔찍한 15층짜리 주택단지였다. 이곳을 싫어하지 않는 주민은 하나도 없었다.[14)]

멕시코시티에서 전통적인 중간계급이 지도자로 떠받드는 에르네스토 우루추르투Ernesto Uruchurtu는 시장으로 재직하는 짧지 않은 기간 동안(1952~1958, 1964~1966) 시골 빈민이 도시로 밀려들게 만들었던 제도혁명당PRI, Partido Revolucionario Instituc.ónal의 '수도권 중심' 국가경제성장 모델과 싸웠다. 우루추르투가 시장 직에 오르던 1952년 무렵은, 매달 수천 명의 시골 주민들이 멕시코 중부에서 도시의 변두리로 떼로 밀려들던 시기였다. '콜로니아포풀라레'라는 이름으로 불리는 스쿼터 정착지의 주민 수는 1947년만 해도 도시인구의 2.3%에 불과했지만, 그로부터 불과 5년 만에 멕시코시티 시민의 거의 1/4로 늘어났다.[15)] 농민 유입을 차단하기로 결정한 우루추르투는, 파라카이디스타paracaidista (원래는 '낙하산족'이라는 뜻으로 멕시코에서 스쿼터를 이르는 말—옮긴이)를 쫓아내고 비공식 행상을 단속하고 기존의 콜로니아포풀라레에서 거주권을 박탈하고 부대설비를 차단했다. 사회학자 다이안 데이비스Diane Davis가 지적한 것처럼, 우루추르투의 성장 억제 전략은 그의 정치 기반에 깔려 있는 인종차별적 성향을 반영한다. "도시 주민들 다수가 그렇듯이, 우루추르투는 도시로 밀려드는 가난하지만 교육 수준이 높은 이주자 대중 — 그중 다수는 인디오의 자손이다 — 을 비난했다. 그들이 도시의 물리적·사회적 파괴를 조장한다는 것이었다."[16]

## 이주민의 홍수

급속한 도시 성장을 가로막는 제도적 방해물을 제거했던 것은 아프리카와 아시아의 경우에는 식민지 내란 진압과 국가 독립의 역설적 결합이었고, 라틴아메리카의 경우에는 독재 정권 및 저속성장 체제의 전복이었다. 가혹하고 불가항력적인 힘에 의해 도시로 밀려온 빈민들은 '도시에 대한 권리'를 줄기차게 주장했다(물론 권리라고 해봐야 변두리 오두막에 대한 것에 불과했다). 1950~1960년대에 비공식 도시화의 추진력은 기근과 부채라기보다는 내전과 내란 진압이었다(후자는 도시화를 야기하는 무자비할 정도로 효과적인 힘이었다).

인도 대륙의 경우, 분리독립과 그 인종적·종교적 여파로 인해 수백만의 인구가 슬럼으로 밀려갔다. 뭄바이, 델리, 콜카타, 카라치, 라호르, 다카는 1948년(분리독립), 1964년(인도-파키스탄 전쟁), 1971년(방글라데시 분리)의 강력한 여파로 인해서 물밀듯 밀려드는 난민의 행렬을 흡수하지 않을 수 없었다.[17] 뭄바이 인구증가율은 (영국 통치 마지막 10년 동안 연간 2% 미만이었던 반면에) 1940년대 후반에서 1950년대 초반까지 거의 2배로 늘었다. 파키스탄으로부터 극빈 난민이 흘러들어왔고, 그와 함께 (속도는 그보다 느렸지만) 섬유 산업이 성장했기 때문이었다.[18] 한편, 1950년대 카라치와 하이데라바드 인구의 절반은 '무하지르', 즉 편자브 동부를 떠나온 모슬렘 난민이었다. 1970년대에 들어서면서 수십만 명의 빈곤층 비하리<sup>*</sup>들이 난민의 행렬에 동참했다. 이들은 모슬렘 농민들이거나 '이중난민'(동파키스탄으로 피란갔다가 방글라데시 분리 이후 다시 파키스탄으로 피란온 사람들)이었다.<sup>19)</sup> 슬럼을 기지로 삼고 있는 이들 난민 인구는 처음부터 정치적 이권 제공자들과 부패한 당 조직에 의존하는 경우가 많았다. 인도나 파키스탄에서 슬럼의 발전과 선거주기가 일치하던 것은 다들 아는 이야기다. 카라치에서는 선거 때 무허가 토지 개척과 해적형 분양지가 증가하며, 선거는 스쿼터들이 부스티bustee를 합법화하거나 개선할 수 있는 기회를 제공한다.<sup>20)</sup>

　베트남공화국(남베트남)의 경우, 강제적 도시화는 미 군사 전략의 일환이었다(강제적 도시화는 '근대화'라고 불리는데, 이는 조지 오웰 식의 아이러니가 무의식적으로 깃들어 있는 단어다). 전쟁 전략가 새뮤얼 헌팅턴 Samuel Huntington은 "베트콩이 강력한 군사력을 확보했으며, 강력한 군사력은 지지기반이 계속해서 존재하는 한 이 지지기반과 분리될 수 없다"고 보았다. 따라서 그를 포함한 여타 매파 정치인들은 "지지기반 자체를 궤멸시켜야 한다"는 주장을 펼쳤다. 결국 미국은 "엄청난 규모로 테러 폭격을 퍼부었으며 시골에서 도시로 이주하는 사람들을 엄청난 규모로 양산했다. [그러니] 마오주의 혁명 교리에 깔려 있던 기본적인 가정들이 통할 리가 없었다. 미국이 지원하는 도시 혁명이 마오주의가 영감을 제공하는 농촌 혁명을 격파한 셈이다".<sup>21)</sup> 역사학자 매릴린 영Marilyn Young의 지적에 따르면, 500만에 이르는 농민이 고향을 떠나 슬럼이나 난민 수용

---

<sup>*</sup> 인도 비하르 주 출신의 사람들. 3,000년의 역사와 종족적 뿌리를 공유하고 있으며 인도 북부나 방글라데시, 파키스탄에도 흩어져 살고 있다. 비하르는 현재 인도에서 가장 문해율이 낮고 빈곤 문제가 극심한 지역 중 하나다.

소에 살게 되면서, 베트남공화국의 도시인구 비율은 15%에서 65%로 치솟았다.[22]

알제리에서 벌어진 7년간(1954~1961)의 무자비한 식민주의 전쟁 역시 농촌인구의 절반을 몰아냈고, 고향을 잃어버린 하층민은 1962년 독립 이후 도시로 몰려왔다. 알제 인구는 2년도 못 되어 3배로 늘었다. 가난한 이주민 행렬이 쭈글쭈글한 철판 지붕으로 뒤덮인 비동빌bidonville 〔판자촌을 뜻하는 불어—옮긴이〕로 몰려갔고, 운이 좋은 사람들은 90만 명의 콜롱이 버리고 간 아파트를 점유할 수 있었다. 새 정권은 집권 초기에 소비에트 형태의 중공업화를 중요시하면서 상대적으로 생계형 농업을 소홀히 했는데, 이로 인해 시골에서 탈출하는 이주민 행렬은 더욱 늘어났다. 알제의 인구과밀은 순식간에 심각한 상태가 되었다(상당수의 주민은 위험할 정도로 퇴락한 고古주택에서 초만원 상태로 살아갔다). 카스바casbah 〔북아프리카와 스페인에서 볼 수 있는 중세·근세에 만들어진 태수太守의 성채—옮긴이〕에서는 수십 채의 고주택이 어이없이 무너졌고 사람들이 깔려 죽는 경우도 많았다. 한편, '사회주의' 비동빌은 도시 근교와 주요 고속도로변으로 계속해서 퍼져갔다.[23]

전쟁이 끝난 후 터키에서 도시로의 이주가 활발해진 데에는 마셜플랜, 공업 근대화, 수입대체 제조업 성장 등의 이유가 있었다. 그러나 마르크스주의 사회학자 케이더의 말처럼, "케말주의* 정권은 공공주택을 건설할 준비도 되어 있지 않았고 국유지를 양도하여 민영부문 개발을 지원할 준비도 되어 있지 않았다. 그 대신 대중영합적 후견주의populist

---

* 터키의 초대 대통령이자 국부로 추앙받는 무스타파 케말Mustaf Kemal Atatürk을 따르는 경향. 근대화와 서구화를 추구하는 경향을 일컫기도 한다.

clientelism라는 엄청난 타성이 팽배해 있었다". 아나톨리아를 떠난 이주자들은 앙카라와 이스탄불 지방 공무원과의 협상을 통해서 교외에 자기들만의 판자도시를 만들지 않을 수 없었다. 이로 인해, 1955~1965년 10년간은 영웅적인 스쿼팅의 시기가 되었다. 당시 게체콘두 인구는 전체 도시인구의 5%(25만)에서 23%(220만)로 치솟았다(그후 커다란 변화는 없었다).[24] 케이더의 주장에 따르면, "일반적으로 정치가들은 임의적 할당이라는 특권을 유지하는 편을 선호했다. 이는 대중적 지지를 창출·유지하고, 이를 통해 자기들의 입지를 확고히 하기 위한 것이었다. 이런 유의 후견주의 관계는 토지를 비공식적으로 유용하는 관행에 근거하는 것이었다".[25]

중동의 나머지 지역에서 비공식 도시화가 가장 대규모로 일어난 시기는 10~20년 후 석유수출국기구OPEC 붐이 일던 1970년대 초반이었다. 솔리만의 견해에 따르면, 카이로에서 비공식 주거의 전성기는 사우디아라비아로부터 흘러들어오는 이주 노동자의 벌이가 가말 압델 나세르 Gamal Abdel Nasser가 이끈 복지주의의 실패를 일부 벌충해주었던 1974~1990년 동안이었다.[26] 한편, 이란에서는 땅이 없는 수십만의 인부들과 장인들이 1970년대 초 벽돌 공장과 건축현장을 찾아 테헤란으로 이주했다가, 1976년이 지나면서 일자리를 잃었다. 그들의 환멸과 분노는 곧이어 발생한 이슬람혁명의 연료가 되었다.[27] 혁명은 슬럼의 성장을 위한 독특한 공간을 창출했다. 바야트의 설명에 따르면 "혁명가들이 대도시의 거리를 행진하는 동안, 극빈층은 마을에 발붙일 곳을 조금이라도 더 마련하고 (난)개발이 진행 중인 도시의 토지를 조금이라도 더 손에 넣기 위해 동분서주했다. 게다가 샤Shah〔팔레비왕조를 세운 레자 샤의 아들, 모하마드 레자 샤 팔레비—옮긴이〕가 도피한 후에, "빈곤 가구는 치안이 붕괴된 틈을 이용해 수백 채의 빈 집과 건설이 반쯤 진행된 아파트단지들을 접수하고 손질하여 자기네 재산으로 만들었다". 새로운 빈민층은 수천 개의 좌판과 신문 가판대와 수레를 벌여놓았는데, 이로 인해 "대로변 인도는 시끌벅적한 상가로 바뀌었다". 기존의 상인들은 분개할 일이었다.[28]

사하라 이남 아프리카에서는 독립 직후부터 시골이 도시로 밀려들기 시작했다. 남아공을 제외한 대부분의 나라에서 1960년대 이래 도시의 성장률은 자연적 인구증가율의 곱절이었다. 1980년대까지 대부분의 국가에서는 강제적인 정책들이 도시 성장에 보조금을 지급하는 형국이었다. 예를 들면, 농민들에게 농산물을 시장가격 이하로 팔게 했고, 농촌 주민들에게 터무니없이 많은 세금을 물렸다. 콩고의 경우, 모부투 세세 세코Mobutu SeSe Seko*는 "비대성 도시개발의 위험과 그에 따른 실업과 범죄의 해악"을 비난했지만, 시골에 대한 무자비한 착취를 계속했기 때문에 농민들은 도시로 도망치는 것 외에는 별다른 선택의 여지가 없었다.[29] 그러나 아프리카 개발에서 드러난 이른바 '도시 편향'은 새로운 도시 대중에게는 거의 아무런 이득도 되지 않았다. 탈식민 엘리트와 군부 세력이 시골을 착취하여 자기 배를 불리는 동안, 도시의 인프라와 공공시설은 점점 낙후되어갔다.[30]

라틴아메리카의 경우, 한편으로는 독재 권력이 전복되면서 일시적으로 무허가 토지개척과 스쿼팅의 기회가 생겼고, 다른 한편으로는 거센 당파 싸움과 혁명의 위험 덕분에 도시 이주자들이 일시적으로나마 토지 및 인프라를 선거에서의 한 표와 거래할 기회가 생겼다. 최근 연구에 따

---

* 1965년 군부 쿠데타로 정권을 잡고 대통령에 취임한 독재 정치가. 비밀경찰과 '살롱고'라는 강제노동 제도를 도입했고, 국가명을 콩고민주공화국에서 자이르로 개칭했다.

르면, 베네수엘라의 경우 "카라카스에서 바리오가 형성된 중요한 시기는 1958~1960년 사이였다". 페레스 히메네스가 권좌에서 쫓겨나고 로물로 베탄쿠르Romulo Betancourt가 취임할 때까지 베네수엘라 임시정부는 바리오 강제퇴거 조치를 일시 중단하고 실업자에 대한 공적구제 조치를 마련했다. 그 결과, 대부분 가난했던 40만 명의 이주민이 불과 1년 새에 카라카스로 몰려들었다. 나중에, 2개의 주류 정당 — 중도좌파인 악시온 데모크라티카Acción Democrática와 중도우파인 베네수엘라사회기독당COPEI, Comitér Organización Politica Electoral Independiente — 이 격렬한 표 싸움을 벌이게 되면서 비공식 바리오는 외곽의 구릉지대를 중심으로 폭발적으로 확산되었다. 카라카스를 비롯한 베네수엘라 도시들은 아프리카에 맞먹는 속도로 성장했다. 1960년대 동안 베네수엘라는 도시 30%의 국가에서 농촌 30%의 국가로 변모했다.[31]

멕시코시티의 경우, 우루추르투의 반反슬럼 성장 통제 전략은 값싼 집을 원하는 노동자의 요구와 양립할 수 없을 뿐 아니라 값싼 노동력을 원하는 생산업자 및 외국인 투자자의 필요와도 양립할 수 없는 것으로 밝혀졌다. 유력한 부동산 개발업자들 역시 우루추르투 시장이 이끄는 도시계획위원회의 보수적 성향을 방해물로 생각했다. 우루추르투가 도시 지하철 건설에 반대한 것이 결정적인 요인이었다. 1966년 9월 아후스코에 위치한 콜로니아산타우르술라Colonia Santa Ursula를 강제철거하는 것으로 마지막 발악을 마친 우루추르투는 구스타보 디아스 오르다스Gustavo Diaz Ordaz(외국 자본 및 땅 투기꾼들과의 유착으로 악명 높은 정치가)에 의해 시장 자리에서 쫓겨났다. 이로써 고속성장은 PRI의 수도首都 정책이 되었는데, 여기에는 도심에서 도시재개발을 하는 대신 외곽에서의 해적형 도시화를 눈감아준다는 내용도 포함되어 있었다.[32]

중국에서는 1980년대에 들어서면서 도시 성장에 대한 제재를 완화하기 시작했다. 다른 나라들에서 인구 유입과 비공식 도시화를 차단하는 장벽이 제기되고 나서 1세대가 지났을 때였다. 잉여 농민 노동력이 엄청나게 쌓여 있었기 때문에(『인민일보』에 따르면, 시창西昌 노동력의 절반 이상이 잉여 농민 노동력이었다) 관료주의 장벽이 느슨해짐과 함께 도시에서는 그야말로 "농민의 홍수"가 시작되었다.[33] 그중 공인된 이주민은 무허가 이주자, 즉 '망류'에 비하면 그 수가 훨씬 적었다. 막대한 수의 이들 빈농은(현재 1억 명 정도로 추산) 호구부戶口簿를 통해 발효되는 공식적 시민권을 얻을 수 없었으며, 따라서 공공시설이나 주택에 대한 아무런 법적 권리도 가질 수 없었다. 결국 이들은 변두리에 위치한 임시변통 판잣집이나 초만원 셋방에 살면서, 수출품을 생산하는 주장 강 삼각주의 착취 공장이나 상하이 및 베이징의 건설현장에서 초저가超低價 인간연료로 전락하는 수밖에 없었다. 중국으로 귀환하는 자본주의가 더러운 도시 판자촌도 함께 몰고 온 것이다.

마지막으로, 남아공의 경우 1980년대 후반의 통치 세력은 세계사에서 가장 중대한 판자촌 봉기(흑인 재정착촌에서 일어난 '민권' 운동)에 직면했고, 그에 따라 흑인의 도시 이주 및 도시 거주를 제한하는 전체주의 통치를(1986년에는 통행금지법을, 1991년에는 집단구역법을) 폐지하지 않을 수 없었다. 이로 인해 케이프타운 메트로폴리스에서 흑인 인구는 1982~1992년 사이 3배 이상 증가했다. 작가인 라이언 말란Rian Malan은 이러한 변화가 케이프타운 메트로폴리스에 미친 영향을 다음과 같이 설명했다.

끔찍했던 통행금지법이 폐지되자 [……] 절박한 희망을 간직한 사람들이 마치 먼 곳의 댐이 무너진 것처럼 산을 넘고 물을 건너 몰려와 케이프플래츠Cape Flats를 가로질러 뒤덮었다. 이곳으로 흘러드는 가구 수는 하루 평균 80~90세대에 달했고, 이들은 맨손으로 나무 막대기와 함석판과 쓰레기매립지에서 주워온 잡동사니와 쓰레기봉투 같은 것을 이용해 집을 장만했다. 그래봐야 겨우 비를 가릴 정도였다. 2년도 안 되어 모래 언덕이 사라졌고, 그 자리에 들어선 판자촌은 마치 광활한 바다와 같았다. 다닥다닥 붙어 있는 판잣집은 중세의 도시를 연상시켰다. 여기에 사는 사람들은 밀주업자, 폭력배, 예언자, 래스터패리언〔에티오피아 황제였던 라스 타파리Ras Tafari를 숭배하는 사람들—옮긴이〕, 무기상, 마리화나업자 같은 신기한 사람들, 그리고 100만에 이르는 평범한 노동자들이었다.[34]

## 어긋난 약속들, 도둑맞은 꿈들

　　　　　　　　　슬럼이 도시의 불가피한 미래인 것은 아니었다. 예를 들어, 1960년 초 쿠바에 새로 설립된 국립저축주택원National Institute of Saving and Housing은 파스토리타 누녜스Pastorita Núñez라는 전설적인 인물의 영도 아래, 라스야과스Las Yaguas, 예가이폰Llega y Pon, 라쿠에바델우모La Cueva del Humo 등 악명 높은 아바나 판자촌들을 없애고 주민들 스스로 조립식 주택을 짓게 했다. 이에 앞서 7년 전, 카스트로는 몬카다 병영 습격으로 재판 받던 중, 그 유명한 자기 변호 연설에서 쿠바인들에게 1940년 진보 헌법을 현실화할 혁명을 약속했다. 진보 헌법은 모든 사람이 집다운 집에서 살 수 있는 권리를 보장하고 있다. 1958년에 슬럼이나 스쿼팅 지역에 살고 있던 쿠바인은 전체 인구의 1/3에 달했다. 혁명 직후 황금기에 쿠바 정부는 빈민 주택 공급을 위하여 국가적 차원의 엄청난 노력을 기울였다(이제 와서 생각하면, 그러한 노력들 중 다수는 모더니즘을 무차별적으로 적용한 프로젝트였다).[35]

혁명국가 쿠바의 '새로운 도시화' 방침이 아방가르드적 경향을 보인 것과 무관하게, 1950년대 후반에서 1960년대 초반까지 제3세계의 상황을 살펴보면, 대중에게 주택에 대한 권리를 부여해야 한다는 이념이 그리 특이한 것은 아니었다. 이를테면 나세르, 네루, 수카르노는 슬럼 재건과 엄청난 물량의 주택 건설을 약속했다. 나세르는 주택 보조금이나 임대료 단속 이외에도 '이집트와의 계약'을 통해서 중등학교 졸업자 전원에게 공공부문 일자리를 보장했다. 혁명기의 알제리는 가난한 도시 거주자에게 무상 의료 및 무상 교육 제공과 함께 임대료 보조금 지급을 법제화했다. 1960년대 초반 탄자니아를 시작으로, 아프리카의 '사회주의' 국가들은 예외 없이 도시 슬럼 주민들을 저렴한 신축 주택으로 이주시킬 야심찬 프로그램을 출범시켰다. 멕시코시티는 우루추르투 재임 기간 동안 바우하우스의 한네스 마이어Hannes Meyer를 비롯한 일류 망명 건축자들의 힘을 빌려 고층 주택을 설계했다. 입주자는 노조에 가입한 노동자와 국가 공무원이었고, 주택의 질은 서유럽에 비해서도 손색이 없었다. 브라질에서는 장 굴라르Jão Goulart 대통령과 급진파 리오그란데두술 주지사 리오넬 브리졸라Lionel Brizola가 도시 뉴딜정책의 비전을 제시하며 광범위한 지지층을 확보하고 있었다. 한편, 1960년대 후반에는 좌편향의 페루 군사독재자 후안 벨라스코 알바라도Juan Velasco Alvarado가 카스트로주의보다 한술 더 떠 대규모의 무허가 토지개척을 지원하고 야심찬 국가 프로그램을 기획함으로써 바리아다의 생활환경을 개선하려 했다. 상황을 낙관했던 그는 바리아다를 푸에블로호벤으로 개명하기도 했다.

거의 반세기의 세월이 흐른 후, 진보적이었던 쿠바의 주거 프로그램은 소련의 붕괴 이후 찾아온 '특별시기'Special Period의 엄혹함을 거치면서 담보 상태에 빠졌다. 쿠바가 보건과 교육에서 상당한 성과를 거둔 것에 비하면, 주택 공급은 한참이나 뒤쳐진 셈이었다. 홍콩과 싱가포르의 특수한 경우를 제외하면, 1980~1990년대에 개발도상국 가운데 어지간한 보급용 주택을 대규모로 건설할 수 있었던 국가는 중국밖에 없었다. 단, 도시전문가 리처드 커크비Richard Kirkby가 "이름 없는 혁명"이라고 명명한 이러한 상황도 도시로 이주하는 수천만 농민의 수요를 채우기엔 턱없이 부족한 것이었다.[36]

그 밖의 제3세계 국가의 경우, 국가가 개입하여 공공주택 마련과 일자리 창출의 강력한 방침을 마련한다는 생각은 광인의 망상이거나 웃기지도 않는 농담인 듯하다. 제3세계 정부들은 이미 슬럼과 싸우거나 도시 주변부의 열악한 상황을 시정하려는 모든 진지한 노력을 포기한 지 오래다. 수많은 빈곤 국가에서 시민과 정부 사이의 관계는 한 나이로비 슬럼 주민이 최근 『가디언』Guardian 기자에게 설명한 상황을 벗어나지 못한다. "국가는 이곳에서 아무 일도 하지 않습니다. 국가는 우리에게 물도, 학교도, 위생도, 도로도, 병원도 제공하지 않습니다." 이 『가디언』 기자가 알게 된 것처럼, 주민들은 장사꾼들에게 물을 샀고 자경단에 치안을 맡겼다. 경찰이 이곳에 오는 것은 뇌물을 수금할 때뿐이었다.[37]

중앙정부가 주택 공급에서 담당하는 역할이 최소화되는 상황은 최근 들어 IMF와 세계은행이 세워놓은 신자유주의 경제 강령에 의해 더욱 악화되었다. 1970년대 후반과 1980년대에 채무국에 부과된 SAP는 모든 종류의 정부 주도 프로그램을 축소하도록 요구했고, 주택시장 민영화를 요구하는 경우도 많았다. 그러나 제3세계 사회국가social state는 SAP가 복지국가 정책에 조종弔鐘을 울리기 전에 이미 쇠퇴하고 있었다. '워싱턴컨센서스'Washington Consensus*를 뒷받침하는 무수한 전문가들은 정부가 도시 주택 공급에 나설 경우 엄청난 손실을 입게 될 것이라고 예상해왔는데, 몇 가지 사례연구를 검토하는 것은 그래서 더 중요하다. 일견 '국가의 실패'라는 규칙에 대한 예외로 보이는 사례들부터 먼저 보는 편이 좋겠다.

열대기후에 속하는 싱가포르와 홍콩은 대규모 공공주택이 슬럼의 대안이 된 도시다. 싱가포르는 엄격한 이주 정책을 채택한 도시국가이므로, 가난한 농촌에서 밀려드는 이주민이 도시에 인구 압력을 가한다는 일반적인 문제는 생기지 않는다. 베르너가 설명하듯, "문제의 상당 부분이 조호르바루로 수출되는 형국이다"(조호르바루는 싱가포르의 티후아나라고 할 수 있다).[38] 반면에 홍콩은 지금까지 수백만의 난민들을 흡수해야 했고 지금도 본토 이주자들을 흡수해야 하지만, 이 옛 왕령식민지는 스쿼터와 세입자와 내전 난민에게 신축 공영 아파트단지를 제공할 수 있었다. 이는 흔히 말하는 것과 같은 인도주의의 기적만은 아니었다.

앨런 스마트Alan Smart가 보여준 것처럼, 홍콩의 주택 정책은 개발업자, 제조업 자본, 대중의 저항이라는 서로 다른 이해관계를 교묘하게 셋으로 분할하는 것이었다. 분할의 배경에는 항상 중화인민공화국의 개입 가능성이 있었다. 주택 정책의 주안점은 값싼 노동의 지속적 공급과 치솟는 토지가격을 화해시키는 것이었고, 우선적인 해결책은 집세를 올리는 것이 아니라(집세를 올리면 임금도 올라야 했을 것이다) 외곽을 확장하

---

* 미국의 정치경제학자 존 윌리엄슨John Williamson이 제시한 용어로, 라틴아메리카 국가들의 경제를 미국식 시장경제, 신자유주의 경제로 전환시키는 방안에 관한 합의를 말한다. 라틴아메리카가 채무위기에서 벗어나고 베를린 장벽이 무너지던 1989년 말, 미국 행정부와 IMF, 세계은행이 모여 있는 워싱턴에서 정책결정자들 사이에 이에 관한 합의가 이루어져 이런 이름이 붙었다.

고 주거밀도를 높이는 것이었다. 스마트에 따르면 1971년까지 100만 명의 스쿼터가 재정착했는데, "이들이 점유한 토지는 이전에 점유했던 토지의 34%에 불과했고 그것도 토지가격이 훨씬 낮은 변두리 토지였다". 한편 수십만의 가난한 세입자는 임대규제가 존재하는 기존의 도심 주택에서 쫓겨나 재정착당했다. 1960년대 초 공공주택은 성인 1인당 2.2m²로 극히 좁은 데다, 화장실과 부엌은 층 전체가 공동으로 사용됐다. 이러한 상황은 이후의 계획을 통해서 개선되긴 했지만, 여전히 홍콩은 공식적으로 세계 최고의 주거밀도를 자랑한다. 고층 사무실과 값비싼 시가市價 아파트의 표면적 제한을 폐지한 결과였다.[39]

홍콩의 도시계획자들은 홍콩의 공간경제를 재조정하면서 도시 빈민의 현실적 생계 전략에 대해서는 거의 신경 쓰지 않았다. 도시 빈민이 집안을 일터로 사용할 때가 많다거나 도심의 시장이나 공장과 가까운 곳에 살아야 한다는 점 등도 무시되었다. 외곽의 고층 주택과 빈민 마을의 사회구조 및 비공식 경제가 양립할 수 없다는 것은 역사적으로 증명된 바 있다. 일찍이 1850년대에 조르주 외젠 오스만Georges Eugene Haussmann[프랑스 제2제정기 파리 시장으로 재직하며 파리를 근대화한 관리—옮긴이] 남작이 선보였던 노동자 주택(파리에 위치한 시테나폴레옹Cité Napoléon)은 획일성과 "병영 같은" 열악한 환경으로 인해 입주예정자들로부터 외면당했다. 역사학자 안 루이즈 샤피로Ann-Louise Shapiro에 따르면, "입주예정자들은 자선사업가들과 건설협회들이 마치 중세 시대에 그랬던 것처럼 노동인구를 특정 구역으로 몰아내고 있다는 불만을 표시했고, 정부가 비과세 아파트 임대료를 낮출 것과 다양한 주거 형태가 공존하는 도심에 좀더 많은 셋방이 확보될 수 있는 조치를 마련할 것을 요구했다". 결국 유명했던 오스만의 프로젝트에서 입주자들은 "부르주아뿐이었다".[40]

현대 제3세계에는 수많은 시테나폴레옹의 후예들이 존재한다. 자카르타의 경우, 공공주택은 가내 작업장 공간이 없어서 엄청난 수의 비공식 노동자들에게 외면당하고 있다. 결국 대부분의 입주자는 군인이나 공무원이다.[41] 베이징의 경우 고층건물이 세워지면서 거주공간이 실질적으로 늘어났지만, 정작 그 주민들은 공동체를 잃었다며 슬퍼한다. 표본조사에서 주민들은 이웃 간 방문 및 교류, 아이들이 어울리는 빈도가 줄었으며, 노인들의 독거와 고독이 늘었다고 보고한다.[42] 유럽 출신 연구자 한스디터 에버스Hans-Dieter Evers와 뤼디거 코르프Rüdiger Korff의 표본조사 결과, 방콕의 경우에도 빈민들의 압도적 다수는 새로 지은 고층건물 단지보다 과거의 슬럼을 선호한다.

슬럼 퇴거를 계획하는 대행업자들은 값싼 고층 아파트를 주민들을 위한 대안으로 생각한다. 그러나 슬럼 주민들은 슬럼에서 퇴거당해 이러한 아파트에 살게 되면 재생산 수단이 축소되고 생계형 생산의 가능성도 낮아진다는 사실을 알고 있다. 또 이러한 아파트 위치로 인해서 일자리 확보는 더 어려워진다. 슬럼 주민들이 슬럼을 떠나지 않고 강제퇴거에 맞서기 시작하는 것은 바로 이런 간단한 이유 때문이다. 이들에게 슬럼이란, 환경은 낙후되어가지만 생산은 아직 가능한 곳이다. 그러나 도시계획자에게 슬럼이란, 그저 없애야 할 도시의 해악에 불과하다.[43]

한편, 중간계급이 공공주택이나 정부가 보조금을 지급하는 주택을 (전문가의 용어로) '가로채기' 하는 것은 이제 거의 보편적인 현상이 되었다. 알제리의 경우, 1980년대 초에 표면상 주택조합들이 개발의 주체가 되어 도시 토지 보호구역이 소규모 부지로 나누어 분양되기 시작했고,

건축자재에는 보조금이 지급되었다. 그러나 건축가 자파르 레스벳Djaf-far Lesbet의 말대로, 이론적으로는 국고 보조와 지역 주도 사이에서 우아하게 균형을 잡으려 했지만, 현실적으로는 주택 마련의 민주화를 달성하는 데 실패했다. "당시 체제의 특권을 누렸던 사람들은 건축부지 덕분에 계속해서 주도권을 유지하며 주택을 확보할 수 있었다. 또 주택위기라는 국가적 사안이 건축부지를 소유하거나 하지 못한 개인들의 문제로 바뀌면서 '주택위기'를 외치는 극적이고 정치적인 목소리가 약해졌다."[44] 결과적으로 공무원 등 특권층은 국가가 보조금을 쏟아넣은 단독주택과 빌라를 확보할 수 있었던 반면에, 진짜로 가난한 사람들은 끝내는 비동빌의 불법 판잣집으로 밀려났다. 튀니지의 경우에는 알제리와 같은 혁명적 활력은 없었지만, 역시 정부가 주택에 상당한 보조금을 지급했다. 그러나 보조금이 들어간 주택 중 75%가 빈민들에게는 그림의 떡이었다. 오히려 빈민들은 에타다멘Ettadhamen, 멜라시네Mellassine, 제벨라마르Djebel Lahmar 등 불규칙하게 뻗어나가는 튀니지의 슬럼으로 몰려갔다.[45]

인도의 경우 이와 같은 경향은 다양한 형태로 드러난다. 예를 들어, 1970년대에 시당국과 중앙정부는 본토에 봄베이 반도를 마주보는 현대적인 쌍둥이 도시를 건설한다는 어마어마한 기획을 출범시켰고, 도시 빈민은 화려한 신新봄베이 — 지금의 나비뭄바이Navi Mumbai에서 새 집과 새 일거리를 얻게 되리라는 약속을 받았다. 그러나 결국 본토의 토박이 주민은 땅과 생계수단을 잃고 쫓겨났고, 다량의 신축 주택은 공무원과 중간계급에게 돌아갔다.[46] 델리의 경우에도 개발청은 50만 개의 소규모 부지를 분양했지만 "대부분은 부자들의 손아귀에 들어갔다". 여러 연구에 따르면, '불법' 슬럼 주민 45만 명을 살던 집에서 내쫓고 있는 이 도

시에서 실제로 빈민들을 위해 지은 주택은 11만 채에 불과하다.[47)

한편 1970년대 후반이 되면서 좌파 연합이 권력을 획득한 콜카타에서는 마르크스주의인도공산당CPI(M), Communist Party of India(Marxist)[*]이 오랫동안 슬럼 주민 '해방' 운동을 벌였다. 이러한 사정을 감안하면 콜카타의 상황은 조금 다르리라 기대할 수도 있다. 그러나 시간이 흐르면서 당은 중산층과 상류층의 표밭을 일구는 데 혈안이 되었고, 빈민에게 새 집을 준다는 애초의 약속은 완전히 잊었다. 작가인 프레더릭 토머스Frederic Thomas에 따르면, "빈민의 요구에 주목해야 한다는 '립서비스'는 여전히 나오고 있지만, 예산의 절대다수는 콜카타의 중소득층과 고소득층 주민의 욕구를 채우는 데 사용된다. 콜카타 메트로폴리스개발청의 투자액 가운데 부스티 개선에 쓰이는 자금은 10%에 불과하다.[48) 베트남의 경우에도 혁명적 주택 정책은 국가 엘리트에게 혜택을 주는 방향으로 조작되고, 실제 빈민에게까지 흘러들어가는 자금은 거의 없다. 은구엔 두크 은누안Nguyen Duc Nhuan과 코스타 마테이Kosta Mathéy의 연구에 따르면, "국영주택이나 시영주택을 이용할 수 있는 계층은 대체로 공무원과 고위직 군인으로 한정된다. 이러한 특권층은 법적으로 침실 2개짜리 아파트를 이용할 권리를 가지고 있는데, 자기가 아파트에 입주하지 않을 경우 타인에게 전대하여 부수입을 올린다".[49)

한때 나이지리아는 쏟아져 나오는 석유자원으로 도시 빈민의 주거를 책임지겠다고 큰소리쳤지만, 3차·4차 국가개발계획을 거치는 사이에 이러한 야심찬 약속은 웃음거리가 되어버렸다. 실제로 건설된 주택

---

▪ 인도공산당CPI에서 1964년 분리된 정당으로, 케랄라와 웨스트뱅골에서 지지기반이 넓다. 인도 정부와 연립내각을 구성하고 있는 좌파연합의 한 축으로 경제개혁(경제자유화)을 적극적으로 추진하는 정책을 펴고 있다.

은 계획의 1/5에도 미치지 못했고, 건설된 주택도 빈민에게 돌아간 경우는 거의 없다.[50] 카노의 경우에도 공무원용으로 건설된 저렴한 주택을 실제로 손에 넣은 것은 입주자의 조건을 갖추지 않은, 유력한 고소득층 정치인사들이었다.[51] 자메이카 역시 민중적 공약들이 한번도 실행되지 못했던 국가 중 하나다. 국영주택신탁NHT, National Housing Trust의 자산 기반이 비교적 넓은 것은 분명하지만, 토머스 클락Thomas Klak과 말린 스미스Marlene Smith의 지적대로, NHT가 벌이는 온갖 사업 중에 정작 빈민 주택 건설은 눈을 씻고도 찾을 수 없다. "대부분의 신탁 기금이 쓰이는 곳은 조직운영비, 중앙정부가 요구하는 적립금, 고소득층 주택 건설이나 다른 주택 건설에 지원하는 단기자금, 비교적 소수의 고소득층 기부자들에게 제공되는 융자금이다."[52]

멕시코는 1980년대에 공식 주택시장의 공급량이 수요의 1/3에 불과했던 국가이다. 군인 가족들, 공무원들, 석유노조를 비롯한 몇몇 유력 노조 간부들은 상당액의 지원금 혜택을 받지만, 극빈층은 국고 보조의 뼈다귀밖에는 얻을 것이 없다. 주택시장의 중간층(최저임금의 10배 이하)을 지원하는 정부신탁기금FOVI, Fondo de Operación y Financiamiento Bancario a la Vivienda은 연방 주택자금의 50%를 운용하는 반면에, 최하층을 지원하는 국영인민주택기금FONHAPO, Fondo Nacional de los Habitacional Populares의 운용자금은 4%에 불과하다.[53] 존 베탄쿠르John Betancur에 따르면, 보고타의 상황도 다를 것이 없다. 국가가 중간층에 베푸는 보조금 혜택은 후한 반면에, 빈민의 주택 수요 원조에는 인색하기 그지없다.[54] 리마에서도 대부분의 공영주택이나 보조금이 지급되는 주택을 낚아채는 것은 중산층과 공무원이다.[55]

제3세계 도시의 상류층과 중간층은 탈세에 있어서도 엄청난 성공을

거뒀다. ILO 소속 A. 오베라이A. Oberai는 이렇게 지적한다. "대부분의 개
발도상국에서는 부동산세의 잠정적 세원이 완벽하게 활용되지 못한다.
기존 체제는 무능한 과세 행정, 조세 기반을 좀먹는 면세, 조악한 징세
절차 앞에서 속수무책이다."[56] 사실 오베라이의 표현은 너무 얌전하다.
아프리카, 남아시아, 대부분의 라틴아메리카에서 도시 부유층에 대한 지
방정부의 과소 과세는 지나친 정도를 넘어서 범죄적이다. 또 재징이 어
려운 도시들은 퇴행적 판매세와 공공시설 이용료 징수에 의존하는 비율
이 높아지기 때문에(멕시코시티의 경우 세수의 40%) 세부담이 부자 쪽에
서 빈자 쪽으로 일방적으로 옮겨가는 현상이 심화된다. 제3세계 10개 도
시의 세무 행정을 비교분석한 독특한 논문에서 닉 데버스Nick Devas는 퇴
행적 과세 패턴이 지속되고 있음을 증명한다. 이 논문에 따르면, 제3세
계에서 부유층 재산세를 정확하게 과세하고 징수하기 위한 진지한 노력
의 증거는 도무지 찾아볼 수 없다.[57]

책임의 일부는 IMF에 있다. 제3세계 재정의 감시자를 자처하는 IMF
는 관여하는 국가마다 공공시설에 대해 이용료를 부과해야 한다는 퇴행
적 주장을 펴는 반면에, 재산이나 과시적 소비나 부동산에 과세하는 것
과 같은 반대급부적 조세 정책을 제안하는 경우는 전혀 없다. 마찬가지
로 세계은행은 제3세계 여러 도시에서 '좋은 통치'good governance 운동을
벌이고 있지만, 실제로 진보적 조세를 지지하는 경우는 거의 없다. 세계
은행은 '좋은 통치'의 가능성을 조성하기보다는 그러한 가능성을 차단
한다고 할 수 있다.[58]

'가로채기'나 '재정 편중' 같은 표현에서 암시되는 바와 같이, 제3세
계 대부분의 지역에서 다수의 빈민은 정치적 영향력을 행사하지 못한
다. 도시 민주주의는 상례라기보다는 예외에 가깝고, 아프리카에서는

더욱 그러하다. 슬럼 빈민이 투표권을 갖고 있는 예외적인 경우에도, 투표에 의해서 지출이나 세원의 의미 있는 재분배가 실현되는 경우는 거의 없다. 실제로 도시의 의사결정권을 대중 참정권에서 분리하기 위한 다양한 구조적 전략이 동원되어왔다. 메트로폴리스의 정치적 파편화, 지방당국 및 중앙정부에 의한 예산관리, 각종 독립 기관 설립 등이 이러한 전략에 해당한다. 알렝 자크맹Alain Jacquemin이 뭄바이 지역에 대한 연구에서 지적하듯이, 도시개발을 전담하는 세력은 지방 권력을 무력화시키게 마련이다. 이들이 하는 일이란, 가난한 도시 안에 거주하는 일부 부유층이 세계 사이버경제에 접속할 수 있도록 최첨단 인프라를 건설하는 것이다. 이때 다른 계층은 어찌 되든 상관없다. 자크맹에 따르면, "뭄바이 시정부는 일부 책임과 재정, 인적자원을 특별 기관에 넘겨준 후 이미 무력해진 데다가, 민주적으로 선출된 정부로서의 업무와 기능은 도시개발 전담 세력에 의해 더욱 무력화되었다. 그러니 지방정부나 마을 차원에서 국지적으로 표명되는 요구들에 귀를 기울이는 사람이 아무도 없는 것은 지극히 당연한 일이다".[59]

몇몇 예외는 있지만, 대체적으로 탈식민 국가는 식민지 시대에 도시 빈민에게 약속했던 사항들을 지키지 않았다. 도시학자라면 예외 없이 동의하는 바와 같이, 제3세계에서 정부가 보조금을 지급하는 주택 사업에서 주로 이익을 얻은 것은 도시의 중산층과 상류층이었다. 이들은 세금은 적게 내고 최고의 시정市政 혜택을 누리기를 기대하는 계층이다. 솔리만의 결론에 따르면, "이집트에서 [주택에 대한] 공적자금은 대체로 헛되게 쓰였다". 그로 인해 "오늘날 약 2,000만 명의 주민이 사는 집은 위생과 안전 면에서 심각한 문제를 안고 있다".[60]

인도의 경우도 마찬가지다. 굽투에 따르면 간디 시대의 친親빈민 정책은 이제 완전히 역전되었다.

결국 도시의 변혁이라는 원대한 구상은 조금씩 잠식되고 순화되어 이제는 유산계급의 즉각적인 이해관계를 만족시키는 지경에 이르렀다. 도시계획은 이상주의적 사회 재건 프로젝트로서 실행되는 것이 아니라, 유산계급의 이익과 욕심을 강화시키는 수단이자 빈민의 주변화를 심화시키는 도구로 전락했다. 슬럼과의 전쟁은 빈민의 정착 및 주거를 통제하기 위한 전투와 위험하리만치 흡사해졌으며, 말 그대로 빈민에 대한 공격이 되었다.[61]

# 자조라는 거짓말

*슬럼이 범죄와 질병과 절망의 장소라는 생각은 오해다. 그
러나 슬럼이 저절로 알아서 굴러갈 거라는 생각 역시 오
해다.*
— **제러미 시브룩**[1]

1970년대에 제3세계 정부들은 슬럼과의 전
쟁을 포기했다. 이와 함께 브레턴우즈 체제*의 핵심 기관 — IMF라는
'나쁜 경찰'과 세계은행이라는 '착한 경찰' — 은 도시 주택 정책의 기준
마련에 점차 지배적인 영향력을 행사하기 시작했다. 세계은행이 대출해
준 도시개발 자금은 1972년 1,000만 달러에서 1988년 20억 달러 이상으
로 늘어났다.[2] 또 1972~1999년 사이 세계은행은 55개국 총 166개 택지
개발계획 및 슬럼 개선 프로젝트에 일부 자금을 댔다.[3] 필요한 자금에 비
하면 세계은행이 제공한 자금은 턱도 없이 부족했음에도 불구하고, 이를

---

* 1944년 7월 미국의 브레턴우즈에서 44개국이 모여 국제통화 금융회의를 열고 협정을 체결했다. 이때
  IMF, 세계은행이 창설되었다.

통해 세계은행은 국가적 차원과 국지적 차원에서 중요한 세력으로 떠올랐다. 즉 국가적 차원에서는 해당국의 도시 정책에 지배적인 영향력을 행사하게 되었으며, 국지적 차원에서는 슬럼 마을 및 NGO의 직접적인 후원자로 자리매김했다. 또 자금 지원이라는 수단을 통해서 세계은행은 전 세계에 세계은행의 내부 이론을 도시 정책의 정설로 강요할 수 있게 되었다.

슬럼에 대한 공적·사적 개입은 슬럼을 없앤다는 야심찬 목표 대신 슬럼을 개선한다는 비교적 얌전한 목표를 내세우기 시작했다. 유럽의 전후 사회민주주의가 표방했던 도시 빈민 정책은 위로부터의 구조적 개혁이었으며, 1950년대 세대의 혁명적 민족주의 지도자들 역시 도시 빈민 문제를 위로부터의 구조적 개혁으로 해결하려 했다. 반면에 1970년대 후반에서 1980년대 초반 사이에 생겨난 새로운 상식은 국가가 국제원조기구와 NGO를 연결하여 빈자들의 '조력자'enabler가 되어야 한다는 것이었다. 세계은행의 새로운 철학은 처음에는 영국의 건축가 터너의 사상적 영향권 아래서 택지개발계획(기초적인 '상하수도' 인프라 및 토목 시설을 마련한다는 계획)을 강조함으로써 자조自助, self-help 주택의 합리화 및 개선을 지원한다는 것이었지만, 1980년대 후반이 되면서부터는 주택 공급의 민영화를 적극 지지했다. 결국 세계은행은 제도권 내에서 에르난도 데소토Hernando de Soto(영세 사업체를 일으키면 도시 빈곤을 해결할 수 있다고 주장한 페루의 경제학자) 프로젝트를 지지하는 가장 강력한 세력이 되었다.


## 빈민의 친구들?

1970년대는 세계은행 총재 로버트 맥너매러Robert McNamara의 사상과 건축가 터너의 사상이 결합한 시기였다. 이러한 결합은 정말이지 기이한 일이었다. 맥너매러는 알다시피 베트남전쟁 군사 계획의 총책임자였던 반면, 터너는 영국 무정부주의 신문 『자유』Freedom의 주요 필자였다. 1957년에 영국을 떠나 페루에서 작업을 시작한 터너는 페루 스쿼터 주택의 창조 정신에 매료되었다. 터너 이전에도 빈민들의 자발적 공동체의 조직력 및 건축 솜씨에 열광한 건축가가 없던 것은 아니었다. '근대건축국제회의 알제 그룹'Groupe CIAM Alger[*] 등 프랑스 식민주의 건축가들 및 도시계획자들 역시 비동빌의 자생적 질서를 찬양했다. "건물과 (카스바를 연상시키는) 부지 사이의 관계가 '유기적'이고 공간이 탄력적이므로 다양한 용도나 사용자의 변화하는 필요에 부응한다"는 것이었다.[4] 그러나 사회학자 윌리엄 맨진William Mangin과 공동으로 작업했던 터너는 슬럼이 문제가 아니라 해결이라는 주장을 정책의 형태로 선전하고 대중을 설득할 수 있었다는 점에서 독보적인 인물이었다. 터너의 주장 자체는 급진적이었지만, 터너 프로그램의 핵심인 자조·증축·자생적 도시의 합법화 등은 맥너매러가 선호했던 바로 그것, 즉 도시위기에 대한 실용주의적이고 비용효율적인 해법이었다.

1976년은 UN-HABITAT 1차회의가 개최된 해이자 터너의 『인민에 의한 하우징: 건축 환경의 자율성을 향하여』Housing by People: Toward Autonomy in Building Environments가 출판된 해였는데, 이때는 이미 무정부주의와 신자유주의의 결합이 새로운 교리로 자리 잡은 후였다. 이러한 새로운 교리는 "공공 임대주택과 근본적으로 절연한다는 내용을 정식화했으며, 택지개발계획과 현장형 슬럼 개선에 호의적이었다". 세계은행은

---

[*] 1953년 액상프로방스에서 열린 제9차 근대건축국제회의CIAM, Congrès Internationaux d'Architecture Moderne에서 젊은 건축가 롤랑 지무네Roland Simounet를 포함한 알제 그룹이 알제의 비동빌 건축에 대한 발표를 함으로써 활동을 시작했다.

이러한 전략을 후원하는 기관으로 도시개발부를 신설했다. 세드릭 퍼프 Cedric Pugh에 따르면, "도시개발부의 설립 의도는 상당한 보조금이 들어가는 공공임대 방식을 피하고, 저소득 가구에게 보조금 없는 주택 이용법을 알려주는 것이었다".[5] '빈민 자조를 보조한다'는 선전이 너무도 요란했던 나머지, 세계은행의 슬럼 주택 승인이 얼마나 엄청난 규모의 권익 축소를 함축하고 있는지에 대해서는 공개적인 지적이 제대로 이루어지지 않았다. 빈민의 자조를 찬양하는 것은 빈곤과 무주택을 구제한다는 국가의 획기적 약속이 지켜지지 않았다는 사실을 은폐하는 연막일 뿐이었다. 시브룩에 따르면, "슬럼 주민의 역량과 용기와 자조 능력을 증명하는 것은 국가 및 지방정부의 개입 및 지원을 철회하게 하기 위한 구실일 뿐이었다".[6]

또 터너와 그를 신봉하는 세계은행 연구진은 스쿼터 형태의 점진적 개발의 비용과 결과를 긍정적인 방향으로 부풀리는 경향이 농후했다. 카비타 다타Kavita Datta와 개러스 존스Gareth Jones의 연구가 보여준 것처럼, 건설 규모가 작으면 건축 자재를 소매로 조금씩 구입해야 하므로, 건축 자재의 단위비용이 매우 높아지거나 중고 저질 자재를 사용해야 한다. 다타와 존스의 주장에 따르면, "자조 주택"은 신화이다. "대부분의 자조 주택은 기술자의 유료 노동이 필요하고, 전문적인 일 처리를 위해서는 숙련노동이 필요하다."[7]

그러나 이보다 더욱 중요한 점은, 세계은행의 비용회수 대책들이 그대로 신자유주의의 교리로 굳어짐에 따라 극빈층에게는 아예 자조 융자의 기회조차 주어지지 않았다는 사실이다. 세계은행 정책에 대한 신랄한 비판자인 리사 피티Lisa Peattie는 1987년에 인구의 하위 30~60%가 택지개발 보조나 융자금을 신청하기 위한 재정적 자격조건에 미달한다고 추산했다.[8] 더구나 세계은행에서 야심차게 출범시켜 세간의 주목을 받은 프로젝트 가운데도 재정착 주택이 공공 임대주택과 똑같은 방식으로 중간계급이나 여유계층non-needy에 의해 가로채기 당할 때가 적지 않다.

세계은행의 새로운 세계 전략을 시험하는 파일럿 국가였던 필리핀은 이러한 상황의 악명 높은 사례가 되었다. 마르코스 독재정부와 공조했던 세계은행 참모진은 253개 불모지를 '우선개발지역'으로 지정하고, 마닐라 메트로폴리스의 톤도 해변에 세워진 방대한 슬럼가를 첫번째 개발지로 선정했다. 하지만 베르너의 주장에 따르면 "투자자금은 곧장 토지개발업자들과 건설업체들의 주머니로 들어갔다". 예를 들어, 마닐라의 파시그Pasig에 있는 성조셉 마을St. Joseph's Village은 가난한 가족들을 위한 모범 프로젝트로 널리 선전된 곳으로, 당시 영부인이자 마닐라 시장이었던 이멜다는 교황 바오로 6세를 이 마을의 공식 후원자로 끌어들이기도 했다. 하지만 베르너에 따르면 "원래 살던 사람들은 모두 마을을 떠났다. 부자들이 땅을 사들였기 때문이다".[9] 개발계획이 실패한 데 당황한 세계은행은 프로그램을 개편하여 마닐라 메트로폴리스 외곽 재정착 지역의 택지개발계획에 초점을 맞췄다. 이곳은 위치상 고급화가 여의치 않기는 했지만, 일자리를 구하거나 공공시설을 이용하기가 어려웠기 때문에 빈민들에게도 전혀 환영받지 못했다. 세계은행이 마닐라에서 영웅적 노력을 끝냈을 때, 개발을 시도했던 슬럼의 대부분은 "처음과 똑같이 과밀하고 낙후된 상태에서 전혀 나아진 것이 없었다".[10]

뭄바이 역시 세간의 주목을 받았던 세계은행의 실험실이었다. 여기서도 세계은행은 대규모 슬럼 개선을 약속했지만(예상 수혜자 300만 명), 결과는 미미하기 이를 데 없었다. 예를 들어, 위생설비 프로그램에서는 주민 20명당 변기 1개를 마련한다는 계획이었지만, 결국은 주민 100명당 1개를 마련하는 데 그쳤고, 그나마도 정기적인 보수가 되지 않아 공중보건에 아무런 도움도 못 되었다. 한편 한 전문가가 점검한 바에 따르면 "1989년 현재 슬럼 개선 프로젝트는 기대에 한참 못 미치는 것이었고 프로젝트 수혜자 가운데 저소득층은 고작 9%에 불과했다".[11]

세계은행의 1세대 도시 프로젝트의 대차대조표는 아프리카의 경우에도 암울하고 비뚤어진 결과를 나타냈다. 한 연구에 따르면, 세계은행이 다르에스살람 도시계획(1974~1981)에 야심차게 개입한 이후, "택지개발계획에서 토지를 배당받은 스쿼터의 대다수는 자기 땅을 팔고 변두리의 처녀지로 돌아가 또다시 스쿼팅을 시작했다". 택지개발계획 토지는 대부분 공직자와 중류층의 손아귀에 들어갔다.[12] 도시계획 전문가 찰스 초길Charles Choguill에 따르면, 이러한 상황은 놀랄 일이 아니다. 세계은행이 융자조건으로 제시했던 최소저축액수는 지나치게 높은 것이었고, 이로 인해 대부분의 스쿼터가 자동적으로 융자대상에서 제외되었기 때문이다.[13] 루사카에도 택지개발계획이 있었는데 주택이 애초에 목표한 집단에 돌아간 경우는 1/5에 불과했다. 다카의 경우도 결과는 대체로 똑같이 암울했다.[14]

1993년 저서에서 ILO의 오베라이는 세계은행의 슬럼 개선 프로젝트와 택지개발계획이 제3세계 주택 문제에 가시적인 영향을 미치는 데 대체로 실패했다는 결론을 내렸다. "이러한 프로젝트 방식을 가지고 대다수 개발도상국의 주거 문제 해결에 기여하기는 어려운 일이다. 프로젝트를 여러 개로 확산하려는 노력도 있었지만 대체로 프로젝트 방식은 과도한 자원 및 행정력을 두어 곳에 집중하는 것이었고, 따라서 바람직한 수준의 주택 공급물량을 확보할 수 없었다."[15] 또 다른 비판에 따르면, 이러한 주택 공급 프로그램은 일자리 창출과 분리되었고 택지개발계획은 대중교통이 전혀 없거나 거의 없는 변두리에서 진행되었다.[16) 그러나 세계은행은 점진주의 방식을 고수하며, 이것이 슬럼 개선의 최고 전략이라고 주장해왔다. 점진주의 슬럼 개발은 최근 '전방위 주택개발'로 이름을 바꾸고 약간의 수정이 가미되었지만 기본적인 내용에는 변함이 없었다.

## 부드러운 제국주의

1990년대 중반 이후, 세계은행, 유엔개발계획UNDP, 기타 원조 기구들은 정부라는 다리 없이 직접 지역 단위 및 주민 단위 NGO와 연결되는 경향을 보이기 시작했다. NGO 혁명 이후(지금 제3세계 도시에는 수십만 개의 NGO가 존재한다) 도시개발 원조의 양상은 완전히 바뀌었다. 이는 1960년대에 '빈곤과의 전쟁' 이후 워싱턴, 대도시의 정치기구, 그리고 도심 반정부 유권자 사이의 관계가 완전히 뒤바뀐 상황과도 흡사하다.[17) 국가의 중재 역할이 약화되면서, 대형 국제기구들은 대형 NGO를 지원하는 방식으로 수천 개의 슬럼 및 도시 빈민 집단에서 민중 기반을 확보했다. 세계은행, 영국국제개발부UK Department for International Development, 포드재단Ford Foundation, 프리드리히에베르트재단German Friedrich Ebert Foundation 등 국제적인 대부·기부업체는 대형 NGO를 중개자로 삼고, 대형 NGO는 지역 NGO나 토착민 수혜자에게 전문지식을 제공하는 것. 이제는 이것이 도시개발 원조의 일반적인 방식이 되었다. 이러한 조직 및 자금 확보의 3단체제는 흔히 '세력화'empowerment, '시너지', '참여통치'의 결정판으로 간주된다.

세계은행 쪽에서 보자면, NGO 역할의 강화는 제임스 울펀슨James

Wolfensohn이 총재가 되면서 세계은행의 목표가 재조정된 상황과 관련된다. 울펀슨은 오스트레일리아 태생의 재정가 겸 자선가로서, 1995년부터 10년간 세계은행 총재로 재직했다. 전기작가 서베스천 맬러비Sebastian Mallaby에 따르면, '세계의 정돈자'world-fixer를 자처하며 워싱턴에 입성한 울펀슨은 빈곤 축소와 '파트너십'을 자신의 핵심 의제로 삼으면서 맥너매러의 메시아적 에너지를 되살린다는 목표를 세웠다. 울펀슨이 이끄는 세계은행은 제3세계 정부로 하여금 NGO들과 각종 옹호 단체들을 '빈곤축소전략보고서'PRSP, Poverty Reduction Strategy Papers 작성에 합류시킬 것을 요구했다. 이는 원조가 실제로 표적집단에게 돌아갔다는 증거를 확보하기 위한 것이었다. 울펀슨은 맥너매러의 흡수통치 방식에 따라서 NGO계 상층부를 세계은행의 실무 네트워크 안으로 끌어들이려 했다. 맬러비의 지적대로, 울펀슨은 반세계화 운동의 출현에도 불구하고 〔1994년〕 마드리드 정상회담의 적들을 만찬 손님으로 만드는 데 대체로 성공을 거두었다.[18]

과거에는 세계은행의 '참여적 성향'을 찬양하는 논자들도 있었지만, 세계은행의 방향 전환에서 실질적인 혜택을 받은 것은 지역 주민이 아니라 대형 NGO인 듯하다. 런던에 본부가 있는 파노스연구소Panos Institute의 보고서를 포함하는 최근의 연구들을 검토한 후 리타 에이브러 험젠Rita Abrahamsen은 다음과 같은 결론을 내린다. "PRSP 프로세스는 '시민사회'의 힘을 세력화한 것이 아니라, 질적으로 동일하고 외부에 대하여 배타적인 '철의 삼각형'(프랑스 등 주요국 내각에 기반한 초국적 전문가들, 다자간·양자간 개발대행업체들, 국제 NGO들)을 공고히 했을 뿐이다.[19] 노벨상 수상자 조지프 스티글리츠Joseph Stiglitz는 잠시 세계은행 수석경제학자로 재직할 때, '포스트-워싱턴컨센서스'가 부상하고 있다고 말했지만, 그것은 차라리 '부드러운 제국주의'라고 불려야 마땅한 것이다. 주요 NGO들은 국제적 기부업자들의 아젠다에 사로잡힌 신세이고, 풀뿌리 공동체들 역시 국제 NGO들에 의존하는 형편이기 때문이다.[20]

민주화와 자조, 사회자본, 시민사회 세력화 등의 온갖 화려한 수사에도 불구하고, 새로운 NGO계의 실질적 권력관계는 전통적인 후견주의와 별반 다를 것이 없다. 더구나 제3세계 NGO는 지역사회 리더십을 전용하고 이전까지 좌파가 차지했던 사회 공간을 패권화하는 데 있어서 발군의 실력을 발휘했다. 이는 1960년대에 지역사회 조직들이 '빈곤과의 전쟁'으로 혜택을 입었던 상황과 흡사하다. 세계사회포럼wsf 창설에서 핵심을 담당했던 전투적 NGO를 비롯한 훌륭한 NGO들이 예외적으로 있기는 하지만, NGO와 '시민사회 혁명'이 도시 사회운동 전반을 관료화·탈급진화하는 결과를 낳았다는 사실은 일부 세계은행 연구진도 인정한 바 있다.[21]

개발경제학자 다이애나 미틀린Diana Mitlin이 라틴아메리카에 대한 연구에서 말했듯이, NGO는 한편으로는 의사결정과 협상을 담당함으로써 "지역사회 차원의 역량강화를 주도하는 위치에 있지만, 또 다른 한편으로는 "기부자금 운용에 제약이 따르기 때문에" 운신의 폭은 그리 넓지 않다. "기부자금이 중시하는 것은 단기 프로젝트 기금, 회계책임, 가시적 결과물이다."[22] 건축가 루벤 가촐리Rubén Gazzoli가 불만을 토로한 것처럼, 아르헨티나 도시 지역의 경우에도 NGO는 전통적인 정치기구와 똑같은 방식으로 전문지식 제공자 및 중간상 역할을 독점한다.[23] 25년 이상 자카르타 빈민을 연구해온 사회사학자 레아 젤리넥Lea Jellinek은 다음과 같이 지적한다. "마을에는 규모는 매우 작지만 유명한 은행이 있었다. 이 은행은 마을 여성 주민들의 필요와 역량으로 운영되는 소규모 풀

뿌리 프로젝트로 시작했지만, 결국은 프랑켄슈타인처럼 거대한 괴물로 변하고 말았다. 즉 애초에 은행의 기반을 형성했던 저소득층에 대한 신용 제공 및 기타 지원을 축소하면서, 거대하고 복잡한 상명하달식·기술 지향적 관료주의 체제로 변질된 것이다.”[24]

중동의 관점을 취하는 바야트는 NGO의 허풍에 불만을 토로한다. 바야트의 지적에 따르면, “NGO가 독립적·민주적 기구로 자리 잡을 가능성은 실제보다 과장되는 경향이 있었다. NGO가 전문화됨에 따라, 풀뿌리 운동으로서의 동원력은 약화되는 한편, 새로운 형태의 후견주의가 정착되는 양상이 드러났다”.[25] 프레더릭 토머스가 콜카타에 대한 글에서 주장하는 바와 같이, “더구나 NGO는 본질적으로 보수적이다. 은퇴한 공무원과 사업가가 NGO 고위층을 꿰찼고, 고학력 실업자 중에서 선택된 사회사업가나 슬럼에 가본 적도 없는 주부 등이 NGO 하위층을 채우고 있다”.[26]

뭄바이의 베테랑 주택 문제 활동가 P. K. 다스P. K. Das는 슬럼 NGO들에 대해 좀더 가혹한 비판을 내놓는다.

NGO가 지속적으로 추구하는 바는 주민들 사이에 혼란을 일으키고 잘못된 정보를 흘리고 이상을 박탈하는 것이며, 이를 통해 계급투쟁으로 가는 길을 가로막는 것이다. NGO가 채택·선전하는 실천 방안은 억압받는 주민들이 스스로의 권리를 깨닫게 만드는 것이 아니라, 주민들에 대한 동정심과 인도주의적 감상을 일으키는 방식으로 외부의 호의를 구걸하는 것이다. 사실 주민들이 원하는 것을 얻고자 할 때 이들 대행업체 및 조직들이 체계적으로 개입하는 이유는 주민들이 선동적인 방식을 취하지 못하게 하려는 것이다. 이 조직들은 주민들이 거시적인 차원에서 제국주의의 정치적 해악들을 경계하게 하는 대신, 지역사회의 문제들에 매몰되어 적과 동지를 구분하지 못하게 하기 위해 부단한 노력을 기울인다.[27]

다스의 NGO 비판은 2002년에 출판된 지타 베르마Gita Verma의 논쟁적 저서 『인도의 슬럼화』Slumming India를 통해 상세하게 부연된다. 이 책은 스위프트를 연상시킬 정도의 맹렬한 어조로 도시 NGO의 명사 숭배를 공격한다. 도시계획의 반역자이자 '체제'에서 추방당한 망명자를 자처하는 베르마에 따르면, NGO는 "신흥계급" 중간상으로서, 외국 자선가들의 시혜를 받으며 진정한 빈민의 목소리를 가로채는 세력이다. 베르마는 세계은행의 슬럼 개선 패러다임이 슬럼을 영원불변하는 현실로 간주하는 것을 맹렬하게 비난할 뿐 아니라, 퇴거반대 운동들이 좀더 급진적인 요구사항을 내놓지 않는 것에 대해서도 신랄한 비판을 가한다. "퇴거반대 운동에서 주장하는 '쫓겨나지 않을 권리'는 그다지 대단한 권리도 아니다. 〔……〕 불도저가 마을을 밀어내는 간헐적 사태를 막을 수 있다는 점을 제외하면, '쫓겨나지 않을 권리'란 열악한 상황을 그럴듯한 전문용어로 포장함으로써 '문제'였던 것을 '해결'인 양 내세우는 것과 다를 바가 없다." 특히 델리의 경우, "슬럼 보호란 도시 주민의 1/5~1/4이 도시 면적의 5%에 밀집되는 불평등한 상황을 바람직한 현실로 간주하는 것과 다를 바가 없다".[28]

베르마의 설명에 따르면, 최근 인도에서는 야심차게 출범했던 슬럼 개선 프로젝트 2건이 보기 좋게 실패했고, 이로 인해 엄청난 피해가 발생했다. 우선, 영국이 후원한 '인도레'Indore 프로젝트는 도시 슬럼 주택에 가구별로 상하수도시설을 설치한다는 계획으로서, 1996년 이스탄불에서 열린 UN-HABITAT 2차회의HABITAT II와 1998년 아가칸Aga Khan 재단으로부터 상을 받는 등 세간의 이목을 끌었다. 그러나 베르마에 따르면 이것은 "공공의 재난을 초래한 가짜 성공"이었다. 마을에 하수도가 생긴 것은 사실이었지만, 식수가 모자랐고 변기 물은 더욱 모자랐다. 결국 오수가 집안과 거리로 역류했다. 말라리아와 콜레라가 창궐했고, 오염된 물 때문에 주민들이 죽어가기 시작했다. 계절이 바뀌고 여름이 올 때마다 "프로젝트 수혜자들(혹은 프로젝트 감염자들)은 더욱 심각한 물 부족을 경험했고, 배수구가 막히는 경우는 점점 많아졌고, 질병은 점점 널리 퍼졌고, 몬순 기후 특유의 불결함은 점점 더해갔고, 싸구려 프로젝트의 저질 인프라에 대한 불평도 점점 늘어났다".[29]

이어서 베르마는 역시 상을 받은 아라냐Aranya 재정주 프로젝트에 대해서도 똑같은 비난을 퍼부었다. 재정착 프로젝트 중에는, 강제퇴거민이나 스쿼터가 실제로 집을 얻고 재정착에 성공하는 경우는 얼마 안 되면서도 그 '기획진'은 국제적인 명성을 얻게 되는 유형이 있는데, 이게 바로 그런 프로젝트였다. 더구나 이 프로젝트가 성과라고 내놓은 것들은 대부분 문서로만 존재하는 허구적인 성과였다.

> 아라냐의 진실은 아라냐의 훌륭한 성과들이 현실 속에 존재하지 않는다는 것이다. 도심도, 부드러운 보행자용 잔디도, 4만 명의 가난한 주민들도 존재하지 않는다. 이것들은 아라냐에 관한 문서에만 존재한다. 우리는 도안과 설계를 칭찬하며 10년을 넘겼다. 시도해본 사람이 아무도 없으므로, 이것이 실현될 수 있는 계획인지 아닌지조차 알 수 없다.[30]

(베르마처럼 혹독한 평자가 아니라도) 대부분의 평자들은 세계은행/NGO의 슬럼 개선 프로젝트들에서 선전하는 국지적인 성공담이 절대

다수의 빈민들을 제외시키고 있다는 데 동의한다. 활동가이자 작가인 아룬다티 로이Arundhati Roy에 따르면, NGO의 기능은 "알고 보면 압력솥의 삑삑대는 경보음이 담당하는 기능과 흡사하다. 즉 NGO는 정치적 분노를 위무하고 승화시켜 그러한 분노가 결정적 국면에 이르지 못하게 만든다".[31] '조력'이나 '좋은 통치' 등 관청의 감언이설은 세계적 불평등 및 채무라는 핵심 현안을 비껴간다. 알고 보면 이런 말은 도시 빈곤을 경감시킬 거시 전략의 부재를 은폐하는 말장난에 불과하다. 국제 기관들과 국제적 NGO들이 데소토의 주장을 이토록 열렬히 환영하는 이유 중 하나도, 약속과 필요 사이의 간극을 깨닫고 죄책감을 느끼기 때문일 것이다. 덕분에 페루의 사업가 데소토는 신자유주의적 대중주의의 위대한 스승으로 떠올랐다.

데소토는 1990년대의 존 터너라고 할 수 있는 인물로서 제3세계 도시들의 고통의 원인이 투자와 일자리 부족이 아니라 재산권 부족이라고 주장했다. 데소토의 주장에 따르면, 자기가 설립한 자유·민주주의연구소Institute for Liberty and Democracy는 토지등기라는 요술방망이를 휘두르는 것만으로 슬럼에서 막대한 자본을 조성할 수 있다. 빈민들은 사실은 부자이다. 빈민이 가난한 것은 자신의 재산(가치가 높아진 비공식 부동산)을 이용하거나 자본으로 전환할 방법이 없기 때문인데, 이는 빈민에게 공중서나 재산등기가 없기 때문이다. 한편 등기를 통해서 정부는 거의 혹은 전혀 비용을 들이지 않고 즉각적으로 상당액의 순純자산을 창출할 것이며, 이렇게 생성된 재산의 일부는 신용대출에 굶주린 영세 사업자들에게 자본을 제공함으로써 슬럼에 새로운 일자리를 창출할 것이고, 이를 통해 판자촌은 '다이아몬드 대지'로 뒤바뀔 것이다. "수조 달러의 재산이 이미 있다. 쓰기만 하면 된다. 자산이 진짜 자본으로 바뀌는 미스터리를 풀

수만 있다면 말이다."[32]

아이러니하게도, 대중영합적 자본주의의 메시아인 데소토의 위와 같은 제안은 리턴아메리카의 좌파 진영이나 콜카타의 CPI(M)이 오랫동안 투쟁하며 획득하려 했던 그것 — 비공식 정착민의 주택보유 안정성 — 과 사실 별반 다를 것이 없다. 그러나 토지보유 문제 전문가 제프리 페인Geoffrey Payne의 지적대로, 등기는 양날의 칼이다. "집 주인들에게 등기는 공식 도시로의 진입을 상징하는 동시에 극적으로 불어난 자산을 현금화할 기회를 상징한다. 반면에 세입자들이나 늘어난 세금 부담을 감당할 수 없는 사람들은 등기로 인해서 주택 서열에서 완전히 밀려난다." 다시 말해, 수많은 도시에서 등기는 슬럼 사회의 분화differantiation를 가속시킬 뿐, 빈민의 실질적 다수를 차지하는 세입자에게는 아무 도움도 되지 못한다. 페인의 경고에 따르면, 등기는 "도저히 사람이 살 수 없는 집밖에 구할 수 없는 최하층을 대규모로 양산"할 위험이 있다.[33]

워드에 따르면, 멕시코시티 콜로노colono(콜로니아의 주민)에게 등기 — 혹은 '정상화' — 는 축복인 동시에 저주였다. "등기는 빈민에게 온전한 소유권을 부여하는 수단일 뿐 아니라 빈민을 과세대상으로 끌어들이는 수단이다." 즉 주택을 법적 담보로 쓸 수 있다는 점에서는 혜택이지만, 세금과 공공시설 요금을 내야 한다는 점에서는 손해였다. 등기는 주택 투쟁을 개별화할 뿐 아니라 주택소유자에게 다른 일반 슬럼 주민과는 차별되는 이익을 제공함으로써 콜로니아 내부의 결속력을 약화시켰다. 워드의 주장대로, "임차인, 괴롭힘 당하는 스쿼터, 번화가에서 쫓겨난 세입자는 정부의 주택 정책으로 덕을 보는 사람들에 비해 급진적이고 반정부 시위에 우호적인데, 이는 당연한 일이다".[34]

상파울루의 경우도 마찬가지였다. 1989년에 집권한 노동자당PT, Partio dos Trabalhadores 행정부는 빈민들의 '거대한 불법도시'를 정상화하고 개선하려 했다. PT의 개혁은 몇몇 훌륭한 성과도 있었지만 부정적인 영향도 있었다. PT의 개혁이 지역사회에 미친 영향을 자세하게 연구한 수재너 타슈너Suzana Tashner는 다음과 같은 점을 지적했다. "슬럼의 개선은 파벨라의 부동산 지하시장이 공식시장에 편입되는 불행한 결과를 초래했다. 토지와 주택은 상품이 되었고, 가격은 폭등했다." 이로 인해 발생한 결과 중 하나가 이른바 '파벨라 내 슬럼'의 출현이다. 즉 스쿼터 주택이 허물어진 자리에 최하층 빈민이 임대하는 싸구려 단칸 셋방 코르티수가 들어섰다.[35] 요컨대 정부가 부동산시장에 결정적으로 개입하지 않는 한, 등기가 수많은 도시 빈민의 재산을 늘려주는 아르키메데스의 지레가 될 수는 없는 노릇이다.

그러나 데소토의 만병통치약은 여전히 엄청난 인기를 누린다. 이유는 뻔하다. 첫째, 등기 전략은 펜대를 굴리는 것만으로 엄청난 사회적 이득을 얻을 수 있다는 호언장담을 늘어놓음으로써 세계은행의 맥빠진 자활 패러다임에 새로운 활력을 불어넣는다. 둘째, 등기 전략은 신자유주의적 반反국가주의라는 지배 이데올로기와 완벽하게 일치한다. 실제로 세계은행은 정부가 민영 주택시장을 활성화할 것과 폭넓은 주택소유권을 장려할 것을 강조한다. 셋째, 등기 전략은 정부에게도 마찬가지로 매력적이다. 정부가 아무 지출 없이 뭔가─안정성·표밭·세금─를 얻을 수 있다고 장담하기 때문이다. 어미스가 지적한 것처럼, "무허가 정착지를 인정하는 것은 제3세계 빈민을 달래는 방법으로서, 비교적 손쉬울 뿐 아니라 그 열매도 꽤 달다".[36] 지리학자 길버트와 앤 발리Ann Varley가 라틴아메리카의 경우를 예로 들어서 말했듯이, 등기 전략은 고전적인 보수적 개혁이다. "자조 주택은 본질적으로 정치 안정에 기여한다. 〔……〕 주택소유권이 보편화되면서 지역사회 차원의 투쟁의 조건들이 개별화되었다."[37]

> 토지의 사회적 가치를 고정시키는 것 ― 사회구성원들로 하여금 땅값을 인정하게 만들고, 땅값을 낼 수 없거나 내려 하지 않는 사람들을 배제하는 것 ― 은 모든 지역사회단체들에 부과된 힘겨운 숙제다. K-B〔스쿼터단체〕를 반체제 '사회운동'으로 오해할 수 있었던 시대는 끝났다. 지주로 변신한 K-B 지도층은 다른 스쿼터 조직과의 동맹을 시대에 뒤처진 것으로 보면서 정부 기관과의 연계를 강조한다.[38]

## 가난이 만들어내는 이윤

NGO와 개발대부업체들이 '좋은 통치'나 점진주의적 슬럼 개선 같은 표현을 가지고 어영부영하는 동안, 이들과는 비교도 안 되는 막강한 시장 세력은 대다수 빈민을 도시 생활의 주변부로 더욱 가혹하게 몰아내고 있다. 국제적 자선과 잔여적 형태로 남아 있는 국가 개입의 긍정적 성과들은 토지 인플레이션과 부동산 투기의 부정적 영향으로 인해 전반적으로 위축되었다. 해적형 도시화의 경우에서 보았듯이, 극단적 형태의 부동산시장이 슬럼 안에 자리 잡고 있을 뿐 아니라, 도시 빈민은 지주들과 개발업자들의 노예로 전락하고 있다. 영웅적 스쿼터와 무상 토지라는 영원한 신화가 무색할 따름이다.

오래된 악습인 슬럼 지주가 부활하는 양상을 살펴보면 19세기를 떠올리지 않을 수 없다. 빅토리아 시대의 최대 슬럼이었던 런던 이스트엔드의 정치경제를 분석한 글에서 역사학자 개러스 스테드먼 존스Gareth

Stedman Jones는 주택 철거, 집세 상승, 인구과밀, 질병의 악순환을 다음과 같이 설명한다. "실제로 엄청난 이윤을 만들어낸 것은 교외에서 발생한 집값 폭등이 아니라 도심에서 발생한 무시무시한 집세 폭등이었다." [39] 세인트자일스St. Giles, 화이트채플, 베스널그린Bethnal Green 같은 슬럼들은 귀족들과 검소한 중간계급을 투자자로 끌어들였다. 귀족들에게는 "해외 투자로 높은 수익을 내리라는 기대가 사라진 후"였고, 중간계급에게는 "도심 주택이 가장 인기 있고 가장 손쉬운 자본 획득 방식인 때"였다. 존스에 따르면, 토머스 플라이트Thomas Flight와 같은 슬럼 큰손에서부터 "소규모 소매상인, 은퇴한 건설업자, 집을 2~3채씩 소유 내지 임대하는 교구위원"까지 런던 사회의 거대한 단층이 이스트엔드의 빈곤으로부터 이윤을 얻었다. [40]

19세기 말 ("유럽의 콜카타"라 할 수 있는) 나폴리의 경우에도, 점점 비참해지고 가난해지는 폰다치와 로칸데locande로부터 점점 많은 집세가 걷혔다. 이 기적적인 상황은 오늘날까지도 연구자들을 경악케 하고 있다. 프랭크 스노든Frank Snowden은 나폴리 빈민에 대한 탁월한 연구서에서 다음과 같이 쓰고 있다.

19세기 말에 들어서면서, 도시 주민들은 가난해졌는데 집세는 5배가 증가했다. 아이러니하게도, 1m²당 집세가 가장 비싼 방은 슬럼에서 가장 열악한 곳이었다. 가장 열악한 방들은 절대적인 임대 비용이 가장 낮았기 때문에 수요가 가장 많았던 것이다. 불행히도 가난한 사람들이 늘어남에 따라 슬럼 숙소에 대한 수요도 늘어났고, 이로 인해 전반적인 임대료 상승은 지불 능력이 가장 낮은 사람들에게 가장 가혹해졌다. [41]

도시 빈곤으로부터 외설적이고도 역설적인 이윤을 얻어가는 계층이 있는 것은 예나 지금이나 마찬가지다. 제3세계 농촌 지주 엘리트는 수 세기를 거치면서 도시의 슬럼 지주로 변신했다. 에버스와 코르프에 따르면, "부재지주는 사실상 대체로 도시적인 현상이다".[42] 라틴아메리카에서는 주택소유 내지 합법화된 스쿼팅의 기반이 비교적 넓은 데 비해서, 아프리카와 아시아의 많은 도시에서 토지가 소수의 지주에게 집중되는 양상은 가히 환상적이다. 이 두 독일 학자의 획기적인 비교연구에 따르면, 동남아시아 16개 도시에서는 상위 5%의 지주가 평균 53%의 토지를 소유하는 반면에, 독일의 도시들에서는 상위 5%의 지주가 소유하는 토지가 17%에 불과하다.[43] 베르너에 따르면 마닐라 토지의 거의 절반이 열 손가락 안에 드는 집안 소유다.[44]

인도에서는 도시 공간의 약 3/4이 도시 가구 6%의 소유다. 뭄바이의 경우, 불과 91명이 전체 공지空地의 대부분을 지배한다.[45] 한편, 카라치 등 파키스탄 대도시의 주택 개혁은 땅 투기로 인해 엉망이 되었다. 브레넌의 설명을 보자.

카라치 정부는 개인이 소유할 수 있는 분양지의 수를 제한함으로써 투기를 통제하려 했지만, 가족의 명의를 사용하면 간단하게 법망을 피해갈 수 있었다. 또 카라치에서 자산 및 자본에 부과되는 소득세는 투자자가 분양지를 보유하되 사용하지 않을 경우에 더 적었다. 예를 들어, 1970년대에 카라치 개발당국에 의해 26만 개 분양지가 개발되었는데 그중에 약 8만 ~10만 개가 1년이 지나도록 실질적인 개발 없이 투자 목적으로 점유되어 있었다.[46]

이러한 도시 라티푼디아Hatifundia* 추세는 생산경제의 위기 및 쇠락에 뿌리를 둔 기형적인 현상이다. 한때 도시 땅값의 등락이 경제성장 및 산업 투자의 등락과 일치하던 시대가 있었지만, 1970년대 후반 이후 도시 부동산은 점차 국고 마련을 위한 자본의 함정으로 전락했고, 이와 함께 땅값은 경제 상황과 분리되었다. 1970년대 후반부터 1980년대를 거치면서 채무위기, 급속한 인플레이션, IMF 충격요법이 뒤얽혔고, 국내 산업에 대한 생산 투자와 공공고용을 유도하는 동기들은 대부분 파괴되었다. 이와 함께 SAP는 국내 저축의 투자대상을 제조 및 복지에서 땅 투기로 바꾸어놓았다. 아크라의 정치경제학자 콰둬 코나두아계망Kwadwo Konadu-Agyemang은 이렇게 지적한다. "심각한 정도의 인플레이션과 대규모 평가절하로 인해 저축 의욕이 떨어졌고, 저개발 토지 및 부분개발 토지에 대한 투자야말로 자산을 보유하는 가장 안전하고 수익성 있는 방법이 되었다. 이렇게 마련한 자산을 팔면 외환을 확보할 수 있었다".[47] 그 결과, 전반적인 불황 내지 경제파탄의 상황에서 거품 현상이 나타났고, 한번 생긴 거품은 잘 꺼지지 않았다. 케이더의 지적대로 "이스탄불의 1980년대 인플레이션 환경에서 부동산은 가장 수익이 높은 부문이 되었다. 〔……〕 부동산 부문은 정치적 부패, 자본주의 발전, 국제금융이 교차하는 장소였다".[48] 한편, 앙카라에서 스마트머니가 쏠린 곳은 슬럼을 고소득층 아파트촌으로 바꾸는 사업에 투자하는 투기시장이었다. 경제계획자 외즐렘 뒨다르Özlem Dündar에 따르면, 기존의 게체콘두는 도심

---

* 노예노동력을 이용해 주로 수출을 위한 농사를 짓기 위해 지주들이 운영하던 대농장. 로마 시대부터 마그나그라이키아, 시칠리아, 이집트, 그리고 북아프리카의 마그레히브에서 성행했다. 현대에 들어서는 주로 식민지 시기 강제노동력을 이용한 라틴아메리카의 대농장 아시엔다(때로 군사용으로 임대, 매각되기도 했다)를 부르는 말이 되었다. 독립 후에도 라틴아메리카에 조금씩 이런 대토지들이 남아 있다.

에 위치했기 때문에 대형 개발업자들에게는 재개발과 고급화의 매력적인 과녁이 되었다. "게체콘두 지역에서 어지러운 소유권 문제를 해결할 정치력과 경제력을 갖고 있는 것은 이들 대형 개발업자뿐이었다."[49]

재닛 아부루고드Janet Abu-Lughod가 오랫동안 지적해온 것처럼, 아랍에서 석유자원 및 해외 투자의 수익이 흘러들어간 곳은 생산이 아니라 "땅이라는 자본 '은행'이었다. 그 결과, 광란의 땅 투기가 발생했고(이로 인해 합리적인 도시계획의 가능성은 완전히 없어졌고), 땅값이 엄청나게 부풀려졌으며 호화 아파트가 과잉 건설되는 경우도 있었다".[50] 이집트의 경우, 1990년대 도시 땅값 폭등은 은행 부문에 대규모의 공적자금이 들어가면서 더욱 악화되었다. 지리학자 티머시 미첼Timothy Mitchell은 '드림랜드'라는 이름의 카이로 교외에 대한 놀라운 연구에서 이렇게 설명한다.

구조조정의 의도는 수출 붐을 일으키는 것이었지 건설 붐을 일으키는 것이 아니었다. 이집트를 번영시킬 방법은 유럽과 걸프 만 지역에 과일과 채소를 수출하는 것이었지 농토를 없애고 순환도로를 건설하는 것이 아니었다. 그러나 부동산은 농업을 제치고 제조와 관광에 이어 이집트 비非석유 투자 부문 3위에 올랐다. 관광 투자가 대부분 (일종의 부동산인) 관광마을 및 휴양주택 건설에 들어간 것을 감안하면, 부동산은 비非석유 투자 부문 1위라고 해야 할 것이다.[51]

카이로 메트로폴리스는 5년 새에 면적이 2배로 늘었고, 새로 생긴 교외들은 서쪽 사막 방향으로 무질서하게 뻗어나가고 있지만, 주택위기는 여전히 심각한 상태다. 신축 주택은 빈민이 살기에는 너무 비싸다. 집주인이 사우디아라비아나 걸프 만으로 일하러 떠나고 빈집만 남아 있는 경우도 많이 있다. 네도로칙에 따르면, "100만 채 이상의 아파트가 비어 있다. 〔……〕 주택 자체는 부족하지 않다. 사실상 카이로에는 주인이 살지 않는 아파트가 널려 있다".[52]

브레넌에 따르면, "세계에서 가장 가난한 거대도시인 다카에서 심각한 땅 투기가 발생했다. 해외에서 송금된 돈의 약 1/3이 땅을 사는 데 쓰였다. 땅값은 다른 재화 및 용역에 비해 약 40~60% 빠르게 올랐다. 도시의 땅값은 도시의 소득수준과 완전히 별개가 되었다".[53] 남아시아에서는 콜롬보가 비슷한 상황에 처해 있다. 콜롬보에서는 1970년대 후반에서 1980년대까지 재산가치가 1,000배로 뛰면서, 도시 주민 가운데 나이 많고 가난한 사람들이 도시외곽으로 쫓겨났다.[54]

인구밀도가 높고 관리가 허술한 슬럼 주택은 면적당 수익이 다른 형태의 부동산 투자보다 높을 때가 많다. 브라질의 경우, 중간계급의 상당수가 빈민들에게 집세를 받는데, 코르티수 2~3채를 소유한 전문직 종사자나 중간 관리자는 코파카바나 해변에서 휴양지 라이프스타일을 누릴 수 있다. UN-HABITAT 연구진은 "상파울루 코르티수의 1m²당 집세가 공식시장보다 약 90% 높다"는 놀라운 사실을 발견했다.[55] 키토의 경우, 땅부자들은 산기슭이나 가파른 계곡에 위치한 토지 — 수도가 없는 2,850m 이상의 고지 — 를 땅에 굶주린 이주자들에게 조금씩 팔아치우는데, 여기는 언제나 해적형 분양지 투기꾼urbanizadore pirata이 개입한다. 나중에 상수도시설을 요구하며 싸우든지 말든지는 주민들 사정이다.[56] 보고타의 '해적형 주택시장'을 연구한 토지경제학자 움베르토 몰리나Umberto Molina에 따르면, 투기꾼들은 도시 변두리를 '독점가격'으로 개발하면서 엄청난 수익을 올린다.[57]

라고스를 연구한 마거릿 페일Margaret Peil은 이렇게 말한다. "라고스에서 스쿼팅은 아프리카나 라틴아메리카에 비하면 보기 드문 현상이다. 〔……〕 라고스는 정부의 건설 통제 수위가 낮으며, 따라서 합법적 주택 건설 사업은 그리 어렵지 않게 높은 수익을 올릴 수 있기 때문이다. 즉 빈민에게 주택을 공급하는 것은 남는 장사고, 〔……〕 무엇보다 안전하며 신속한 자본회수가 가능한 투자였다".⁵⁸⁾ 라고스에서 좀더 돈 많은 지주 들은 땅을 팔기보다 빌려주는 편을 선호한다. 땅을 가지고 있으면 땅값 이 빠르게 오르는 토지시장에서 이윤을 통제할 수 있기 때문이다.⁵⁹⁾ 케 냐와 마찬가지로 라고스에서도 정치가들은 기존의 족장들과 함께 슬럼 주택의 큰손 투기꾼으로 두각을 나타냈다.⁶⁰⁾

한편, 나이로비 슬럼은 정치가들과 중상류층으로 이루어진 일종의 지주들이 소유하고 있는 광활한 임대 플렌테이션이다. 사적 임대를 위 한 개발은 대부분 "공식적으로는 법적인 근거가 없지만 〔……〕 현실적으 로는 재산관계와 소유주가 존재한다".⁶¹⁾ 마타레 4AMathare 4A의 경우, 2 만 8,000명의 극빈층 주민은 진흙에 윗가지를 엮어 만든 9×12m짜리 헛 간에 세들어 살고 있다. 도로건설부 연구원에 따르면 "부재지주들은 막 후에서 막강한 권력을 행사한다. 이들은 저명인사이거나 저명인사와 연 줄이 있는 사람이거나 대단히 돈이 많은 개인 혹은 회사일 때가 많다".⁶²⁾ UN 연구진의 또 다른 연구에 따르면 "나이로비에 있는 한 슬럼의 경우, 주택의 57%가 정치가와 공무원 소유이다. 나이로비에서 판잣집은 가장 수익 높은 주택 형태다. 슬럼 지주가 9.3m²(약 3평)짜리 판자집을 160달 러에 샀다면, 몇 달이면 투자금 전액을 뽑아낼 수 있다".⁶³⁾

나이로비의 사례가 보여주듯이, 땅 투기는 해당 토지가 공식적으로 공유지인 곳에서도 성공할 수 있다(이집트, 파키스탄, 중국, 말리에서도 경 악스러운 사례들을 찾을 수 있다). 건축가 겸 도시계획자인 칼레드 아담

Khaled Adham에 따르면, 카이로 메트로폴리스의 경우 "공유지가 민간에 팔리면서 카이로 주변 사막이 막대한 규모의 사유지로 바뀌었다. 이러한 과정의 수혜자들은 국영기업 및 외국기업 둘 다와 긴밀한 관계를 맺고 있는 신흥 사업가 계급이다". 무하마드 무바라크Muhammad Honsi Mubarak 정권 고위층은 기자Giza 피라미드 서쪽 사막의 교외 개발업체들과 은밀한 이해관계로 엮여 있다고들 한다.[64]

카라치 외곽은 공유지로서 명목상 카라치 개발당국이 관리하는 것으로 되어 있다. 그러나 페터 닌티트Peter Nientied와 반데어린덴에 따르면, 개발당국은 "저소득층에게 택지를 공급하는 데 완전히 실패"했고, 이로 인해 카라치 외곽은 앞서 지적한 대로 공무원·부패 정치가·'달랄'이라는 중개인의 신디케이트에 의해 불법 분양되었다. 결국, 슬럼 주민은 임대료를 후하게 쳐준 셈이었다. "전 과정이 불법이기 때문에, 수요는 권리의 형태가 아닌 청탁의 형태를 띠었다."[65] 하이데라바드의 경우에도, "세무청과 연결된 토지 횡령자들은 주민들로부터 불법으로 사용료를 강탈하고 방대한 공유지를 빼돌렸다. 야심차게 출범했던 빈민 재정착 프로젝트는 고위층 횡령에 의해 흐지부지되었다. "파출소가 생기면서 상황은 더욱 악화되었다. 경찰이 신디케이트 편에 서서 주민들을 괴롭히기 시작했기 때문이다."[66]

중국의 경우, 도시 변두리 토지의 불법 투기는 공직자 부패의 주요 형태 중 하나가 되었다. 『뉴욕타임스』New York Times 보도에 따르면, "부유한 지방인 저장성에 위치한 한 마을의 경우, 농부들은 땅값으로 1무畝당 3,040달러를 받았는데, 땅을 산 시청 공무원들은 개발업자들에게 땅을 빌려주고 1무畝당 12만 2,000달러를 챙겼다". 한 나이 많은 농민은 "공무원들이 개발을 한답시고 토지를 가져가서 돈을 다 챙긴다"고 불만을 토로했다. 산시성에서도 비슷한 일이 있었는데, 시위에 참여했던 한 여성은 공산당 관리가 이렇게 말했다고 전했다. "당신네 더럽고 가난한 쓰레기가 시정부에 맞설 수 있다고? 꿈도 꾸지 마." [67]

말리의 바마코에는 집단소유 토지와 시장 토지가 공존한다. 도시 변두리의 분양 방식은 수요가 생길 경우 부족 대표들이 관습법에 따라 결정하는 것이 정석이었다. 그러나 새롭게 등장한 관료 카스트는 카라치에서처럼 분양 체제를 가로채버렸다. 아우귀스트 판베스텐August van West-en이 조사한 바에 따르면, 분양된 토지 전체의 2/3가 소유자의 주택으로 이용되지 못하고 투기용으로 전매轉賣되었다. 두 가지 토지공급 방식 — 형식적으로 평등주의적인 공공분양 체제와 토지등기를 전제하는 순수하게 상업적인 시장 체제 — 이 모순적으로 공존하기 때문에, 이러한 모순을 이용해 손쉽게 막대한 수익을 올릴 수 있다는 점이 문제다. 중개업자와 공무원은 도시 지주로 변신했고, 세를 들거나 '불법 정착지'에 사는 주민들이 점점 늘었다. "정당 내 파벌들은 불법 정착지를 정치적 볼모로 이용했다." [68]

마지막으로, 스쿼팅 역시 엘리트가 땅값을 조작하는 비밀 전략이 될 수 있다. 지리학자 마뉴엘 카스텔Manuel Castells은 1970년대 당시의 리마에 대한 연구에서 땅 주인들이 스쿼터를 도시개척에 이용하는 상황을 다음과 같이 설명했다.

지주들과 사설 개발업자들은 스쿼터를 조종함으로써 토지의 일부를 부동산시장에 끌어들일 수 있었다. 즉 이들은 당국으로부터 스쿼터를 위한 도시 인프라를 얻어냈고, 이를 통해 땅값을 올리는 동시에 수익 높은 주택 건설의 길을 열었던 것이다. 다음 단계는 스쿼터를 쫓아내는 것이었다.

힘겹게 도시의 면적을 늘려놓고 쫓겨난 스쿼터는 늘어난 도시의 변경에서 처음부터 다시 시작해야 했다.[69]

베르너의 최근 조사에 따르면, 마닐라에서도 이와 같은 '묵인된 무허가 토지개척' 과정을 볼 수 있다. 스쿼터들은 "메마른 산비탈과 주변적 농토와 늪지대를 택지로 변형"함으로써 땅값을 올려놓는다. 그러면 땅 주인은 주민들을 쫓아낼 수도 있고 집세를 말도 안 되게 올릴 수도 있다.[70]

## 도시개척은 끝났다

스쿼터는 지금도 제3세계 도시인의 상징이다(희생자의 상징일 수도 있고 영웅의 상징일 수도 있다). 그러나 앞장에서 보았듯이, 스쿼팅의 황금기(도시 변두리 토지를 무상으로 혹은 저렴하게 점유할 수 있던 시기)는 1990년까지 완전히 끝났다. 일찍이 1984년 방콕에서 열린 회의에서 주택 문제 전문가들이 경고한 것처럼, "토지의 무상 점유는 일시적 현상"이다. "강력한 기업형 사조직"이 변두리 도시화를 장악함에 따라 [주택위기에 대한] 비공식적 해법들은 이미 많이 없어졌고, 앞으로는 더욱 빠르게 사라질 것이다. "양도 가능한 토지등기(이는 보유 안정과는 다른 것이다)가 공식화되면서, 업주들은 도시계획 과정을 '교묘하게 이용하거나 매수'하는 방식으로 스쿼팅을 민영화하는데, 이러한 과정은 점점 빠르게 진행된다."[71]

그로부터 몇 년 후에 브레넌은 똑같은 경고를 반복한다. "저소득 주민에게 주어졌던 선택의 여지(예를 들면 사용하지 않는 공유지)는 급속하게 사라지고 있으며, 변두리 토지를 이용할 가능성도 점점 제한되고 있다. 도시 변두리 공터는 물론이고 온갖 공터들이 개발업체들에 의해 합법적으로 혹은 불법적으로 통합·개발되고 있다." 브레넌에 따르면 (카라치, 델리 등) 대부분의 토지가 공공용지인 곳이나, (마닐라, 서울, 방콕 등) 대부분의 변두리 지역을 개인이 소유한 곳이나 문제가 심각하기는 마찬가지다.[72]

비슷한 시기에 길버트는 스쿼팅과 자조 주택이 라틴아메리카 도시 문제의 안전밸브가 되리라는 전망에 대하여 점점 더 비관적인 견해를 표명했다. 길버트는 해적형 도시화, 불황, 교통비의 문제가 겹치면서 변두리 분양지나 판자촌에 집을 마련하는 것이 점점 매력을 잃을 것이라고 예견했다. "한 가구가 점유하는 토지는 점점 줄어들 것이고, 내 집 마련 기간이나 수도·전기 없이 지내야 하는 기간은 점점 늘어날 것이다."[73] 토지 경영에 관한 한 세계적인 권위자인 알렝 뒤랑라세르브Alain Durand-Lasserve는 부동산시장의 가격 경쟁에서 밀려난 중간계급 가구들에게 변두리 부동산시장이 의미 있는 대안으로 떠올랐다고 주장하지만, 빈민들이 이전까지 이용할 수 있었던 "거의 비용이 들지 않는 비공식적 토지"가 상업화로 인해 더 이상 존재하지 않는다는 사실에 대해서는 브레넌과 길버트의 주장에 동의한다.[74]

세계 어디서나 가장 막강한 지역사회 이권 세력 ─ 대규모 개발업자, 정치가, 군사정권 ─ 은 어떻게든 제도를 마련하여 가난한 이주민들과 도시 봉급생활자들에게 변두리 토지를 팔아넘기고 이익을 챙겼다. 예를 들어 자카르타 외곽의 토지소유권에 대한 표본조사 결과, "방대한 면적의 토지, 특히 프리앙간 고산지대 토지가 주인이 바뀌었다. 현재 소유주는 주로 인도네시아 장성 가족, 정부 고관 등 인도네시아 상류층이다".[75] 멕시코시티는 대부분의 슬럼 주택이 에히도ejido*로부터 분양되는 상황인데, 키스 페촐리Keith Pezzoli가 조사한 바에 따르면, 여기서도 "개발업자들과 투기꾼들이 미개발 분양지에 대한 지배권을 강화"하고 있으므로, "에히다타리오ejidatario(에히도에 속하는 농민—옮긴이)는 도시화 과정에서 손해를 볼 수밖에 없다".[76] 보고타의 경우에는, 대형 개발업자들이 외곽 지대에 중간계급 택지를 끼워넣었다. 이로 인해, 경계 지역 땅값이 치솟는 바람에 빈민이 발붙일 곳은 사라져버렸다. 한편 브라질의 경우에는, 온갖 종류의 토지에 투기 열풍이 불었고, 땅값이 상승하리라는 기대심리가 생기면서 건설 공간의 약 1/3이 비어 있는 상황이다.[77]

중국에서도 도시 경계 지역은 시정부와 가난한 농부들 사이의 대규모 사회 투쟁의 장이 되었다. 시당국이 일방적인 승리를 거둔다는 것은 두말 할 필요도 없다. 당국은 경제구역 및 교외의 새로운 토지에 대하여 끝없는 탐욕을 드러내기 때문에, 밀려나는 농민에게 주어지는 고려나 보상은 지극히 미미한 정도다. 대규모 개발이 진행될 때마다 기존의 노동계급 주택지구나 마을을 통째로 쓸어내는 것이 일상적인 풍경이 되었다. 이를 통해 이익을 얻는 것은 부패한 관리와 당 지도층이다. 저항하는 지역 주민들은 군대에 준하는 경찰에게 진압되고, 투옥되는 경우도 적지 않다.[78]

가난한 마닐라 주민들은 미친 듯이 폭등하는 땅값으로 인해 점점 불법의 영역으로 밀려났다. 인구의 상당수를 차지하는 소수민족에게 공식 주택은 그림의 떡이었다. 도시-환경 전문 역사학자 그레그 밴코프Greg

* 마을 공동체가 공유지를 집단으로 경작하고 활용하는 것으로 멕시코의 인디오 사회에서 일반적 제도였다. 식민지 시기에 아시엔다로 사유화되었던 것을 독립 이후 다시 국가가 마을에 귀속시켰다.

Bankoff의 보고에 따르면, "1980년대에 땅값은 케손시티에서 35~40배, 마카티에서 50~80배, 딜리만에서 250~400배 올랐고, 에스콜타에서는 무려 2,000배가 올랐다".[79] 그 결과, 수십만 명의 빈민들은 공식 주택을 이용할 수 없게 되었다. 토지 인플레이션은 도심과 떨어진 경계 지역에서도 극심했으므로, 마닐라 극빈층에게 남아 있는 선택은 두 가지뿐이었다. 하나는 메트로폴리스 범람지역의 수로水路 하상이나 불안정한 강둑에서 죽음을 무릅쓰고 스쿼팅을 강행하는 것이었고, 다른 하나는 좀더 부유한 바랑가이* 틈새에 살면서 언제 닥칠지 모를 폭력적인 강제퇴거를 기다리는 것이었다.

이렇듯 제3세계 전역에서 가난한 스쿼터가 무상 토지를 개척하던 시대는 끝났다. '희망의 슬럼'이 사라진 자리에는 도시 라티푼디아와 정실 자본주의가 들어섰다. 경계 지역에서 비매 정착지non-market settlement를 확보할 수 있는 기회가 제한 내지 차단되면서 가난한 도시들의 안정성은 엄청난 타격을 입었다. 이로 인해 제3세계 슬럼에서 발생한 가장 극적인 결과는 세입자 비율의 증가와 인구밀도의 폭등이다. 공식적 고용이 정체 내지 감소하는 상황에서, 토지 인플레이션은 인구 압박을 조장하는 일종의 피스톤 역할을 했다. 나이로비의 키베라Kibera와 포르토프랭스의 시테솔레이Cité-Soleil 등 오늘날 거대슬럼의 인구밀도는 가축우리를 연상시킨다. 실제로 슬럼의 인구밀도는 1900년대 뉴욕 동남부의 셋집 밀집 지역 혹은 오늘날의 도쿄 도심이나 맨해튼 등 마천루 밀집 지역

---

* 필리핀의 최소 행정구역 단위이기도 하고, 전통적인 부락 공동체의 이름이기도 하다. 시(City나 Municipality)의 영역 안에 속하며 1,000명 이상의 주민이 대표 1명을 선거로 뽑는다. 스페인의 식민지 지배 이전까지 '다투'라는 추장과 그 가족, 자유민, 가내노예 등으로 구성된 바랑가이가 완전한 자치 공동체로서 실제로 작은 나라의 구실을 했다.

보다 높다. 빅토리아 시대 후기에 로이 러보브Roy Lubove는 뉴욕과 봄베이 시내가 "세상에서 인구밀도가 가장 높은 곳" 이라고 보았지만,[80] 현재 아시아 최대의 슬럼인 뭄바이 다라비Dharavi의 최대 인구밀도는 19세기의 뉴욕과 봄베이의 2배가 넘는다.

이렇듯 무자비한 틈새 유입과 과밀화에 따른 도시인구 폭증 현상은 이제 거의 믿을 수 없는 수준에 달했다. 콜카타의 부스티 같은 경우에는, 방 1칸에 평균 13.4명이 들어간다. 콜카타 당국의 통계를 믿을 수 있다면, 다라비 주민들은 1km²당 45만 명이 4~5평짜리 방들을 층층이 쌓아놓은 건물에서 살고 있다.[81] 나일 강 동쪽 무카탐 산 기슭에 위치한 만시예트나스르의 인구밀도는 다라비보다 조금 낮은 정도로, 50만 명 이상의 주민이 3.5km²에서 살고 있다. (『파이낸셜타임스』에 따르면, 만시예트나스르 남쪽 경계의 경우, 단테의 『신곡』을 연상시키는 낙후된 풍경을 배경으로, 지역의 명물인 넝마주이들이 쓰레기를 뒤지면서 생계를 이어간다.[82]) 리우데자네이루에서는 스쿼팅 가능한 토지가 부족해지고 이로 인해 셋방 수요가 폭증하면서, 파벨라가 급속히 고층화하고 있다. 타슈너에 따르면, "리우데자네이루 파벨라의 외곽화 현상이 일어나는 동시에 오래된 파벨라의 수직화 현상이 일어난다. 새로 짓는 4~6층짜리 건물들은 대부분 임대용이다".[83]

도시 변경 개발이 상업화되면서, 변두리 과밀화는 도심 과밀화와 거의 비슷한 정도로 일반적인 현상이 되었다. 카라카스의 바리오는 연간 거의 2%의 비율로 과밀화되는데, 과밀화의 형태는 주로 산기슭에서의 수직성장이다. 카라카스에서 산사태가 일어날 가능성을 조사하던 컬럼비아 대학교의 과학자들은 베네수엘라 메트로폴리스에 사는 빈민들이 모두 산악인이라는 놀라운 사실을 알아냈다. "주민들 중에는 자기 집이 있는 란초 주택까지 가기 위해 25층 건물에 해당하는 높이를 올라가야 하는 경우도 있었다. 바리오 주민이 대중교통을 이용할 때 걸어가는 시간은 평균 30분에 이른다."[84] 빈곤 구역이 서쪽으로 확장되고 있는 보고타의 경우, 변두리로 나갈수록 가구 규모는 커지면서도 인구밀도는 낮아지지 않는다.[85]

라고스 최대의 슬럼인 아제군레는 과밀화와 함께 주변화가 심각한 곳으로서, 최악의 세상이 어떨지를 극명하게 보여준다. 우선 인구밀도를 보면, 1972년에는 8km²의 습지에 9만 명이 살았는데, 오늘날에는 비슷한 면적에 150만 명이 살고 있다. 게다가 주민들의 평균 통근시간은 무려 3시간이다.[86] 한편, 나이로비에 위치한 초만원 상태의 키베라에서도 80만 명이 넘는 주민들이 진흙과 오수 사이에서 인간의 존엄을 지키느라 고군분투하고 있다. 대부분 슬럼에 거주하는 이들 주민들은 닭장 같은 판잣집에 살기 위해 치솟는 집세와 오르는 교통비의 압박을 견딘다. UN-HABITAT 연구원 라스나 와라Rasna Warah는 키베라 주민의 전형적인 상황을 보여주기 위해, 월수입 21달러 중 거의 절반을 시내 시장을 오가는 교통비로 쓴다는 야채 행상의 말을 인용한다.[87]

인구 변화가 역동적이고 일자리가 부족한 메트로폴리스에서 주택과 차세대 도시 부지의 상품화 현상은 예외 없이 집세 상승과 인구과밀의 악순환을 유발한다. 빅토리아 시대 후기의 런던과 나폴리가 바로 그런 경우였다. 요컨대 세계은행이 제3세계 도시 주택위기의 해법으로 내세우고 있는 이른바 시장의 힘이란, 사실은 예로부터 이러한 위기를 초래했던 원인일 뿐이다. 그러나 시장이 저 혼자 위기를 만드는 경우는 거의 없다. 다음 장에서는 남반구의 여러 도시에서 발생하는 토지의 상품화 현상에서 도시 공간을 둘러싼 계급투쟁과 국가 폭력이 어떠한 역할을 담당하고 있는지를 살펴볼 것이다. 베르너가 신랄하게 꼬집은 것처럼, "오늘날까지 국가가 능력을 발휘해온 분야는 대규모 주택 건설보다는 대규모 주택 파괴 쪽이었다".[88]

# 불도저 도시계획

*도시가 슬럼화되는 근본적인 원인은 도시가 가난하기 때
문이 아니라 부유하기 때문인 것 같다.*
**—— 지타 베르마**[1]

　　　　　　　　제3세계 도시들이 얼마나 불평등한가는 지구
밖에서도 알 수 있다. 나이로비 위성사진을 보면, 인구의 절반 이상이 도
시 면적의 18%에 밀집되어 있다.[2] 다시 말해, 지역에 따라서 인구밀도
의 차이가 심각하다. 『가디언』의 지반 바사가르Jeevan Vasagar 기자에 따
르면, "나이로비는 세계에서 가장 불평등한 도시 중 하나다. 이곳에서
빈부 격차가 노골적으로 드러나는 이유는 부자와 빈자가 서로 이웃해
있기 때문이다. 1999년 인구조사에 따르면, 카렌 교외 녹지대의 인구밀
도는 1km²당 360명 미만인 반면에, 키베라는 인구밀도가 1km²당 8만
명을 넘는 곳도 있다".[3] 그러나 나이로비가 유별난 곳은 아니다. 가난한
사람들을 개미굴 같은 빽빽한 슬럼에 몰아넣고 부자들이 정원과 공터를
마음껏 이용하는 것은 수많은 도시의 공통된 특징이다. 다카의 경우, 인

구의 70%가 지표면적의 20%에 몰려 있는 것으로 추산된다.[4] 산토도밍고의 경우에도, 인구의 2/3를 차지하는 세입자와 스쿼터가 사용하는 도시 공간은 전체의 1/5에 불과하며, 최하층 1/8이 밀집된 도심 슬럼의 면적은 전체 도시의 1.6%에 불과하다.[5] 뭄바이를 최악의 사례로 꼽는 도시지리학자들도 있다. 이곳에서 "토지의 90%를 소유한 부자들은 정원 딸린 저택에서 안락함을 누리는 반면에, 빈민들은 토지의 10%에서 구겨져 살아간다".[6]

토지 사용과 인구밀도의 양극화 양상에는 제국주의와 인종차별주의라는 오래된 논리가 되풀이되고 있다. 제3세계 전역의 탈식민 엘리트는 차별분리라는 식민지 도시의 물리적 흔적을 고스란히 물려받았고, 이를 탐욕스럽게 재생산했다. 즉 이들은 민족해방과 사회정의라는 감언이설을 퍼뜨리는 한편으로, 식민지 시대의 인종차별적 구획 방식을 차용함으로써 계급적 특권과 독점적 공간을 유지하려 했다.

최악의 상황이 벌어지는 곳은 사하라 이남 아프리카이다. 코나두 아계망에 따르면, 아크라의 경우 "〔독립 이후〕 토착 엘리트는 '유럽인의 직위'와 그에 딸린 혜택들을 물려받았으며, 현상유지에서 한술 더 떠 공간 구획 등 도시계획 메커니즘에 따라 상류층 주거지 여러 곳을 신축했다. 이런 곳에 살자면 돈과 지위와 정치적 영향력이 필요하다".[7] 루사카의 경우에도, 공무원 및 전문직 아프리카인은 식민지 도시 구조를 근거로 가난한 동포들로부터 거의 완전하게 분리될 수 있었다.[8] 하라레의 경우, 정치가들과 공무원들은 1980년 이후 백인 전용 교외 지역과 전원도시로 거주지를 옮겼으며 이로써 구체제의 공간 장벽과 거주 특권을 더 쉽게 유지할 수 있었다. 케이프타운의 지리학자 닐 드와르Neil Dewar에 따르면 "상류층 흑인들의 이동은 일종의 전시효과展示效果를 낳았고,

이로 인해 사회주의적 형태의 주택 공급 체제를 마련하기가 더 어려워졌다".[9]

킨샤사의 경우 모부투 독재정권은 이른바 '자이르화化'를 표방하면서도, 실제로 백인들의 라빌La Ville(신흥 도둑정치가들이 물려받은 주택지)과 흑인들의 라시테La Cité 사이의 엄청난 간극을 메우기 위해서는 아무런 노력도 기울이지 않았다. 한편, 말라위의 독립을 과시하기 위해 만들어진 전시용 신도시인 릴롱궤는 식민지 시대의 도시 통제 모델을 굳건하게 고수한다. 앨런 하워드Allen Howard에 따르면, "헤이스팅스 카무주 반다Hastings Kamuzu Banda 대통령은 릴롱궤 건설을 감독하면서 남아공 백인들과 기타 유럽인들을 도시계획 책임자로 지명했다. 그 결과 차별분리, 주택지의 계층별 '컨테이너 수송'containerization(화물을 컨테이너로 수송하듯이 주민들을 거주지로 통째로 옮기는 것을 말한다—옮긴이), 완충지대 등 도시에 아파르트헤이트와 흡사한 패턴이 나타났다".[10] 루안다의 경우 양극화는 더욱 심각하다. 이곳은 포르투갈인들이 벼락부자들에게 넘겨준 '아스팔트' 도시와 가난한 바리오 및 뮈세크로 이루어진 방대한 비포장 변두리로 분리되어 있다. 사하라 이남 도시들 가운데 원주민의 손으로 건설된 소수의 도시 중 하나인 아디스아바바의 경우에도, 1936~1941년 이탈리아 점령기 인종차별의 흔적이 고스란히 남아 있다(지금은 경제 수준에 따른 차별분리의 형태를 띠고 있다).

인도의 경우, 독립 이후에도 식민지 시대에 형성된 배타적인 지형은 거의 바뀐 것이 없었다. 아시아 최대 슬럼에 대한 연구서인 『다라비의 재발견』Rediscovering Dharavi에서 칼파나 샤르마Kalpana Sharma는 이렇게 말한다. "봄베이가 식민지의 항구였던 시대의 불평등은 지금도 변한 것이 없다. 〔……〕 이미 모든 것이 갖추어진 지역에 대한 미화 사업에는 투자가 끊이지 않는 반면, 가난한 지역에서는 기초설비를 마련할 자금도 없다."[11] 인도의 도시 전체를 논하는 굽투에 따르면, 1930~1940년대에 '가리브 자니타'(가난한 평민들)를 공허하게 찬양했던 '사회주의적' 인도 민족의회당INC, Indian National Congress 중간계급은 독립 이후에는 도시 공간의 배타적 편성과 계층별 분리를 겨냥하는 식민지 기획의 수호자로 변신했다. "암시적으로든 명시적으로든, 가난한 사람들은 시민 생활을 영위할 자리를 찾을 수 없었고 진보와 사회 개선을 가로막는 장애물로 인식되었다."[12]

## '인간방해물' 쓸어내기

도시 내 차별분리란 이미 만들어진 현실을 일컫는 이름이 아니라, 지금 이 시간에도 계속해서 진행되는 계층 간 전쟁을 일컫는 이름이다. 이 전쟁에서 국가는 '진보', '미화', 나아가 '사회정의'라는 미명하에 개입을 시도하며, 이를 통해 땅 주인·외국인 투자자·엘리트 주택소유자·중간계급 통근자에게 유리한 방식으로 경계를 재편한다. 오스만 남작의 광신에 맡겨졌던 1860년대 파리가 그랬듯, 도시재개발은 사적인 이윤과 사회적 통제를 동시에 극대화하려 한다. 다만 오늘날은 공권력이 사람들을 쫓아내는 규모가 엄청나다는 차이가 있다. 제3세계의 경우, 집에서 강제로 쫓겨나는 빈민들은 스쿼터와 합법적 세입자를 포함하여 해마다 수십만, 때로 수백만에 이른다. 이로 인해 도시 빈민은 유목민, 즉 "늘 퇴거와 재정착 상태에 놓여 있는 단기 체류민이다"(도시계획자 툰데 아그볼라Tunde Agbola가 자기 고향 라고스 도시 빈민의 곤경을 묘사할 때 사용했던 표현이다).[13] 오스만 때문에 옛날 도심에서 쫓겨난 상퀼로트*들에게 루이 오귀스트 블랑키Louis Auguste Blanqui는 다음과 같은 유명한 탄식을 남긴 바 있다. "그대들은 대량학살에 지쳤도다, 〔……〕 폭정의 손이 거대한 바위를 운반할 때."[14] 도시 빈민도 마찬가지다. 이들도 살인적인 도시계획에 지쳤고, 자기네를 인간방해물이라고 정의하는 근대화의 오랜 어휘에도 지쳐버렸다('인간방해물'이라는 말은 다카 당국이 1970년대에 중앙 비동빌에서 9만 명을 내쫓으며 사용했던 표현이다).[15]

도시 공간을 둘러싼 계급투쟁이 가장 격렬한 곳은 번화가와 교통의 요지이다. 마닐라의 사례를 논하는 베르너의 연구에 따르면, 도심에서는 세계화된 자산가치와 소득 마련의 거점을 떠날 수 없는 빈민들의 절박함이 충돌한다.

> 메트로폴리스 마닐라는 세계에서 가장 인구밀도가 높은 지역 가운데 하나다. 상업지구 근처라면 그곳이 어디든 $1m^2$의 땅값이 합승버스 운전사나 경호원의 연수입을 훌쩍 넘는다. 그러나 소득 마련의 가능성을 고려하면 번화가 근처를 벗어날 도리가 없다. 직장에서 멀어진다는 것은 엄청난 시간과 돈이 들어간다는 뜻이기 때문이다. 〔……〕 그러니 스쿼팅이 확산되는 것은 논리적인 귀결이다. 도시개발로 틈새가 열리면 어느새 인구밀도의 신기록을 깨뜨리는 임시 정착촌이 들어선다.[16]

마닐라 도심의 광장, 모퉁이, 공원으로 몰려들기는 행상을 비롯한

---

* 프랑스혁명 당시 혁명적 민중 세력. 이들이 귀족이 입던 퀼로트를 입지 않고 긴 바지를 입은 데서 유래했다.

비공식 업자들도 마찬가지다. 시장 메커니즘은 물론 사설 경비업체도 도심을 개척하려는 빈민들을 막아내기엔 역부족이다. 빈민들의 도심 개척은 알고 보면 합리적인 경제주체의 당연한 행동이다. 땅 주인들은 퇴거를 거부하는 노동계급 임차인과 세입자를 쫓아내기 위해 공권력에 의존하는 것과 마찬가지로, 스쿼터와 행상들을 몰아내기 위해서도 공권력에 의존한다. 국가마다 정치적 성향이 다르고, 변두리 스쿼팅 및 비공식 정착지를 용인하는 정도도 국가마다 다르지만, 대부분의 제3세계 시당국은 도심에서 빈민과 지속적으로 충돌해야 한다는 공통점을 지닌다. 유명한 사례인 리우데자네이루를 포함하여 몇몇 도시의 경우, 슬럼 철거는 여러 세대 동안 계속되었고, 특히 땅값이 치솟았던 1970년대에 거스를 수 없는 추진력을 확보했다. (카이로, 뭄바이, 델리, 멕시코시티 외 다수의) 메트로폴리스 시정부의 경우 위성도시를 건설하여 도시 빈민의 외곽 이주를 유도했다. 그러나 기존의 도시 빈민은 대부분 도심에 위치한 일자리와 공공시설을 놓치지 않기 위해 도심과 가까운 동네를 사수했고, 신도시들은 인근 시골 주민의 이주를 부추겼을 뿐이었다(나비뭄바이의 경우에는 중간계급 통근자를 양산했을 뿐이었다). 결국 스쿼터와 세입자는 물론 소지주까지도 아무 보상 없이 쫓겨나는 것이 일상적인 일이 되었다. 제3세계 대도시들의 경우, '오스만'이라는 고압적 파놉티콘panopticon의 역할은 흔히 특수 개발대행업체들이 맡게 된다. 세계은행 같은 해외 대부업체로부터 돈을 빌린 이들은 해당 지역의 거부권에는 눈 하나 깜짝하지 않는다. 이들이 하는 일은 도시 빈곤과 저개발의 바다에 떠 있는 사이버모더니티의 섬들을 건설하고 사수하는 것이다.

방갈로르의 사례를 연구했던 도시계획 전문가 솔로몬 벤자민Solomon Benjamin에 따르면, 전략적 의사결정 전반을 지휘하는 특별대책본부는 수상과 대기업의 손아귀에 놓여 있는 반면, 투표로 선출된 지역대표의 발언권은 극히 미미한 정도다. "방갈로르를 또 하나의 싱가포르로 만들고야 말겠다는 정치 엘리트들의 열망은 정착지에 대한 광범위한 강제퇴거 및 강제철거 조치를 낳았고, 도시에서 채산성이 높은 지역에 위치한 소기업 단지가 특히 심한 피해를 입었다. 철거된 부지는 종합기본계획에 의해 대기업을 포함한 고소득 이해집단에 재분배되었다."[17]

델리의 경우에도 개발당국은 50만에 이르는 스쿼터를 대상으로 강제퇴거 혹은 "자발적 이주"를 강요했다(바나시리 차터지미트라Banashree Chatterjimitra에 따르면 당국은 "저소득층 주택부지를 공급한다는 목표를 완전히 뒤집어 중간계급의 가로채기를 허용했다").[18] 시브룩에 따르면, "'인프라'라는 단어는 빈민의 취약한 주택을 대책 없이 밀어내는 만행을 의미하는 새로운 암호"다.[19] 그리고 이 빈민의 수도는 시브룩의 주장에 잔인한 증거를 제공한다. 델리의 야무나 강가에 흉하게 펼쳐진 야무나푸시타Yamuna Pushta는 무려 15만 명이 살고 있는 지극히 가난한 '주기'jhuggi(스쿼터 마을)로서, 주민은 대부분 벵골 이슬람 난민이다. 수많은 저항과 폭동에도 불구하고, 강변 산책로와 관광객 편의시설을 만든다는 명목하에 2004년 강제철거가 시작되었다. 정부가 새로운 '녹색플랜'을 발표하며 국제 사회의 칭찬을 즐기고 있는 동안, 주민들은 약 20km 떨어진 곳에 새로 생긴 변두리 슬럼으로 짐짝처럼 실려가고 있다. 『힌두스탄타임스』 Hindustan Times에 따르면, "주민들을 수도에서 이주시킨 결과, 이주 가구의 평균소득은 약 50% 감소했다". 이에 대한 "공식적인 증거"도 있다.[20] 『아시아타임스』Asia Times는 쫓겨나는 주민의 불만을 인용한다. "도시에 있는 일터까지 통근하는 데 최소한 지금 버는 돈의 절반이 들어간다."[21]

아프리카 도시 지역은 고속도로와 호화단지를 건설하기 위해 주민들에게 대이동을 계속해서 강요해온 것으로 유명하다. (아파르트헤이트의 소피아타운Sofiatown 및 크로스로즈Crossroads 철거 사건에 필적하는) 가장 악명 높고 또 가장 가슴 아픈 사건 가운데 하나는 1990년 라고스의 마로코Maroko 철거 사건이다. 마로코는 레키 반도 습지 끝에 위치한 어촌이다. 1950년대 후반에 "빅토리아 섬과 이코이이Ikoyi가 간척지로 개발되어 유럽 사람들과 부자 흑인들이 들어왔고", 집을 잃은 빈민들은 마로코로 이주하여 개척을 시작했다. 마로코 주민들은 가난했지만 민중적 '삶의 기쁨'joie de vivre과 블랙유머와 화려한 음악으로 유명해졌다. 그런데 1980년대 초반, 그때까지 별다른 주목을 받지 못한 레키 반도가 고소득층 택지 확장을 위한 중요한 부지로 각광받기 시작했다. 1990년에 불도저가 마로코를 쓸어냈고 30만 명이 집을 잃었다.[22] "나이지리아 사람이라면 마로코가 군홧발에 짓밟힐 때 느꼈던 배신감과 추방의 상처를 잊지 못할 것이다. 나이지리아 문학은 이 사건을 시와 극과 산문으로 추억했다."[23] 시인 오디아 오페이문Odia Ofeimun의 말이다.

대니얼 아랍 모이Daniel Arap Moi 치하의 나이로비 당국은 도로로 배정된 공유지에 임대주택을 지을 수 있는 권리를 정치깡패 두목들과 유력한 슬럼 지주들에게 내주었다. 여기에는 키베라 중앙을 가로지르는 60m 정도의 긴 직사각형 부지도 포함되었다. 모이 이후 정권을 잡은 음와이 키바키Mwai Kibaki 대통령은 도시계획의 '질서 회복'이라는 미명하에 30만 명 이상의 세입자와 스쿼터를 쫓아냈다.[24] 강제철거가 이루어지는 동안 주민들 — 이들 중 다수는 사기에 넘어가 이미 도로용 공지가 되어버린 땅을 사는 데에 평생 동안 모은 돈을 투자했다 — 에게는 중무장한 경찰들이 들이닥쳤다. 무장 경찰들은 주민들에게 2시간 내에 집에서 나갈 것을 명령했다.[25]

**표 10** 세계 슬럼 퇴거 사건사[26]

| 연도 | 도시 | 퇴거주민 수 |
|---|---|---|
| 1950 | 홍콩 | 107,000 |
| 1965~1974 | 리우데자네이루 | 139,000 |
| 1972~1976 | 다카르 | 90,000 |
| 1976 | 뭄바이 | 70,000 |
| 1986~1992 | 산토도밍고 | 180,000 |
| 1988 | 서울 | 800,000 |
| 1990 | 라고스 | 300,000 |
| 1990 | 나이로비 | 40,000 |
| 1995~1996 | 양곤 | 1,000,000 |
| 1995 | 베이징 | 100,000 |
| 2001~2003 | 자카르타 | 500,000 |
| 2005 | 하라레 | 750,000+ |

　권력을 쥐고 있는 관료들의 입장에서 보자면, 비싼 땅을 개간하는 문제에 있어서 이념이나 빈민과의 약속 같은 것은 아무래도 좋은 일이었다. 공산주의 정권이 들어선 콜카타의 경우에도, 스쿼터는 도심에서 변두리로 쫓겨났고, 중간계급 분양지가 필요해지면 거기서도 또다시 쫓겨났다. 도시계획자 아나냐 로이Ananya Roy에 따르면, "콜카타는 정착·강제퇴거·재정착이라는 가혹한 순환 과정을 거치면서 도시의 경계가 정해졌다".[27] 앙골라의 집권당인 '앙골라 해방을 위한 인민운동'MPLA, Movimento Popular de Libertação de Angola 역시 한때 '마르크스주의'를 표방하는 정당이었으나 수천 명의 루안다 빈민을 판잣집에서 몰아내면서도 눈 하나 깜짝하지 않았다. 『이코노미스트』Economist 정보분석팀 소속 토니 호지스Tony Hodges의 설명에 따르면, "도시 주민의 80~90%가 분명한 법적 규정이 없는 동네 혹은 건물에서 살고 있다. 〔……〕 도시 주민의 대다수를

차지하는 변두리 슬럼가 주민들의 경우에는 문제가 더 심각하다. 비공식 주거지에 살고 있는 엄청난 수의 스쿼터들은 법적인 문서도 없고 따라서 주거가 보상되지도 않는다. 스쿼터의 상당수가 '데스로카도'deslocado(시골에서 올라온 이주자)다. 이들은 영구적인 퇴거의 공포 속에 살아간다". 이들이 퇴거를 두려워하는 데는 그럴 만한 이유가 있다. 2001년 7월에 지방정부는 루안다 만에 위치한 보아비스타Boavista 슬럼에 무장 경찰과 불도저를 투입하여 1만 가구를 쫓아냈다. 최고급 주택개발 부지를 확보하기 위한 조치였다. 주민 2명이 총에 맞아 숨졌고 나머지는 원래 살던 집으로부터 40km 떨어진 시골로 실려가 집도 절도 없이 버려졌다.[28)]

이념의 잔재와 관행 사이의 모순이 가장 크게 드러나는 나라는 중국이다. 중국은 여전히 '사회주의' 국가로 불리지만, 각종 도시개발 기구들이 역사를 바꾼 수백만의 옛 영웅들을 도시에서 쫓아내도 별다른 문제가 생기지 않았다. 쨩옌Zhang Yan과 팡커Fang Ke는 한 흥미로운 논문에서 중화인민공화국이 주도하는 최근의 재개발과 1950년대 후반에서 1960년대 초반까지 미국에서 진행됐던 도시재개발을 비교한다. 상하이 당국은 1991~1997년 사이 150만 명이 넘는 시민들을 강제이주시키고, 마천루와 호화 아파트와 쇼핑몰과 새로운 인프라를 건설할 부지를 마련했다. 같은 시기 베이징 구시가에서는 거의 100만 명의 주민들이 외곽으로 쫓겨났다.[29)]

덩샤오핑 치하의 중국에서도 재개발은 트루먼 치하의 미국에서 그랬듯이 전통적 구조를 거의 위협하지 않는 것처럼 보이는 시험적 주택 프로젝트로 시작되었다.

그러나 실험의 규모가 커지고 주택재개발이 가속되면서 주택용지 및 비주택용지의 시장가격 거래를 제한할 방도가 없었고, 저렴한 저소득층 주택은 급속히 인기를 잃었다. 개발업자들은 프로그램의 허점을 교묘하게 이용하여 최대한 많은 수의 호화 아파트와 상가를 건설하기 시작했다. 〔베이징〕 후베이쿠Hubeikou 프로젝트의 경우처럼, 원래 주민들이 완전히 밀려난 사례도 있었다. 또 아시아 최대의 종합상가로 우뚝 솟은 '뉴오리엔탈 플라자'에서처럼, 주거용 건물이 1채도 지어지지 않는 사례도 있었다.[30]

## 도시를 아름답게

제3세계 도시 빈민들은 세계의 이목이 집중되는 국제 행사 — 컨퍼런스, 국빈 방문, 스포츠 행사, 미녀 선발대회, 페스티벌 — 를 두려워한다. 이로 인해 당국이 주도하는 도시 대청소가 시작되기 때문이다. 정부는 세계가 자기네 나라의 슬럼을 보는 것을 싫어하고, 슬럼 주민들도 정부가 자기들을 '쓰레기' 내지 '그림자' 취급하는 것을 알고 있다. 1960년 독립기념 행사 기간 동안 나이지리아의 새 정권이 가장 먼저 한 일은 엘리자베스 여왕의 사절로 나이지리아를 방문한 알렉산드리아 공주가 라고스 슬럼을 보지 못하도록 공항로 좌우에 벽을 세운 일이었다.[31] 요즘이라면 슬럼을 갈아엎고 주민들을 도시 바깥으로 쫓아내면 그만일 테다.

마닐라 사람들에게는 이런 식의 '미화 운동'이 특히 심한 공포의 대상이다. 이멜다가 마닐라 시정부를 장악했을 당시, 판자촌 주민들은 세 차례에 걸쳐 퍼레이드 행사장 주변에서 쫓겨났다. 미스유니버스 선발대회가 열렸던 1974년, 미국의 포드 대통령이 방문했던 1975년, IMF/세계은행 회의가 열렸던 1976년이었다.[32] 총 16만 명의 스쿼터가 언론의 시야 바깥으로 밀려났고, 그들 중 다수는 원래 살던 집에서 30km 이상 떨어진 마닐라 외곽에 버려졌다.[33] 뒤를 이어 집권한 코라손 아키노Corazon Aquino의 '국민의 힘' 정부는 더 무자비했다. 아키노 재임 기간 동안 약 60만 명이 재정착 공간도 마련되지 않은 상태로 강제퇴거를 당했다.[34] 조지프 에스트라다Joseph Estrada는 대통령 후보 시절 도시 빈민 주택을 건드리지 않겠다는 공약을 내세웠지만, 아키노의 뒤를 이어 대통령 자리에 오르자 예외 없이 대규모 강제퇴거를 계속해나갔다. 1999년 상반기에만 판잣집 2만 2,000채가 철거당했다.[35] 이어 1999년 11월에 동남아시아국가연합ASEAN 정상회담 준비 과정에서 철거반이 파사이에 있는 다부다부 Dabu-Dabu 슬럼에 투입되었다. 주민 2,000명이 인간 장벽을 만들며 저항하자, M16으로 무장한 특수부대SWAT가 출동하여 4명을 살해하고 20명에게 부상을 입혔다. 집과 세간이 완전히 불에 탔고, 가난한 다부다부 주민들은 하수구 제방 옆 재정착지로 이송되었고, 아이들 사이에는 순식간에 치명적인 전염성 위장병이 퍼졌다.[36]

1965년 미 해군이 마련해준 왕좌에 기어오른 도미니크공화국 대통령 호아킨 발라게르Joaquin Balaguer는 '퇴거대왕'으로 악명을 떨쳤다. 1986년에 권력을 되찾은 이 늙다리 독재자는 콜럼버스의 신세계 발견 500주년과 교황 방문을 기념하여 산토도밍고를 재건하기로 마음먹었다. 유럽의 정부와 재단들로부터 자금을 마련한 그는 도미니크 역사상 유례없는 초대형 프로젝트를 출범시켰다. 콜럼버스 등대, 아르마스 광장, 중간계급의 열도형 신축 분양지 등이 여기에 속했다. 전통적인 도시 저항의 중심지인 이곳을 오스만화化하고 역사에 길이 이름을 남기고 싶었던 그는 도심 북동부에 위치한 거대한 저소득 주택지인 사바나페르디다Sabana Perdida를 향해 공격을 시작했다. 사바나페르디다에서 진행된 연구에 따르면 "프로젝트의 의도는 주택가에 위치한 노동계급 바리오를 외곽으로 밀어냄으로써 불순분자들을 제거하는 것이었다. 1965년 반란과 1984년 폭동의 기억은 이곳 정치적 저항의 중심지를 없애는 것이 좋겠다는 교훈을 주었다".[37]

바리오권리연합이 유엔인권위원회UNCHR의 지원하에 대규모 저항운동을 벌인 결과 산토도밍고 북부는 어렵사리 살아남았지만, 중앙부·남서부·남동부는 대규모 철퇴를 맞았다. 철거에는 군대가 동원될 때가 많았다. 1986~1992년 사이 바리오 40개가 불도저에 쓸려나갔고 주민 18만 명이 살던 집에서 쫓겨났다. 철거에 관한 한 중요한 보고서에서 에드문도 모렐Edmundo Morel과 마누엘 메히아Manuel Mejía는 이러한 철거 운동을 정부의 대對빈민 테러로 규정했다.

> 철거는 집안에 사람이 있는 동안 이루어지는 경우도 있었고, 없는 틈에 이루어지는 경우도 있었다. 군대에 준하는 특공대를 동원해 위협을 가했으니, 집을 포기하지 않을 도리가 없었다. 철거반은 집기를 부수거나 훔쳐갔고, 철거일 바로 전날에야 퇴거 공고를 냈고, 주민들을 납치했고, 임산부와 아이들을 폭행했고, 바리오로 들어오는 수도와 전기와 가스를 끊는 등 온갖 압력 전술을 썼다. 철거반은 주민들을 모욕하고 위협했고 경찰이 판사 행세를 했다.[38]

근대 올림픽은 특히나 어두운, 그러나 거의 알려지지 않은 역사를 갖고 있다. 나치는 1936년 베를린올림픽을 준비하면서 노숙자들과 슬럼 주민들을 베를린 지역에서 무자비하게 쓸어버렸다. 이후 멕시코, 아테네, 바르셀로나 등의 올림픽에서도 도시재개발 및 강제퇴거가 수반되었다. 그러나 가난한 주택소유자, 스쿼터, 세입자에 대한 공권력의 폭력적 진압이 역사상 유례없는 규모로 이루어진 것은 단연 1988년 서울올림픽이었다. 남한의 수도권에서 무려 72만 명이 원래 살던 집에서 쫓겨났다. 한 가톨릭 NGO는 남한이야말로 "강제퇴거가 가상 잔인하고 무자비하게 이루어지는 나라, 남아공보다 나을 것이 없는 나라"[39]라고 했을 정도다.

2008년 올림픽을 준비하는 베이징은 서울의 전철을 밟을 것으로 보인다. "경기장 건설 때문에 원래 살던 집에서 나가게 된 주민만도 35만 명은 될 것이다."[40] 휴먼라이츠워치HRW는 올림픽과 연결되는 애국심을 조종함으로써 베이징 도심에서 자행되는 대규모 강제퇴거와 토지 횡령을 정당화하는 도시계획 공무원과 개발업자 사이의 광범위한 공모에 주목해야 한다고 말해왔다.[41] 안마리 브루더우Anne-Marie Broudehoux가 『마오쩌둥 이후 베이징을 만들어서 팔아먹기』The Making and Selling of Post-Mao Bejing라는 저서에서 주장한 바에 따르면, '국가자본주의' 노선을 따르는 중국에서 빈곤을 해결하는 방법은 빈곤을 실질적으로 줄이는 것이 아니라 빈곤을 "포템킨 전함과도 같은" 포장 뒤로 감추는 것이다. 브루더우의 예상에 따르면, 올림픽을 대비한 도시계획은, 노동계급이 절망적인 아이러니를 느껴야 했던 중국혁명 50주년 기념식의 상처를 똑같이 되풀이할 것이다.

2년이 넘도록 베이징 사람들은 도시의 사회적·물리적 어둠의 은폐를 목적으로 하는 온갖 미화 운동과 여기에서 비롯되는 환경파괴에 시달렸다. 집이 수백 채씩 파괴되었고, 사람들이 수천 명씩 추방당했고, 세금 수십억 위안이 질서와 진보의 껍데기를 만드는 데 허비되었다. 당국이 공들여

계획한 기념식을 매끄럽게 진행하기 위해 1주일에 걸친 축제 기간 내내 수도 베이징의 일상이 완전히 중단되었다. 당국은 아시안게임 개막식 때 그랬던 것처럼, 모든 베이징 주민에게 집안에서 텔레비전을 시청하며 축제 일정을 따를 것을 지시했다.[42]

아시아의 '도시 미화' 프로그램 중에서 조지 오웰의 작품에 등장하는 종류의 획일주의를 가장 잘 보여준 것은 단연 '1996년 미얀마 방문의 해'Visit Myanmar Year 1996 행사다. 헤로인 판매로 재정을 마련한 군부독재는 '미얀마 방문의 해'를 선포한 후 1989~1994년 사이 양곤과 만달레이에서 주민 150만 명(도시 주민 전체의 16%라는 믿기 힘든 규모)을 쫓아냈고, 신속한 퇴거를 위해서 방화를 지원했다. 쫓겨난 주민들은 도시 변두리에 대나무와 짚으로 얼기설기 엮어 만든 오두막집으로 짐짝처럼 실려갔다. 지금 이곳에는 '뉴필즈'라는 민망한 이름이 붙어 있다. 다음에 누가 쫓겨날 것인지는 아무도 모른다. 죽은 사람들도 무덤에서 쫓겨나는 판이다.

『가라오케 파시즘』Karaoke Fascism이라는 책에서 스키드모어는 양곤과 만달레이에서 벌어졌던 잔인한 상황들을 묘사한다. 이는 폴포트가 자행했던 유명한 프놈펜 주민추방 정책*을 연상시킬 정도였다. "도시 내 거리들이 며칠 새에 통째로 사라졌다. 정부는 주민들을 짐짝처럼 트럭에 싣고는 급조된 재정착촌이 있는 주요 도시 바깥 논밭에 내려놓았다. 도시에서는 주택가가 철거되었고 그 자리에 서양인 관광객이나 일

---

* 폴포트 정권은 수많은 지식인·부르주아 계층의 시민을 숙청하는 동시에, 프놈펜 도시민들을 농경지와 시골로 추방했다. 2개월간 200~300만 명의 인구가 '농부'로 신분이 바뀌어 강제이주를 당했다. 기나긴 이동 행군 역시 고된 것이어서 노약자와 환자, 어린이들은 풍토병에 시달리다가 죽기도 했다.

본인 사업가를 겨냥한 골프장 등의 건설공사가 시작되었다. 군 장성들은 주민들이 40년간 살아온 마을을 없앴다. 저항하는 사람들은 체포당하거나 25km 떨어진 징착지로 강제이송되었다."[43]

스키드모어의 주장에 따르면, 이러한 지속적인 주민 이동은 정권의 "공포 정치"의 토대가 되었다. 당국은 "익숙한 건물들을 개명하고 헐고 짓기를 반복하고 위치를 바꾸는 한편으로 군대와 무기를 동원하여 상시적 위협을 가했으며, 이를 통해 양곤에 새로운 공간 구도를 강요했다. 〔……〕 군사위원회는 마을의 민주적 가능성을 억압하고, 도심 슬럼을 철거하고, 권위주의 원칙을 영속화하는 새로운 도심 상가를 만들었다". 전통적인 마을들과 유서 깊은 건물들이 철거된 자리에, 돈 세탁을 거친 마약 자금으로 지어진 유리-콘크리트 고층건물('마약 건축'), 달러만을 취급하는 관광호텔, 탑 모양의 화려한 종합상가 등이 건설되었다. 양곤의 풍경에는 "불교 관광객을 위한 테마파크"와 거대한 병영, 그리고 무덤이 악몽처럼 뒤섞였다. "지도층의 통제와 권위주의적 비전을 찬양하는 풍경이었다."[44]

## 슬럼소탕작전

물론 미얀마 장성들의 도시 정화 전략이 역사상 전례가 없는 것은 아니었다. 서방에서도 이렇듯 사악한 사례를 쉽게 찾아볼 수 있다. 1960~1970년대에 코노수르Cono Sur*의 군부

---

* '남쪽의 뿔'이라는 뜻의 스페인어로 남회귀선(남위 23° 27′) 이하의 라틴아메리카 대륙을 일컫는 말이다. 보통 아르헨티나와 칠레, 우루과이를 포함하며, 때로 파라과이와 브라질 남부를 포함해 쓰기도 한다.

독재정부들은 파벨라와 캄파미엔토campamiento(빈민 수용시설)에 전쟁을 선포했다. 정부가 보기에 이곳은 잠재적 저항의 중심지였고, 최소한 도시 미화의 장애물이었다. 타슈너가 1964년 이후 브라질에 대한 연구에서 말했듯이, "군부 시대의 시작은 권위주의적 태도로 특징지어진다. 군부는 공안 병력의 도움으로 스쿼터 지역을 강제철거했다." 우선 군부는 리우데자네이루가 내려다보이는 언덕에서 80개 파벨라를 밀어내고 14만 명에 이르는 빈민들을 쫓아냈는데, 그러면서 이곳이 마르크스주의 게릴라들의 거점이 될지도 모른다는 근거가 희박한 구실을 내세웠다.[45] 얼마 후 군부는 미국국제개발처USAID, United States Agency for International Development 자금으로 또 다른 파벨라를 쓸어냈다. 산업 확장을 위한 도로를 닦거나 고소득 지역의 주변부를 '미화'하기 위한 것이었다. 독재정부는 "10년 안에 리우데자네이루에서 슬럼을 깡그리 없앤다는 목표"를 달성하는 데는 성공을 거두지 못했다. 다만 부르주아 지역과 파벨라 사이, 경찰과 슬럼 청년층 사이의 갈등에 불을 댕겼을 뿐이었다. 이러한 갈등은 30년 후까지 첨예하게 이어졌다.[46]

한편, 좌파 민중정당의 리더십을 무참하게 짓밟고 정권을 획득한 피노체트 독재정부는 1973년 산티아고에서 아옌데 정부가 묵인했던 판자촌 포블라시오네poblacióne과 카얌파스callampas의 스쿼터 주민들(약 3만 5,000가구)을 쫓아냈고, 이로써 중심 도시의 중간계급 헤게모니를 재구축하려 했다.[47] 공동체 조직론을 연구하는 한스 함스Hans Harms에 따르면, "정부가 내세운 목표는 '도시 안에 균질적인 사회·경제 지역을 조성하는 것'이었다. [……] 30년간의 피노체트 군부독재 기간 동안 마을 조직들이 모두 해산되면서 고립과 공포의 분위기가 조성되었다".[48] 1984년에 정치적 액티비즘이 부활하자, 정권은 불순 세력을 다시 한번 '근절'하기 위해 판자촌 정착민들에게 철거반을 보냈다. 독재정부에 맞선 마을 저항의 역사를 연구한 캐시 슈나이더Cathy Schneider에 따르면, "결과 석으로 철거민과 청년층 가구는 친구들이나 친척들에게 얹혀사는 군식 구가 되었다. 침실 1개를 3명 이상이 사용하는 군식구들은 1965년 25% 에서 1985년 41%로 늘어났다".[49]

반란 대처용 슬럼 철거 전략을 처음 채택한 것은 아르헨티나의 1967 ~1970년 군부 훈타junta였다. 세실리아 사네타Cecilia Zanetta가 지적한 것 처럼, 정부의 '비야데에메르헨시아 철거계획'은 판자촌에 형성됐던 급 진화된 자치정부를 겨냥하는 것이었고, 철거민은 변두리에 재정착하기 전에 의무적으로 '사회 적응' 단계를 거쳐야 했다. 그러나 비공식 정착 지에 강경대응하는 첫번째 군사적 시도는 부분적인 성공에 그쳤다. 1970년대 초에 민간 정부가 복귀하면서 슬럼은 다시 한번 급진적 페론 주의 및 사회주의 소요의 온상이 되었다. 1976년 3월에 권좌로 돌아온 군부는 비야미세리아villa miseria를 완전히 소탕하기로 결정했다. 끔찍했 던 그 기간 동안 집세에 대한 규제가 없어지고, 부에노스아이레스에 있 는 '불법' 정착지의 94%가 철거되고, 빈민 27만 명이 집을 잃었다. 가톨 릭 신도들과 좌파들을 포함한 조직책들은 체계적으로 "실종되었다". 칠 레의 경우와 마찬가지로, 슬럼을 거점으로 한 사회 저항이 무력화되는 과정은 도시 부지가 군부에 넘어가 투기용으로 재활용되는 과정과 일치 했다. 한 연구에 따르면, "철거는 땅값이 더 비싼 수도와 부에노스아이 레스 메트로폴리스 북부에 특히 집중되었다".[50]

이집트에서 1970년대는 국가가 '전복적' 도시 지역을 가혹하게 진 압한 시대였다.[51] 카이로에서 발생한 1977년 1월의 IMF 폭동은 유명한 예이다. 사다트의 신자유주의적 개방 정책인 인피타Infitah가 실패한 후 엄청난 적자가 발생했고, 지미 카터와 IMF는 이집트 대통령에게 적자분을 메우라고 압력을 가했다. 주네브 압도Geneive Abdo 기자에 따르면, "사다트는 보조금 지급을 중단하는 조치를 취하거나 개인소득에 중과세함으로써 부유층을 쥐어짜거나 양단 간에 결정을 해야 했다. 부르주아는 사다트에게 너무나 중요한 지지층이었기 때문에, 국가는 〔빈민의 주식主食에 대한〕 보조금을 절반으로 삭감하는 조치를 취했다".[52] 격노한 카이로 주민들은 경찰서를 공격했고, 5성호텔, 카지노, 나이트클럽, 백화점 등 인피타의 호화로운 라이프스타일을 상징하는 장소들도 공격의 대상이 되었다. 봉기 중에 80명이 사망하고 거의 1,000명이 부상을 당했다.

좌익 죄수들로 감옥을 채운 사다트는(사다트의 이러한 좌익 진압은 이슬람 급진파가 발흥할 토양을 마련했다) 불라크에 위치한 이스하시알투르구만Ishash al-Turguman 슬럼을 "공산주의자들이 우글거리는 도적떼 봉기"의 근거지라면서 잔인하게 짓밟았다. 외신기자들과의 회견에서 사다트는 "이곳은 공산주의자들이 숨어 있는 그야말로 반란의 소굴"인데, 그때까지 "길이 좁아 경찰차가 들어갈 수 없어서 놈들을 잡을 수가 없었다"고 말했다.[53] 인류학자 파르하 간남Farha Ghannam에 따르면, 한창 때의 나폴레옹 3세가 그랬듯이 사다트는 "효과적인 통제와 단속을 위해서 도심 구조를 통째로 바꾸고 싶어했다". 도둑떼로 낙인찍힌 이스하시알투르구만 주민들은 두 무더기로 나뉘어서 각각 다른 변두리 지역으로 쫓겨났고 그들이 살았던 마을은 주차장이 되었다. 불라크 숙청은 카이로를 "로스앤젤레스와 휴스턴처럼" 다시 짓겠다는 엄청난 야심을 실현하기 위한 첫번째 단계였다. 사다트에게는 이러한 소망을 실제로 이행할 시간도 자원도 없었지만 말이다.[54]

1970년대 이후에는 정부들이 슬럼 철거를 범죄소탕의 불가피한 수단으로 정당화하는 것이 흔한 일이 되었다. 실제로 슬럼은 국가가 감시하기 어려운 '파놉티콘 너머'의 장소라는 이유만으로도 위협적인 존재로 간주되었다. 1986년에 잠비아 대통령 케네스 카운다Kenneth Kaunda는 루사카 전역을 철거하고 사람들을 몰아낼 것을 지시하면서, "범죄자의 대다수가 무허가 재정착촌에 은신하는 이유는 이런 곳엔 제대로 된 감시체제가 없기 때문"이라고 말했다.[55]

강제퇴거를 정당화하는 데 식민지 시대의 법률을 이용하는 경우도 적지 않다. 예를 들어, 이스라엘 군대는 요르단 강 서안에서 주민들을 쫓아내고 '테러리스트' 주택을 폭파하면서 영국 법령은 물론 오스만 제국의 법령까지 들먹였다. 쿠알라룸푸르 당국 역시 2005년까지 '슬럼 없는 사회'를 건설한다는 목표하에, 영국인들이 중국인 스쿼터 마을들을 공산주의의 근거지라 주장하며 불도저로 밀어냈던 1950년대 비상사태Emergency 당시의 법령에 근거해 경찰력을 남용해왔다. 쿠알라룸푸르 활동가들의 말을 빌리면, 이 반反내란법의 용도는 정치가들과 개발업자들의 '대규모 토지 횡령'에 봉사하는 것이었다. "1998년까지 쿠알라룸푸르 스쿼터들 절반이 쫓겨났고, 12만 9,000명의 이주민은 220개 정착지에서 궁핍과 공포에 시달렸다."[56] 한편, 다카 정부는 1999년에 폭력조직이 경찰관 1명을 살해한 사건을 구실로 19개의 '범죄 슬럼'을 불도저로 밀어버리고 5만 명의 주민을 거리로 쫓아냈다.[57]

1989년 천안문광장 학살의 구실 중 하나도 베이징 '보안'이었다. 그로부터 6년 후, 베이징 남단의 스프롤 슬럼인 저장 마을에서 무자비한 주민 소개疏開가 강행될 때에도 당국의 해명은 '보안'이었다(작가인 마이클 더튼Michael Dutton에 따르면, '동쪽엔 부자, 서쪽엔 귀족 관료, 남쪽엔 그저 가난'이라는 베이징 옛말도 있듯이, "전통적으로 베이징 남단은 빈민 지역이다).″⁵⁸⁾ 10만 명이 넘는 슬럼 주민은 대부분 저장성의 원저우 출신인데, 원저우는 주민들의 사업 수완이 뛰어나고 농사 지을 땅이 부족한 것으로 유명한 곳이다. 주민 대다수가 교육 수준이 낮은 청년층이자 공민증이 없는 '망류'들이다. 이들은 농부들로부터 임대한 오두막에 살면서 혈연 기반의 폭력조직에서 운영하는 착취 공장에 다닌다. 베이징의 값싼 겨울옷과 가죽제품이 이곳에서 생산된다.⁵⁹⁾ 정치학자 도로시 솔링어 Dorothy Solinger에 따르면, 저장 마을에서 "재봉틀 4~5대, 어른 4~5명, 아이 최소한 1명, 침대 2~3개가 10m² 크기의 방 1칸에 밀집되어 있는 것은 흔한 일이다".⁶⁰⁾

1995년 11월 초순에 시작되어 2달 동안 계속된 강제적인 슬럼 철거는 군사작전의 연장이었다. 5,000명의 무장 경찰과 고위당직자가 관련되었고, 당중앙위원회와 최고회의 의원들이 전체 기획을 담당했다. 저장성은 오랫동안 폭력조직·약물·범죄·성병이 횡행한다는 낙인이 찍혀 있었다. 그러나 솔링어에 따르면, 저장 마을 철거는 "도시로의 불법 진입을 시도하는 모든 자들에 대한 경고로서 〔……〕 최고회의에서 리펑李鵬 총리가 결정한 것이었다." 그 결과 9,917채의 집이 무너졌고 1,645개의 '불법' 사업(삼륜택시에서 진료소까지)이 문을 닫았고 1만 8,621명의 '불법' 주민이 쫓겨났다.⁶¹⁾ 솔링어에 따르면, "망류 노동자들은 이처럼 극적인 철거가 있고 나서 몇 달 만에 원래 살던 곳으로 돌아왔다".⁶²⁾

저장 마을 철거의 사례가 보여주듯, 대규모 슬럼 철거는 행상과 비공식 노동자에 대한 억압과 동시에 진행될 때가 많다. 자카르타의 강성 주지사로 악명을 떨쳤던 수티요소Sutiyoso 장군은 아시아 빈민의 인권을 유린하는 데 있어서는 미얀마 군부에 버금가는 인물이다. 수하르토 독재정권하에서 반대 세력을 박해한 것으로 유명한 수티요소는 2001년 이후 자카르타에서 행상, 거리악사, 노숙자, 삼륜택시를 없애고, 비공식 캄 풍까지 없애는 것을 자신의 사명으로 삼았다. 대기업, 초대형 개발업자, 그리고 최근에는 메가와티 수카르노푸트리Megawati Sukarnoputri 대통령까 지 가세하여 수티요소의 계획을 지원했고, 덕분에 그는 5만 넝 이상의 슬럼 주민을 쫓아내고 3만 4,000명의 삼륜택시 운전사의 직업을 빼앗 고 2만 1,000개의 노점을 부수고 수백 명의 거리악사를 체포할 수 있었 다. 그가 내세우는 목표는 자카르타(인구 1,200만)를 '제2의 싱가포르' 로 만드는 것이다. 그러나 도시빈민연합 등 민중적 반정부 세력의 주장 에 따르면, 수티요소 주지사가 슬럼 철거를 강행하는 유일한 목적은 자 신의 정치적 끄나풀들에게 앞으로의 개발에 대한 독점권을 주려는 것 이다.[63]

슬럼 주민들 중에는 개발을 가로막는 '범죄'를 저지르는 이도 있고, 겁도 없이 민주주의를 실천하는 우를 범하는 이도 있다. 부패로 얼룩진 2005년 짐바브웨 선거가 끝난 후에, 로버트 무가베Robert Mugabe 대통령은 분노의 화살을 하라레와 불라와요에 세워진 노점상과 판자촌으로 돌렸 다. 이곳의 빈민들 다수가 반대당인 민주변혁운동MDC, Movement for Democratic Change을 지지한 데 대한 보복 조치였다. 5월 초에 시작된 그 이름도 불길한 '무람바스비나' 작전('쓰레기처리' 작전)의 제1단계는 시내 서른 네 군데 벼룩시장에 대한 공권력의 일제 공격이었다. 한 경찰관리는 부 하들에게 다음과 같이 지시한 것으로 알려졌다. "내일부터 내 책상에 대 인발포 기록을 갖다놔라. 대통령께서 이 작전을 전력 지원하고 계시니 까 아무 걱정 마라. 이 작전을 전쟁이라고 생각해라."[64]

경찰은 정말로 이 작전을 전쟁이라고 생각했다. 경찰은 가판대와 재 고품에 대한 체계적인 방화와 약탈을 자행했고, 1만 7,000명이 넘는 상인들과 미니버스 운전자들을 체포했다. 1주일 후 경찰은 MDC 본거지의 판잣집들을 불도저로 밀어버렸고, 이와 함께 치모이Chimoi, 냐드조니오Nyadzonio 등 재개발 예상 지역에 위치한 친親무가베 슬럼까지 밀어버렸다. 하라레 서쪽에 위치한 하트클리페 광역구에서는 경찰이 수천 명의 판자촌 주민들을 쫓아냈다. (주민들이 처음 이곳 판자촌에 들어온 것은 1990년 초 여왕 엘리자베스 2세의 방문을 즈음하여 '환경미화' 운동이 자행되었기 때문이었다.) 7월 중순까지 70만 명 이상의 슬럼 주민—공식 용어로는 '인간쓰레기' — 이 집에서 쫓겨났고, 저항을 시도하는 사람들은 어김없이 사살당하거나 구타당하거나 체포당했다.[65] UN 조사관들이 알아낸 바에 따르면, "막대한 피해가 있었고 특히 과부들, 미혼모들, 아이들, 고아들, 노인들, 장애인들이 상당한 피해를 입었다". 코피 아난 당시 UN 사무총장은 '무람바스비나 작전'을 "재앙에 가까운 불의"로 규정하고 비난했다.[66]

짐바브웨 대학교의 반체제 사회주의자 브라이언 라프토풀로스Brian Raftopoulos는 무가베의 도시 빈민 인종청소를 이언 스미스Ian Smith 치하 식민지 시대에 있었던 끔찍한 정책들에 비교한다.

옛날 식민지 시대와 마찬가지로, 현 정권 역시 도시에서 범죄와 궁핍을 몰아내고 '질서를 회복해야 한다'고 말해왔다. 이런 말로 문제를 해결할 수 없는 것도 옛날과 마찬가지다. 〔……〕 도시 빈곤의 저변에는 노동 재생산 위기가 깔려 있기 때문이다. 현 경제 정책은 도시 노동자의 생계를 안정시키는 데 실패를 거듭해왔다. 노동과 생계의 관계는 1980년보다 지금이 더 취약하다. 실질임금이 하락하고 식료품 가격이 오르고 사회임금이 대폭 삭감되면서, 노동계층이 상당한 타격을 입었기 때문이다. 〔……〕

1980년 이후는 물론 그 이전에도, 수도 운영이 이처럼 파행으로 치달았던 적은 없었고 대다수 주민이 이처럼 무시당했던 적도 없었다.[67]

## 그들만의 도시

제2제정기 파리의 경우와는 달리, 오늘날 '오스만화'의 목표는 상류층을 위한 도심 공간을 확보하는 것이다. 배은망덕한 상류층은 교외로 떠나려고 짐까지 쌌는데 말이다. 빈민층은 도심 주택에서 쫓겨나지 않으려고 처절하게 저항하는 반면에, 부유층은 기존의 주택가를 버리고 외곽의 폐쇄형 초호화 주택단지로 옮겨간다. 카이로의 자말렉Zamalek, 아비장의 리비에라Riviera, 라고스의 빅토리아아일랜드Victoria Island 등 기존의 황금 해안들이 인기를 잃은 것은 아니지만, 1990년대 초반이 지나면서 제3세계 변두리에는 외부인의 출입을 통제하는 폐쇄형 교외 주택단지가 폭발적으로 성장하는 경향이 나타났다. 중국도 예외가 아니다. 폐쇄형 주택단지가 "최근 도시계획 및 도시 설계에서 가장 의미 있는 개발"이라는 말은 어쩌면 중국에 가장 잘 들어맞는 말이다.[68]

이러한 '외계'off world — 영화 〈블레이드러너〉Blade Runner에 나오는 용어다 — 개발은 캘리포니아 남부를 모방하는 경우가 많다. 비벌리힐스는 우편번호 90210을 사용하는 지역을 가리키는 이름이 아니다. 카이로 외곽에도 '유토피아'와 '드림랜드'와 함께 '비벌리힐스'가 있다. 도시에는 빈곤과 폭력과 근본주의 이슬람 정치 세력이 만연해 있는 것 같지만, 비벌리힐스라는 이 부유한 사유私有도시 주민들은 그런 모든 현실에 눈과 귀를 막은 채로 안락하게 살 수 있다.[69] 또 베이징 북부 외곽에도 '오렌지카운티'가 있다. 이곳은 100만 달러짜리 캘리포니아식 저택들이 끝없이 이어진 폐쇄형 사유지로, 뉴포트 출신 건축가의 설계와 마사 스튜어트Martha Stewart*의 인테리어를 자랑한다. 이곳 교외 개발업자가 미국 기자에게 설명한 것처럼, "오렌지카운티는 미국 사람들에게는 지명이지만 중국 사람들에게는 상표다. 조르지오아르마니가 상표인 것처럼 말이다".[70] 베이징 북쪽에는 신축 6차선 수퍼 고속도로에 걸쳐 '롱비치'도 있다. 『뉴욕타임스』에 따르면, 롱비치는 중국에 있는 가짜 로스앤젤레스의 핵심이다.[71] 홍콩에도 '팜스프링스'가 있다. 이곳은 경비가 삼엄한 폐쇄형 주택가로 부유한 주민들이 "테니스를 즐기거나 테마파크를 산책할 수 있다. 디즈니 연재만화에 나오는 주인공들이 가짜 그리스 열주들과 신고전주의 정자들 사이를 누빈다". 도시이론가 로라 루게리Laura Ruggeri에 따르면, 이곳의 부유한 주민들은 호화로운 2가구 연립식 대저택에 살면서 유유자적 수입산 캘리포니아 라이프스타일을 즐기는 반면에, 여기서 일하는 필리핀 가정부는 지붕 위에 있는 닭장 같은 헛간에서 잠을 잔다.[72]

방갈로르는 팰러앨토와 서니베일의 라이프스타일을 재창조한 것으로 유명하다. 교외 서쪽에는 스타벅스와 멀티플렉스까지 있다. 도시계획자 벤자민에 따르면, 부유한 국적포기자(공식 명칭 '비거주 인도인'non-resident Indians)는 캘리포니아식으로 살고 있다. "외부인의 출입이 제한된 '농장형' 주택가와 아파트단지에는 개인 수영장과 헬스클럽, 담장을 온통 둘러싼 경비시설, 24시간 예비전력, 이용자를 제한하는 클럽 시설 등

---

* 살림 관련 책을 출판해 억만장자가 된 사업가이자, '살림의 최고 권위자'로 통하는 인물. 후에 증권사기, 허위진술 등의 혐의로 기소되고 유죄 판결을 받아 징역을 살기도 했다.

을 갖추었다."[73] 자카르타 서쪽에 위치한 탕게랑 구역의 리포카라와치 Lippo Karawaci는 이름은 미국식이 아니지만, 그것만 빼고는 미국 서부 해안과 똑같다. 병원, 쇼핑몰, 영화관, 스포츠클럽과 골프클럽, 고급 식당, 대학 등 자족적 인프라를 갖추었고, 일부 내부인의 출입까지 봉제하는 '완전보호구역'도 존재한다.[74]

경비시설을 갖추고 외부의 침입을 막는 것은 강박적 현상인 동시에 보편적 현상이다. 마닐라에서 부유한 주택소유자 연합들은 도심은 물론 교외에서도 도로상에 바리케이드를 치고 슬럼 철거를 요구하는 시위를 벌인다. 베르너가 묘사하는 로욜라하이츠Loyola Heights 지역의 풍경을 보자.

철문, 노상 바리케이드, 검문소 등으로 이루어진 정교한 보안체제는 해당 지역의 경계를 표시한다. 이를 통해 폐쇄형 주택가는 적어도 야간에는 도시의 나머지 지역과 단절된다. 생명·신체·재산에 대한 위협을 예상하고 이를 차단하는 것은 부유한 주민들의 공통된 관심사다. 주택들 주위로 높은 담장이 세워지고, 담장 위에 유리조각과 가시철조망이 박히고, 창문마다 육중한 철망이 설치되었다. 주택은 그야말로 요새로 변했다.[75]

아그볼라는 라고스의 요새화된 라이프스타일을 '공포의 건축'이라고 부른다. 제3세계는 물론 제1세계 일부 지역에서도 이러한 건축양식을 그리 어렵지 않게 발견할 수 있다. 그러나 전 세계에서 이러한 건축양식이 가장 발달한 곳은 남아프리카, 브라질, 베네수엘라, 미국 등 사회경제적 불평등이 가장 심한 대규모 도시 사회다.[76] 요하네스버그에서는 넬슨 만델라가 대통령에 취임하기도 전에 이미 대규모 사업체와 부유한 백인 주민이 도심을 피해 샌드턴Sandton, 랜드버그Randburg, 로즈뱅크Rose-bank 등 북부 교외로 옮겨갔고, 이렇게 형성된 교외 지역의 삼엄한 경비는 미국 '가장자리도시'와 맞먹을 정도가 되었다. 이처럼 변두리로 뻗어나간 교외 진지laager에서는 외부인의 출입을 제한하는 출입구와 폐쇄형 주택단지와 노상 바리케이드를 늘상 목격할 수 있다. 인류학자 안드레 체글레디Andre Czegledy에 따르면 이런 지역에서 '경비'는 이미 부조리의 문화가 되었다.

> 높은 방어장벽 위에 쇠꼬챙이나 날카로운 철조망을 설치할 때가 많고, 최근에는 비상경보와 연결된 전기철조망을 설치하기도 한다. 휴대용 '비상버튼'과 집에 설치된 경보장치는 '무장대응' 경비회사로 연결된다. 어느 날 한 동료와 함께 웨스트딘Westdene이라는 북부 교외의 중간계급 주택가를 지나갈 때였다. 당시에 목격한 한 장면으로 나는 이곳의 암묵적 폭력의 초현실적 본질을 적나라하게 실감했다. 길가에 동네 경비회사의 미니밴이 세워져 있었는데 차체의 측면에 커다란 글씨로 이렇게 써 있었다. '무기와 폭탄으로 대응합니다.' 세상에, 폭탄이라니?[77]

그러나 케이프타운의 초호화 교외 지대인 서머셋웨스트Somerset West의 경우에는 아파르트헤이트 직후에 세워졌던 요새 주택들이 없어지고, 각종 경비기기를 제거한 좀더 선량해 보이는 주택이 들어서고 있다. '안전마을'이라고 불리는 이러한 우아한 주택단지의 비밀은 단지 전체를 견고하게 둘러싼 첨단 전기장벽에 있다. 1만v의 전류가 흐르는 이 장벽은 원래 사자가 가축을 공격하는 것을 막기 위해 고안된 것인데, 침입자가 장벽에 접근하다 감전되면 불구가 되지만 죽지는 않는다고 한다. 전 세계적으로 이런 유의 경비 테크놀로지에 대한 수요가 급증하면서, 남아공의 수많은 전기장벽 회사들은 '교외 경비' 수출시장을 개척하기를 희망하고 있다.[78]

브라질에서 미국화·요새화된 가장자리도시 가운데 가장 유명한 곳은 상파울루 북서쪽 사분면에 위치한 알파빌Alphaville이다. '알파빌'이라는 이름은 장 뤽 고다르Jean Luc Godard가 1965년에 만든 디스토피아 영화에 나오는 암울한 신세계의 이름을 (변태적으로) 빌려온 것이다. 이 완벽한 사유도시에는 대형 사무단지와 고소득층 쇼핑몰과 장벽으로 둘러싸인 주택가가 들어서 있으며, 800명이 넘는 사설 경비들에 의해 안전하게 보호받고 있다. 테레사 칼데이라Teresa Caldeira는 브라질에서 도시 공간이 군대화되는 현상을 연구한 『장벽도시』City of Walls라는 유명한(그리고 유명해 마땅한) 저서에서 이렇게 말했다. "'삼엄한 경비'는 광고에서 빠지지 않는 이곳의 주된 자랑거리이자 이곳의 모든 관계자를 사로잡고 있는 강박관념이다."[79]

요하네스버그와 상파울루의 가장자리도시는 (방갈로르와 자카르타와 마찬가지로) 자족적인 '외계도시'다. 전통적인 도심의 소매상점과 문화시설 대부분을 포함할 뿐 아니라 대규모 고용 기반을 포함하기 때문이다. 좀더 순수한 주택가의 경우 고속도로 건설은 (북아메리카와 마찬가지로) 풍요로운 교외 건설의 필수조건이다. 라틴아메리카 연구자 데니스 로저스Dennis Rodgers가 니카라과의 수도인 마나과의 엘리트에 대해 말한 것처럼, "사설 경비업체에 의존하는 안전 공간이 생존 가능한 '체계'가 될 수 있는 것은 이들 안전 공간이 서로 연결되어 있기 때문이다. 이런 '요새화된 네트워크'가 출현할 수 있었던 가장 큰 이유는 지난 5년 동안 보수 상태도 좋고 가로등 시설도 좋고 속도 내기도 좋은 전략적 도로망

이 개발된 것이라고 말할 수도 있다".[80]

계속해서 로저스는 보수적 성향의 시장(1996년에는 대통령이 되었다) 아르놀도 알레만Arnoldo Alemán의 신新마나과Nueva Managua 프로젝트에 대해 논의한다. 알레만 시장은 혁명적인 벽화들을 철거하고 노점상들과 스쿼터들을 괴롭힌 것으로는 성에 차지 않았는지, SUV를 운전하는 부자들의 안전을 세심하게 배려하는 새로운 도로 체계를 만들었다.

> 원형교차로roundabout가 설치되면 〔……〕 차가 멈출 일이 줄어들고 따라서 자동차 강도의 위험도 줄어든다. 결국 원형교차로를 설치한 목적은 자동차 강도의 위험을 줄이려는 것이었다. 한편 우회로를 설치한 일차적 목적은 이른바 우범지대를 통과할 필요를 없애는 것이었다. 〔……〕 도로공사는 주로 도시 엘리트 생활권을 연결하는 방향으로 진행되는 듯하다. 마나과에서 도시 엘리트〔원문: 친親산디니스타〕와 무관한 지역의 도로는 거의 전부 방치되어왔다.[81]

부에노스아이레스의 경우에도, 민자民資 고속도로 덕분에 부자들은 이른바 '컨트리'(컨트리클럽 저택)에 주택을 마련하고 도심에 위치한 사무실로 편리하게 통근할 수 있다. 광역 부에노스아이레스에도 노르델타Nordelta라는 이름의 대규모 가장자리도시가 있는데, 앞으로도 계속해서 운영 재정을 확보할 수 있을지는 미지수다.[82] 라고스에서는 인구가 조밀한 슬럼을 관통하는 고속도로를 건설함으로써 아자흐Ajah라는 부유한 교외에 거주하는 사업가와 공무원의 편의를 도모했다. 이런 유의 네트워크의 예는 셀 수 없이 많다. 로저스의 지적에 따르면, "메트로폴리스를 뭉텅이로 잘라내 도시 엘리트 전용 공간을 만들 때의 공적공간public space 잠식비율은 〔······〕 요새화된 폐쇄형 주택가를 건설할 때보다 훨씬 크다." [83]

우리가 여기서 다루는 문제는 메트로폴리스 공간이 근본적으로 재편되면서, 부유층과 빈민층의 교류가 급격히 감소하고 있다는 점이다. 기존에 있었던 계층간 차별분리 문제나 도시 공간의 파편화 문제는 여기에 비하면 아무것도 아니다. 최근 몇몇 브라질 작가들은 '중세 도시로의 회귀'를 말하지만, 중간계급이 공적공간 — 그리고 빈민층과 공유하는 최소한의 시민 생활 — 으로부터 이탈하는 현상에는 그보다 훨씬 큰 사회적 의미가 함축되어 있다. [84] 안토니 기든스Anthony Giddens에 이어 로저스 역시 공간 재편의 핵심 과정을 엘리트 활동이 해당 지역의 물리적 맥락에서 '귀속탈피'disembedding하는 현상으로 파악했다. 여기서 '귀속탈피'는 빈곤과 사회 폭력이라는 숨막히는 매트릭스를 외면하고 사이비 유토피아를 세우려는 시도를 뜻한다. [85] 홍콩 팜스프링스에 대한 논의에서 루게리는 오늘날 제3세계의 뿌리 없는 엘리트가 '진짜 같은 모조품 인생'을 추구하는 현상을 강조한 바 있다. 이들의 모델은 신비화된 캘리포니아 서부의 텔레비전 이미지다. "〔이들에게〕 성공의 조건은 선을 긋는 것, 즉 평범한 풍경에서 떨어져 나오는 것이다." [86]

요새화된 폐쇄형 테마파크 주택단지와 가장자리도시는 자국의 사회적 풍경에서 이탈하여, 디지털 세계화의 하늘을 떠다니는 사이버캘리포니아로 통합된다. 여기서 필립 K. 딕Philip K. Dick을 떠올리지 않기는 어렵다. 시브룩에 따르면, 이러한 "도금된 새장"에 살고 있는 제3세계 도시 부르주아 계급은 "자국의 영토를 벗어나 '돈'이라는 초영토superterrestrial에 속하는 유목민이 되었다. 그들은 '부'라는 나라의 애국자, 잡힐 듯 잡히지 않는 황금 유토피아의 민족주의자다". [87]

한편, 현실에 발붙이고 살아가는 도시 빈민들은 진흙탕 같은 슬럼의 생태 속에서 절망적으로 허우적거리고 있다.

# 슬럼의 생태학

*메트로폴리스를 향해 떠났던 사람들은 사막으로 떨어졌다.*
— **페페 칼레**

    세계 최악의 풍수風水에 시달리는 곳은 부에
노스아이레스 외곽에 위치한 '비야미세리아'다. 원래 이 땅은 "바닥난
호수, 쓰레기장, 공동묘지 등으로 이루어진 범람지대" 였다.[1] 생명과 건
강을 위협하는 곳에 위치해 있다는 것은 스쿼터 정착지의 전형적인 특
징이다. 배설물로 막혀버린 마닐라의 파시그 강 유역에 아슬아슬하게
떠 있는 수상 바리오와 "해마다 집들이 통째로 홍수에 쓸려가기 때문에
가재도구마다 자기 대문번호를 일일이 새겨놓아야 하는" 비자야와다의
부스티도 예외가 아니다.[2] 스쿼터가 생명 및 신체의 안전과 공중보건을
포기하는 대가로 얻는 것은 2~3m²의 땅 뙈기, 그리고 강제퇴거의 걱정
없이 살 수 있는 주거의 안정이다. 스쿼터는 습지, 범람지대, 화산 기슭,
불안정한 경사면, 쓰레기장, 화학폐기물 처리장, 철도변, 사막 가장자리

를 개척하여 정착한다. 시브룩은 다카에 갔다가 작은 슬럼 하나를 보았다. "(이곳은) 침식, 사이클론, 홍수, 기근, 혹은 (좀더 새로운 불안요소인) 개발 때문에 집을 잃은 사람들의 피난처"였는데, 유해물질을 배출하는 공장과 독성물질에 오염된 호수 사이의 아슬아슬한 돌출지대에 위치해 있었다. 이런 곳에 산다는 것은 그야말로 '파우스트의 거래'였다. 이곳은 너무 위험하고 흉물스럽다는 바로 그 이유로 "도시의 땅값 상승에 영향을 받지 않을 수 있었다".[3] 도시의 생태환경에서 이런 유의 부지는 가난한 자들을 위한 틈새다. 극빈층 주민이 재난과 동거하는 것은 선택이 아니라 필연이다.

## 재난과의 동거

        슬럼은 우선 토질이 나쁘다. 예를 들어, 요하네스버그 외곽의 판자촌은 여러 세대에 걸쳐 오염된 백운석 지대에 세워졌다. 유색인 주민의 절반 이상이 독성폐기물 매립지나 만성적인 지반붕괴 지역에 살고 있다.[4] 벨루오리존치를 비롯한 브라질 도시의 산비탈 파벨라는 심하게 풍화된 라테라이트 지대에 위치하기 때문에 산사태로 인한 대형참사의 위험이 높다.[5] 1990년 지형조사에서 밝혀진 바에 따르면, 상파울루 파벨라의 1/4이 가파른 산비탈이나 침식의 위험이 있는 강변에 위치한다. 스쿼터의 16%가 바로 지금, 혹은 조만간 "생명이나 재산, 혹은 둘 다를 동시에 잃을 위험에 처해 있다".[6] 리우데자네이루의 좀더 유명한 파벨라는 불안정한 화강암 돔과 산비탈에 위치해 있으며, 실제로 대형참사가 빈번하게 발생한다. 1966~1967년 산사태로 2,000명이 사망했고, 1988년에 200명, 2001년 성탄절에 70명이 사망했다.[7] 한편 2차 세계대전 이후 미국에서 최악의 자연재해가 일어난 곳은 마마예스Mamayes다. 푸에르토리코의 폰세가 내려다보이는 아슬아슬한 산비탈에 세워진 이 달동네 판자촌에서 폭우에 잇따른 산사태로 약 500명이 사망했다.

2005년 현재 인구 520만 명을 기록한 카라카스는 토양지질학자의 '퍼펙트스톰'[해일을 동반하는 폭풍처럼 여러 요인이 시너지를 일으켜 엄청난 피해를 야기하는 대형 참사를 빗댄 표현—옮긴이]이다. 도시인구의 거의 2/3가 거주하는 슬럼은 지진이 수시로 일어나는 카라카스 계곡의 불안정한 경사면에 위치해 있다. 처음에는 울창한 삼림 덕분에 무른 편암 지형(심하게 풍화됨)이 그런대로 안정되어 있었지만, 벌목과 깎아메우기cut-and-fill 건축으로 인해 경사면이 안정을 잃었고, 이로 인해 대형 산사태가 엄청나게 증가했다. 1950년 이전까지 10년에 1번 미만 꼴로 일어나던 산사태가 지금은 매달 평균 2회 이상 발생한다.[8] 그러나 토질이 아무리 악화되어도 스쿼터가 산비탈이나 선상지扇狀地나 규칙적으로 범람하는 협곡에 아슬아슬하게 둥지를 트는 것을 막지는 못했다.

1999년 12월 중순, 엄청난 폭풍이 베네수엘라 북부, 특히 아빌라 산을 강타했다. 땅이 이미 흠뻑 젖어 있는 상태에서 불과 2~3일 동안 연평균 강수량에 육박하는 집중호우가 쏟아졌다. 지역에 따라서는 '1,000년 만의 폭우'였다.[9] 갑작스러운 홍수와 산사태로 인해 카라카스(특히 아빌라 산맥 반대편의 카리브 해 연안)에서 약 3만 2,000명이 사망했고, 14만 명이 집을 잃었고, 20만 명이 일자리를 잃었다. 180만 톤의 바위들이 쏟아져 내리면서 카라바예다 해변 휴양지가 완전히 초토화되었다. 바위들 중에는 집채만 한 것들도 많았다.[10] 한 가톨릭 고위 성직자는 우고 차베스Hugo Chávez가 선거에 이겨서 하느님이 노하신 것이라고 말했고, 그

말을 들은 외무장관 호세 빈센테 랑헬Jose Vicente Rangel은 "복수의 대상으로 가장 가난한 동네를 택했다면, 그것은 잔혹한 하느님"이라고 응수했다.[11]

카라카스 지역의 재난이 산사태라면, 마닐라 메트로폴리스의 재난은 잦은 홍수다. 3개의 강에 둘러싸인 반半충적평야에 위치한 마닐라는 호우와 태풍에 취약한 천연의 저습지低濕地다. 1898년 이후 미국 식민당국은 운하를 파고 조수의 영향을 받는 수로水路에서 토사를 파올리고 양수장을 설치했다. 홍수가 나면 배수를 시켜 도심을 보호하려는 조치였다. 그러나 최근 운하 체계에 문제가 발생했다. 하수도와 수로에 쓰레기가 엄청나게 쌓였고(파시그 강 바닥에 3.7m 높이의 쓰레기 더미가 쌓여 있는 것으로 추정된다),[12] 과도한 지하수 개발로 지반이 내려앉았고, 마리키나와 로드리게스(몬탈반)를 가르는 경계 지역의 산림이 파괴되었고, 무엇보다 판자촌이 계속해서 습지대를 잠식해 들어갔다. 요컨대 주택위기로 인해서 홍수 문제는 그 성격과 규모가 완전히 달라졌다. 인구의 1/5이 정기적으로 생명과 재산을 잃을 수 있는 위험에 노출되어 있다. 예를 들어, 1998년 11월 홍수로 30만 명 이상이 집을 잃거나 상당한 파손을 감수해야 했고, 타틀론Tatlon이라는 스쿼터 마을 전체가 6m가 넘는 물에 잠겼다. 또 2000년 7월에 발생한 태풍과 호우로 인해 케손시티의 파야타스Payatas 슬럼의 악명 높은 '쓰레기 산'이 완전히 무너져 판잣집 500채가 파묻혔고 최소한 1,000명이 목숨을 잃었다(일본 영화감독 히로시 시노미야四 / 宮浩는 파야타스를 주제로 여러 편의 훌륭한 다큐멘터리 영화를 만들었다).[13]

카라카스와 마닐라의 사례는 빈곤이 어떻게 지질과 기후의 위험요소를 악화시킬 수 있는가를 잘 보여준다. 도시 환경의 취약함, 즉 **위험도**

를 계산하는 방법은 **위험요소**(자연재해의 빈도와 규모)와 **자산**(위험요소에 노출된 인구와 주택)과 **취약도**(건물의 물리적 특징)를 곱하는 것이다. 즉 '위험도=위험요소×자산×취약도'이다. 도시 환경에는 언제나 자연적 위험요소가 수반되지만 비공식 도시화는 이러한 위험요소를 엄청나게 배가시킨다(재난의 규모가 10배 이상 늘어날 때도 있다). 1988년 8월에 폭풍우와 나일 강의 범람으로 80만 명의 가난한 하르툼 주민이 집을 잃은 참사는 그에 대한 교과서적 사례를 제공한다. 과학자들의 지적에 따르면, 불어난 강물의 수위는 1946년 최고수위보다 낮았는데 피해 규모는 거의 **10배**에 이르렀다. 그 이유는 범람원에 배수로가 설치되지 않은 상태에서 슬럼이 무질서하게 뻗어나갔기 때문이다.[14]

로스앤젤레스와 도쿄같이 위험요소가 많은 곳에 위치한 부유한 도시는 지질학적 위험도나 기상학적 위험도를 줄이기 위해서 대규모 공공사업이나 토목공사를 지원한다. 산사태를 막기 위해 보강토, 건나이트[압축기로 분사하여 바르는 뿜칠 콘크리트 혹은 시멘트—옮긴이], 록볼트[암반에 사용하는 지지 도구로 구멍을 뚫은 암반에 꽂아넣는다—옮긴이] 등을 이용할 수 있고, 광범위한 피해가 발생하는 경우 국영 홍수보험과 화재보험 및 지진보험의 공동 자원으로 가옥을 보수 내지 재건할 수 있다. 반면에 먹을 물과 변소 시설도 갖춰지지 않은 제3세계 슬럼의 경우, 고비용 공공사업을 통한 보호나 재난보험을 통한 보상을 기대하기는 어려울 듯하다. 각종 연구에 따르면, 외채와 이로 인한 "구조조정" 때문에 "생산과 경쟁과 효율 사이의 사악한 타협이 강요되고, 재난에 취약한 주거지는 불리한 상황에 처한다".[15] '취약도'는 정부가 환경 안전을 체계적으로 방치했다는 사실 그 이상도 그 이하도 아니지만, 정부가 상황을 방치하는 배경에는 국제금융 기관의 압력이 도사리고 있을 때가 많다.

한편, 국가의 개입 자체가 위험도를 배가시킬 수도 있다. 2001년 11월, 알제에서는 홍수로 강물과 진흙이 범람하는 사태가 발생하여 밥엘쿠에드, 프레발통Frais Vallon, 보프레지에Beaux Fraisier 등의 빈민가가 초토화되었다. 36시간 동안 쏟아진 호우로 산기슭 판잣집들이 쓸려갔고, 저지대 임대주택 마을들이 물에 잠겼고, 최소한 900명이 목숨을 잃었다. 당국은 늑장 대응으로 일관했고 구조 작업은 지역 주민들, 특히 청년들의 주도로 진행됐다. 3일 후 압델 아지즈 부테플리카Abdel Aziz Bouteflika 대통령이 뒤늦게 모습을 드러내자, 분노한 주민들은 반정부 구호를 외치며 반감을 표했다. 부테플리카는 피해자들에게 이렇게 말했다. "재난은 하느님의 뜻이다. 하느님의 뜻을 거역할 수는 없다." [16]

이게 말도 안 되는 소리라는 사실은 지역 주민들도 잘 알고 있었다. 토목기사들이 지적한 것처럼, 산기슭 주거지에 재난이 닥치리라는 것은 충분히 예상했던 일이었다. "집들은 구조가 약해서 비가 많이 오면 무너질 수 있었다. 전국적으로 이런 유의 가옥들이 비로 인해 많은 피해를 입었다. 낙후되고, 제대로 보수되지 않았고, 오래되고, 제대로 관리되지 않았기 때문이다." [17] 더 정확히 말하자면, 집들이 붕괴한 직접적인 원인은 당국이 이슬람 게릴라를 상대로 전쟁을 벌였기 때문이었다. 정부는 반란 세력의 은신처를 없애고 도주로를 막기 위해 산기슭의 나무들을 베어내고 하수도를 봉쇄했다. 사회과학자 아체디네 라야치Azzedine Layachi에 따르면, "배수로가 막히면서 빗물이 빠질 곳이 없었다. 또 부패한 당국은 강바닥에 주택을 포함한 저질 건축을 허가함으로써 공공안전을 저버리는 대가로 중개업자들의 배를 불려주었다". [18]

도시의 주택위기를 진단하는 척도는 산사태와 홍수라기보다는 지진이다. 장파지진 중에는 고층건물만 골라서 무너뜨리는 것들도 있지만

(1985년 멕시코시티의 경우가 그 예다), 대부분의 지진은 저질의 벽돌·진흙·콘크리트로 지어진 주택을 신기할 정도로 정확하게 골라낸다. 지진이 산사태나 지반의 액상화를 동반하는 경우에는 특히 그렇다. 지진의 위험은 비공식 주택이라는 악마의 거래에 숨겨진 불리한 조항이다. 페인의 지적에 따르면, '터키의 도시 빈민은 도시계획의 규제 및 기준이 느슨한 덕분에 수십 년간 토지와 설비를 비교적 쉽게 이용할 수 있었다. 그러나 건축규제 역시 느슨했기 때문에 1999년 지진에서 사망자가 속출했고 큰 피해가 발생했다'.[19]

재해지리 전문가 케네스 헤위트Kenneth Hewitt의 주장에 따르면, 20세기 동안 지진으로 인해 1억 채 이상의 가옥이 무너졌고 주로 슬럼, 임대주택 지역, 가난한 농촌 마을이 피해를 입었다. 헤위트의 설명에 따르면, 대부분의 도시에서 지진의 위험은 상당히 불균등하다. 편파적 파괴 패턴을 설명하기 위해 '층진'層震, classquake이라는 신조어가 생겨났을 정도다.

층진 문제가 가장 극명하게 드러났던 것은 1978년 2월 과테말라 참사였다. 거의 120만 명이 집을 잃었다. 과테말라시티에서 약 5만 9,000채의 가옥이 무너졌는데, 피해 가옥의 대부분이 산골짜기, 가파르고 불안정한 절벽의 위쪽이나 아래쪽, 제대로 굳지 않은 화산토fluvio-volcanic 퇴적지에 위치했다. 반면에 좀더 안정된 토지에 위치한 좀더 비싼 주택들의 피해는 미미했다.[20]

오늘날 전 세계 도시인구의 대다수는 지각활동이 진행 중인 지각판 주변부에, 특히 인도 연안대와 태평양 연안대에 밀집해 있다. 따라서 수십억의 사람들이 해수면의 이상 상승과 태풍의 위험은 물론, 지진·화산·해일의 위험에도 노출되어 있다. 2004년 12월에 수마트라에서 발생한 메가톤급 지진과 해일은 비교적 드문 사건이었지만, 앞으로는 이와 같은 재해들이 훨씬 더 빈번히게 발생할 것이다. 예를 들어, 이스탄불 게체콘두는 아나톨리아 북부 변환단층變換斷層*을 따라서 서쪽으로 가차 없이 "지퍼처럼 열리는" 지진의 과녁이다. 마찬가지로, 리마 당국은 다음 세대쯤에 일어날 것으로 예상되는 대규모 지진으로 최소한 10만 개 이상의 구조물이 붕괴할 것으로 내다본다. 대부분의 피해는 투르구리오turgu-rio(이주자 막사)와 바리아다에서 일어날 것으로 예상된다.[21]

그러나 도시 빈민이 밤잠을 설치는 것은 지진이나 홍수에 대한 걱정 때문이 아니다. 도시 빈민의 가장 큰 걱정은 그보다 훨씬 흔한 위험, 즉 화재다. 세계에서 화재 발생 위험이 가장 높은 지역이 지중해 관목지나 오스트레일리아 유칼리 삼림지라고 설명하는 교과서도 있지만, 사실상 세계 제일의 화재 발생 지역은 슬럼이다. 가옥이 불에 타기 쉬운 자재로 되어 있고, 인구가 엄청나게 밀집되어 있고, 난방과 취사를 위해 옥외 화력에 의존해야 하는 슬럼은 자연 발화를 위한 최적의 조건이 갖춰진 곳이기 때문이다. 취사 가스나 등유로 인한 단순 화재가 순식간에 수백, 수천 가옥을 잿더미로 만드는 대형참사로 번질 수 있다. 소방차가 출동하는 아주 드문 경우에도 슬럼 골목이 너무 좁아 화재 현장에 접근할 수 없을 때가 많다.

그러나 슬럼 화재는 단순한 사고가 아닐 때가 많다. 지주들이나 개발업자들은 사법처리 비용을 감당하거나 공식적인 철거 명령이 떨어지

---

* 지구의 표면을 이루는 판이 서로 다른 방향으로 스쳐 지나가는 곳. 판과 판의 경계이므로 지진이 자주 발생한다.

**표 11** 불붙은 가난: 슬럼 화재 사건

| | 도시 | 피해 가옥 | 피해 인구 |
|---|---|---|---|
| **2004** | | | |
| 1월 | 마닐라(톤도) | 2,500 | 22,000 |
| 2월 | 나이로비 | | 30,000 |
| 3월 | 라고스 | | 5,000 |
| 4월 | 방콕 | 5,000 | 30,000 |
| 11월 | 다카 | 150 | |
| | | | |
| **2005** | | | |
| 1월 | 쿨나 | | 7,000 |
| | 나이로비 | 414 | 1,500 |
| 2월 | 델리 | | 3,000 |
| | 하이데라바드 | 4,000 | 30,000 |

기를 기다리는 것보다는 방화라는 간편한 방법을 선호한다. 마닐라는 미심쩍은 슬럼 화재가 빈번하게 발생하는 것으로 특히 악명이 높다. 시브룩의 설명에 따르면, "1993년 2~4월 사이에 슬럼에서는 스모키마운틴, 아로마비치Aroma Beach, 나보타스Navotas에 대한 방화를 포함하여 8건의 화재가 발생했다. 화재의 위협이 가장 컸던 지역은 컨테이너 터미널 확장공사를 앞둔 부두 근처였다".[22] 베르너에 따르면, 필리핀 지주들이 즐겨 사용하는 이른바 "뜨거운 철거" 방식은 "들쥐나 고양이를 등유에 흠뻑 적신 후에 불을 붙여 말썽 많은 슬럼가에 풀어놓는 것이다. 개는 너무 빨리 죽기 때문에 잘 쓰지 않는다. [……] 불쌍한 짐승들은 죽기 전까지 수많은 판잣집에 불길을 옮기기 때문에, 불을 끄기가 매우 어렵다".[23]

땅값이 치솟는 인도의 신데렐라 도시인 방갈로르는 빈민 주거지가 개발에 방해가 될 때가 많다. 여기서도 방화가 도시재개발을 위한 임시

방편으로 사용된다. 셍크에 따르면, "이러한 화재들 가운데 일부는 슬럼 지도자들이 일으키고 일부는 정당과 연결된 몇몇 폭력조직들이 일으키고 일부는 개인 지주들이 일으키는 것이라는 말이 있다. 슬럼 지도자는 정부 보상금(의 일부)을 챙길 수 있고, 정당과 연결된 폭력조직은 도시 빈민이라는 '달갑지 않은' 계층을 소탕하고 싶어하고, 개인 지주들은 (불법) 스쿼터를 손쉬운 방법으로 쫓아낸 후 자기 땅을 '개발'하고 싶어하기 때문이다".[24]

## 죽음과 질병을 부르는 도시

도시 빈곤으로 인해 자연적인 위험요소가 배가되는가 하면, 전적으로 인공적인 새로운 위험요소가 만들어지기도 한다. 빈곤이 유해 산업, 무법적 교통 상황, 인프라의 붕괴 등과 상호작용하기 때문이다. 도시이론가 매슈 갠디Matthew Gandy는 무질서 상태로 굴러가는 무수한 제3세계 도시들을 '만델브로 도시'〔수학자 베누아 만델브로Benoit Mandelbrot가 말한 프랙탈 형태처럼 혼란스러운 도시—옮긴이〕라고 지칭했다. 이러한 도시는 생활 환경의 효율성을 상당 부분 약화시키고, 소규모 재난들을 불러일으킨다. 멕시코, 카이로, 다카, 라고스 같은 메트로폴리스에서는 재난의 위협이 상존한다(갠디에 따르면, "라고스를 통상적인 의미에서 도시라고 부르기는 어렵다. 도시의 경계가 불분명하고, 도시를 구성하는 요소들이 각자 따로따로 작동하는 것처럼 보이기 때문이다"[25]). 가난한 도시에서는 공유지를 보전해야 한다거나 유해지와 주택지를 분리해야 한다는 등의 도시계획의 고전적 원리들이 역전되어 있다. 판잣집들이 위험한 산업 활동과 교통 인프라를 빽빽한 숲처럼 둘러싼 모습은 마치 지옥의 구역설정법을 지키는 듯하다. 거의 모든 제3세계 대도시(최소한 모종의 산업 기반을 갖춘 대도시)에는, 공해의 장막에 싸인 채로 송유관·화학 공장·정유 공장 바로 옆에 위치한, 단테의 『신곡』에나 나올 법한 슬럼 지구가 존재한다. 멕시코의 이스타팔라파Iztapalapa, 상파울루의 쿠바탕 Cubatão, 리우데자네이루의 벨포르드록소Belford Roxo, 자카르타의 치부부르Cibubur, 튀니스의 남쪽 변경 지대, 알렉산드리아 남서부 등이 대표적인 예들이다.

남반구의 가난한 도시들을 연구하는 시브룩은 부두, 화학 공장, 고속도로 사이에 샌드위치처럼 긴 방콕의 항구 슬럼 클롱토에이Klong Toey 의 무자비한 재난 달력을 작성한 바 있다. 여기서는 1989년에 화학물질이 폭발해 수백 명의 주민이 독극물 중독으로 사망했다. 그로부터 2년 후에 화학약품 창고가 폭발하면서 5,500명의 주민이 집을 잃었고, 그중 다수가 사고 직후 이름 모를 질병으로 사망했다. 화재로 1992년에 가옥 63채, 1993년(화학물질 폭발 사건도 발생)에 460채, 1994년에 수백 채가 불에 탔다.[26] 수천 개 슬럼의 역사가 클롱토에이와 비슷하다. 경우에 따라서는 부자 나라의 슬럼도 예외가 아니다. 이러한 슬럼은 베르마가 말하는 "쓰레기처리장 신드롬"에 시달린다. 즉 도금, 염색, 초벽질, 무두질, 배터리 재활용, 주물, 차량 수리, 화학약품 제조 등 중간계급 지역에서 쫓겨난 유해 산업 활동이 슬럼에 밀집되는 것이다.[27] 이런 곳의 환경 상태, 특히 다양한 독성물질과 오염물질이 집중될 때 시너지효과로 발생하는 위험에 대해서는 거의 연구된 바가 없다.

세계가 빈곤과 유해 산업이 결합된 치명적인 상황에 관심을 갖는 것은 폭발사고로 대량의 인명피해가 발생했을 때뿐이다. 1984년은 그야말로 끔찍한 한해였다. 2월에는 상파울루의 '오염계곡'으로 불리는 쿠바

탕에서 송유관이 폭발하는 사고로 인근 파벨라에서 500명 이상이 불에 타 죽었다. 그로부터 8개월 후에는 멕시코시티의 산후아니코San Juanico 지역에서 페멕스Petróleos Mexicanos(멕시코의 광산·석유생산업체. 국영기업으로 정부수입의 1/3을 차지한다—옮긴이)의 액화 천연가스가 마치 원자폭탄같이 폭발하는 사건으로 무려 2,000명의 주민이 목숨을 잃었다(정확한 사망자 수는 아직 집계되지 않았다).

수백 명이 자다가 목숨을 잃었다. 무슨 일이 일어났는지도 알지 못한 채로 죽었다. 불길이 근처 가스저장 공장에서 1~2km 높이로 치솟았다. 사람들은 불덩이에 휩쓸려 흔적 없이 사라졌다. 거리로 뛰쳐나온 사람들 중에는 옷이나 머리에 불이 붙은 사람도 있었다. 모두가 공포로 비명을 질렀다. 해가 뜨기 전이었지만, 화염의 불빛이 이 처참한 광경을 대낮처럼 환히 비췄다.[28]

이로부터 3주도 채 안 되어, 마드야프라데시의 주도州道 보팔에 위치한 미국계 회사 유니온카바이드의 공장에서 치명적인 메틸이소시안염이 공기 중에 유출되는 사건이 발생했다. 국제사면위원회Amnesty International에서 2004년 실시한 조사에 따르면 7,000명~1만 명의 주민들이 그 자리에서 즉사했고, 그후 몇 년 새에 1만 5,000명이 암 등 관련 질병으로 사망했다. 피해자들은 빈민 중에서도 특히 가난한 사람들로, 주로 모슬렘이었다. 처음에는 스쿼터들이 오랫동안 살고 있던 부지에 농약포장 공장 — "비교적 단순하고 안전한 사업" — 이 들어섰다. 공장이 확장되고 좀더 위험한 농약생산 공장으로 바뀌었고, 그 동안 변두리에는 무수한 부스티가 생겨났다. 가난한 스쿼터들은 자녀들이 길에서 죽어나갈

표12 제3세계 차량 증가 추세[29]

| | 연도 | 차량 수 (단위: 백만) |
|---|---|---|
| 카이로 | 1978 | 0.5 |
| | 1991 | 2.6 |
| | 2006 | 7.0 |
| 방콕 | 1984 | 0.54 (자가용 차량) |
| | 1992 | 10.5 |
| 인도네시아 | 1995 | 12.0 (모든 종류의 차량) |
| | 2001 | 21.0 |

때까지 공장에서 무엇이 생산되고 있는지 전혀 알지 못했다. 생산물은 대재앙을 초래하는 다량의 메틸이소시안염이었다.[30]

반면에, 슬럼 지역 주민들은 교통 혼잡이 초래하는 위험에 대해서는 매우 잘 알고 있다. 대부분의 제3세계 도시의 거리들은 교통 혼잡으로 마비 상태다. 도시는 스프롤현상을 보이며 성장하는데 그에 상응하는 대중교통이나 입체교차 고속도로 등에 대한 투자가 이루어지지 않는다면, 교통은 공중보건의 측면에서 재앙 그 자체다. 개발도상국의 도시에서는 악몽 같은 교통 혼잡에도 불구하고 자동차 사용량이 급증한다(표 12 참조). 1980년에 제3세계에는 전 세계 차량의 18%가 있었을 뿐이다. 그러나 2020년이 되면, 전 세계 도로에는 자동차, 트럭, 버스 13억 대와 오토바이 및 스쿠터 수억 대가 돌아다닐 것이고, 그중 절반가량이 빈곤국의 대로와 골목을 가로막을 것으로 예상된다.[31]

자동차 인구의 폭발적 증가를 조장하는 강력한 힘은 바로 불평등이다. 대니얼 스펄링Daniel Sperling과 아일린 클로젠Eileen Clausen이 설명한 것처럼, 대부분의 도시에서 교통 정책은 악순환에 빠져 있다. 대중교통의 질이 낮아지면 자가운전자가 늘어나고, 자가운전자가 늘어나면 대중교통의 질이 낮아지기 때문이다.

거의 모든 도시에서 대중교통에 상당액의 보조금이 지급되는 이유는 대규모의 긍정적인 부대효과(도로부족 완화와 교통체증 감소)를 거두는 동시에 빈곤층의 교통권을 보장하기 위해서다. 그럼에도 불구하고 여전히 빈곤층 다수는 교통설비를 이용하지 못한다. 따라서 도시에는 대중교통 요금을 낮춰야 한다는 압력이 존재한다. 그러나 요금을 낮추면 버스의 질과 편의도 희생된다. 중간계급 승객은 저질 대중교통에 대응해 자가용을 구입한다. 저렴한 스쿠터와 오토바이 덕분에 중간계급의 탈출이 가속되고, 이에 따라 교통 수익이 감소하고, 승객 층이 더 가난해질수록 운전자들은 대중교통의 질을 더 떨어뜨린다. 먼저 타격을 받는 것은 서비스의 질이지만, 곧 서비스의 양도 감소한다.[32]

국제적인 개발대행업자들은 철로보다 도로에 투자하고 지역 교통 민영화를 부추기며, 이를 통해 파괴적인 교통 정책을 조장한다. 중국은 한때 평등을 상징하는 자전거의 고향이었지만, 지금 도시계획 담당자들은 자동차에 상식을 넘어서는 우선권을 부여하고 있다. 베이징에서는 빈민들이 살고 있는 전통적인 고택과 후통(뒷골목) 네트워크가 대규모로 파괴되고, 그 자리에 대로와 차로가 건설되고 있다. 한편, 자전거면허에 요금이 부과되고 자전거의 간선도로 이용이 제한되고 직장 단위로 지급되는 자전거 보조금이 없어지면서 자전거 통근자들에게 불이익이 돌아온다.[33]

도시 빈곤과 교통 혼잡의 충돌에서 비롯되는 결과는 전쟁터를 방불케 할 정도다. 제3세계 교통사고 사망자는 매년 100만 명 이상이며, 그 중에 2/3가 보행자, 자전거 이용자, 대중교통 승객이다. 세계보건기구 WHO의 보고에 따르면, "평생 동안 자동차를 소유할 가능성이 전혀 없는 사람들이 가장 큰 위험에 처해 있다".[34] 불법으로 운영되는 경우도 많고 관리도 제대로 되지 않는 미니버스가 특히 위험하다. 라오스 사람들은 버스를 '단포' 혹은 '몰루에'라고 부른다. 각각 '날아다니는 관', '움직이는 시체실'이라는 뜻이다.[35] 대부분의 가난한 도시들에서는, 차들이 거북이 걸음이라고 해서 치사율이 낮아지는 것은 아니다. 카이로 전역에서 자동차와 버스는 평균 시속 10km 미만으로 기어다니지만, 이집트의 수도인 이곳은 해마다 차량 1,000대당 8명의 사망자와 60명의 부상자라는 사고율을 유지하고 있다.[36] 라고스의 경우, 주민들이 막히는 도로 위에서 보내는 시간은 놀랍게도 하루 평균 3시간에 이르기 때문에, 자가용 통근자와 미니버스 운전자는 그야말로 미칠 지경이다. 최근 교통부에서는 교통법규를 어기는 사람들에게 정신건강 검사를 의무화했다. 보도로 뛰어들거나 반대편 차선으로 달리는 운전자가 너무 많기 때문이다.[37] 최근 델리의 『힌두스탄타임스』에는 중간계급 통근자들이 집 없는 넝마주이들이나 가난한 아이들을 차로 친 후 굳이 멈출 생각을 하지 않는다는 비판 기사가 실렸다.[38]

WHO에 따르면, 교통사고 사상자로 인한 총 경제 손실은 "전 세계 개발도상국에게 주어지는 총 개발 원조의 거의 2배"로 추산된다. WHO는 교통을 도시 빈민의 건강에 대한 가장 큰 위협 중 하나로 간주하며, 2020년이 되면 교통사고가 사망원인 중 3위로 떠오를 것으로 내다본다.[39] 자동차가 자전거와 보행자를 제치고 도시의 지배자로 등장한 중국이 이러한 불행한 사태를 선도할 것으로 보인다. 중국에서는 2003년 1~5

월 사이에만 25만 명이 교통사고로 사망하거나 중상을 입었다.[40]

자동차의 폭발적 증가로 인해서 제3세계 도시의 악몽 같은 공해 문제는 너욱 악화된다. 엄청난 수의 낡은 차, 고물 버스, 폐차 시기를 넘긴 트럭들이 끔찍한 매연을 내뿜으며 도시를 질식시킨다. 최근 연구에 따르면, 세계에서 공해가 가장 심한 곳은 무질서하게 뻗어가는 멕시코의 여러 거대도시들(오존 스모그가 심각한 날이 연평균 300일), 상파울루, 델리, 베이징이다.[41] 한편 뭄바이에서 숨을 쉬는 것은 하루에 담배 2갑 반을 피우는 것과 같다. 최근 델리 과학환경센터는 인도의 도시들이 '독가스실'로 변하고 있다고 경고했다.[42]

## 자연을 좀먹다

추상적인 차원에서 도시는 전지구적 환경위기의 해결책이다. 즉 도시는 인구와 시설이 조밀하기 때문에 토지·에너지·자원 이용에서 엄청난 효율성을 발휘할 수 있으며, 민주적인 공적공간과 문화 제도는 개별화된 소비나 상품화된 여가에 비해서 질 높은 오락을 제공할 수 있다. 그러나 생태지역학의 진정한 아버지로 불리는 패트릭 게디스Patrick Geddes 이래로 수많은 도시이론가들이 지적한 것처럼, 환경적 효율성과 공적 풍요를 이루기 위해서는 온전한 생태계·공유지·천연설비 등 녹색 기반이 보존되어 있어야 한다. 즉 도시가 폐기물을 재활용하여 농사·원예·에너지 생산에 투입하기 위해서는 자연과의 공조가 필요하다. 지속 가능한 도시화를 위해서는 주변 습지대와 농업의 보존이 전제되어야 한다는 것이다. 그러나 불행히도 제3세계 도시들은 (거의 예외 없이) 없어서는 안 될 환경보존 체계를 체계적으로 오염시키고 도시화하고 초토화한다.

예를 들어, 방치된 쓰레기로 뒤덮인 도시의 공터는 들쥐나 모기 같은 해충의 천국이다. 또 쓰레기 배출량과 처리량 사이에 어마어마한 차이가 생기고, 이러한 불균형은 만성적인 문제로 굳어진다. 다르에스살람에서 평균 쓰레기 수거율은 25%에도 미치지 못하며, 카라치는 40%, 자카르타는 60%에 불과하다.[43] 카불의 도시계획 책임자는 다음과 같은 불만을 토로했다. "카불은 거대한 고형 쓰레기 저장소로 변하는 중이다. 〔……〕 24시간마다 200만 명이 800m²의 고형 쓰레기를 배출한다. 40대의 트럭이 하루에 3번씩 쓰레기를 치우러 나가지만, 200~300m²밖에는 처리할 수 없다."[44] 쓰레기의 내용물은 끔찍할 때가 많다. 아크라의 『데일리그래픽』Daily Graphic의 최근 기사에 따르면, 끝없이 쌓여가는 쓰레기 더미는 검은 비닐봉지로 가득한데, 이 속에는 아크라의 여성 짐꾼들과 십대 소녀들의 자궁에서 낙태된 태아들이 담겨 있다고 한다. 아크라 최고행정관에 따르면, 검은 비닐봉지에 들어 있는 쓰레기의 75%가 낙태된 태아다.[45]

한편 외곽의 그린벨트는 생태학적 황무지로 변하는 중이다. 아시아와 아프리카 전역에서 불필요한 도시 확장으로 농경지가 쓸데없이 파괴되며, 이로 인해 식량 안정이 타격을 입는다. 인도에서는 도시화로 인해 매년 500km²의 귀중한 경작지가 사라진다.[46] 중국에서는 '농민 유입'이 최고조에 이르렀던 1987~1992년 사이에 매년 1만km²에 이르는 농토가 도시 관련 부지로 바뀌었다.[47] 농촌인구가 세계에서 가장 많은 이집트에서는 스프롤현상이 이미 위기에 달했다. 카이로 근방에서 도시개발에 쓰이는 토지는 매년 300km²에 이른다. 플로리언 스타인버그Florian Steinberg의 지적에 따르면, "이만 한 땅덩이는 아스완하이 댐 건설로 시작

된 대규모 관개 프로젝트를 통해서 확보한 농지에 육박한다".[48]

또 개발을 피한 도시외곽 농업은 사람과 짐승의 분뇨에 포함된 유독물질로 오염된 상태다. 하늘에서 내려다본 아시아의 도시들은 예로부터 생산성 높은 원예상품 재배지를 나타내는 연녹색 원으로 둘러싸여 있었는데, 그 경계는 분뇨 운송의 수지타산이 맞는 곳까지였다. 농부들과 어부들이 도시개발로 쫓겨나는 상황이 계속되는 오늘날의 하노이 외곽에서, 도시 오수와 공장 폐수는 인공비료를 대신하는 공짜 거름으로 흔히 쓰이는데, 오늘날의 공장 폐수는 중금속과 위험한 병인들로 인해 독성을 띠고 있다. 이러한 유독한 관행에 대해 조사하던 연구자들은 "곡물과 어류 생산자들이 도시의 부자들에 대해 냉소적인 태도"를 가지고 있음을 알았다. "그들은 우리에 대해 신경 쓰지 않고 〔농토에 대한〕 쓸모없는 보상으로 우리를 속인다. 이렇게라도 복수를 하겠다는데 뭐가 어때서?"[49] 슬럼이 논밭까지 침식해 뻗어나간 콜롬보에서는 "'키라코투'라고 불리는 독특한 경작법이 출현했다. 채소 재배에 도시 쓰레기를 사용하는 방식인데, 당연히 위생적으로 부적합한 것들도 사용된다. 농민들은 채소를 최대한 빠르게 최대한 많은 곳에서 재배하는 것 말고는 아무것도 개의치 않는다".[50]

대부분의 도시에서 주택위기가 심화됨에 따라 슬럼들은 생태학의 성역들과 결코 오염되어서는 안 될 하천의 수원까지 잠식하고 있다. 뭄바이에서 슬럼 주민들은 잔자이간디 국립공원 속에 너무 깊이 들어가버려서, 표범에게 잡아먹히는 사람들도 꾸준히 나온다(2004년 6월에만 10명). 어느 분개한 표범은 도시버스를 공격하기도 했다. 이스탄불에서 게체콘두는 오메를리 숲의 주요 수원까지 쳐들어왔다. 키토에서는 판자촌이 안티사나 저수지를 둘러쌌다. 상파울루에서는 파벨라로 인해 급수의

21%를 담당하는 (이미 끔찍한 맛으로 악명 높은) 구아라피랑가 저수지가 더욱 오염될 것으로 우려된다. 또한 수돗물을 먹을 만한 수준으로 유지하기 위해 상파울루에서는 해마다 화약약품 17만ℓ(1만 7,000트럭!)을 물에 풀고 있다. 전문가들은 이러한 임시변통은 지속 가능한 해법이 될 수 없다고 경고한다.

상파울루 파벨라의 절반이 도시 급수를 담당하는 저수지 주변에 위치한다. 이로 인해 공중보건이 위험에 처한다. 스쿼터들이 쓰레기를 곧바로 저수지나 저수지로 흘러가는 시냇물에 버리기 때문이다. 시정부가 운영하는 상수도의 수질관리 체제에는 최근 몇 년 동안 수많은 문제가 발생했다. 대장질병을 막기 위해 염소량을 늘려야 했을 뿐 아니라, 유기물의 축적으로 조류藻類가 엄청나게 번식하는 상황에도 속수무책이었다.[51]

오물이 세계 곳곳 식수의 수원을 못쓰게 만든다. 캄팔라에서는 슬럼 하수가 빅토리아 호수를 오염시키고, 몬로비아에서는 배설물이 풍경 전체(해변, 도로, 마당, 시내)를 더럽힌다. 몬로비아의 경우, 주민 수는 내전 이후 130만 명으로 엄청나게 늘었는데 인프라가 감당할 수 있는 인구는 25만 명도 안 된다.[52] 나이로비의 비교적 가난한 지역에서는 배설물이 수원을 오염시켜 수돗물을 더 이상 마시지 못한다.[53] 한편, 멕시코시티에서 없어서는 안 될 생태적 완충지역인 아후스코 지하수 주변은 콜로니아에서 나오는 하수로 인해 위험할 정도로 오염되어 있다.[54] 전문가들에 따르면, 라틴아메리카 하수의 90% 이상이 아무 처리 없이 시내와 강에 버려지는 것으로 추정된다.[55] 위생의 관점에서 보자면, 6개 대륙의 가난한 도시들은 막혀서 넘치는 하수도보다 나을 것이 없다.

## 똥통 생활

1830년대와 1840년대 초반, 런던을 비롯한 유럽 공업도시에서 콜레라와 티푸스가 창궐하자, 불안해진 영국 중산층은 여간해서는 입에 담지 않는 주제와 마주치지 않을 수 없었다. 빅토리아 시대 연구자인 스티븐 마커스Steven Marcus의 설명에 따르면, "부르주아 '의식'은 수백만의 영국인(남자들, 여자들, 아이들)이 그야말로 똥통에서 살아가고 있음을 깨닫고 갑작스럽게 혼란을 느꼈다. 즉각적인 질문은 이들이 똥통에서 익사하지 않겠냐는 것이었다".56) 전염병의 원인이 슬럼 구역 배설물의 '독기'라는 생각이 퍼지면서, 엘리트 계층은 갑자기 엥겔스가 맨체스터에 갔을 때 지적했던 것과 같은 상황에 관심을 보이기 시작했다. 몇몇 동네에서는 "200명이 넘는 사람들이 변소 1개를 공동으로 사용했고" 한때 시골 하천이었던 어크 강은 "오물과 쓰레기로 뒤덮인 시꺼멓고 악취 나는 강으로 변했다". 마커스는 프로이트의 용어를 사용해 이 상황을 요약하고 있다. "수 세대에 걸쳐 영국의 부를 생산했던 사람들(영국의 부는 이들의 고혈을 짜냄으로써 축적되었다)은 아이러니하게도 부의 상징적·부정적 대립항, 즉 똥통 속에서 살지 않을 수 없었다." 57)

엥겔스 이후 8세대가 지났지만, 똥은 여전히 도시 빈민의 생활을 구역질나게 뒤덮고 있다. 다시 한번 마커스를 인용하면, 똥은 "그들의 사회적 조건의 실질적인 객관화, 즉 그들이 사회에서 차지하는 위치다".58) 실제로 엥겔스의 『1844년 영국 노동계급의 조건』The Condition of the Working Class in England in 1844과 메자 음왕기Meja Mwangi의 『강변을 걸으며』Going Down River Road 같은 아프리카의 현대 도시소설을 나란히 놓고 보면, 그 사이에서 생리적이고도 실존적인 연속성을 발견할 수 있다. 엥겔스는 맨체스터 풍경을 이렇게 묘사한다. "포장도로가 끝나는 마당 입구 바로 앞에 문짝 없는 변소가 서 있다. 변소는 너무나 더럽다. 주민들이 마당을 드나들기 위해서는 부패한 소변과 대변의 진창길을 걸어 나와야 한다."[59] 마찬가지로 음왕기는 1974년 나이로비의 풍경을 이렇게 묘사한다. "이슬을 머금은 목초지 여기저기 나 있는 길에는 대부분 사람의 배설물이 널려 있다. [……] 목초지를 가로질러 불어오는 차갑고 축축한 바람은 똥과 오줌 냄새를 전해주는 동시에 가끔씩 들려오는 속삭임을 전해준다. 좀처럼 겉으로 드러나지 않는 비참과 불안과 체념의 속삭임을."[60]

배설물은 품위 있는 주제는 아니지만, 도시 생활의 근본적인 문제다. 배설물의 문제를 피하는 방법은 의외로 흔치 않다. 지난 1만 년 동안 도시 사회는 엄청나게 쌓여가는 쓰레기라는 골치 아픈 문제를 해결하기 위해 고군분투했다. 아무리 부유한 도시라고 하더라도 배설물을 강물에 흘려보내거나 한데 모아 가까운 바다에 내버리는 것이 고작이다. 나이로비, 라고스, 뭄바이, 다카 등 오늘날의 가난한 거대도시는 악취를 풍기는 거대한 똥통이다. 아무리 냉담한 빅토리아 시대 사람이라 하더라도 경악할 정도다. 키플링 정도가 예외일까? 『무서운 밤의 도시』*The City of Dreadful Night*에서 배설물에 대한 감식안을 자랑하는 키플링은 "캘커타(콜카타)의 거대한 악취"가 봄베이(뭄바이), 페샤와르, 베나레스[바라나시의 옛 이름―옮긴이]의 독특한 자극적 냄새와는 다르다고 평한다.[61] 남이 버린 쓰레기 속에서 살아가야 한다는 사실은 한 사회의 빈곤층을 정의하는 가장 심오한 특징 중 하나다. 빅토리아 시대 사람들이 잘 알고 있었던 것처럼, 똥통에서 살아가야 한다는 것은 몸속에서 기생충이 자란다는 것과 함께 가난한 인류를 다른 인류와 진정으로 구분하는 존재론적 특징이다.

전 세계적 위생위기의 심각성은 상상을 초월한다. 많은 제3세계 도시 문제가 그렇듯이, 위생위기의 원인은 식민주의에 그 뿌리를 두고 있다. 일반석으로 유럽 제국은 식민지에 현대식 위생설비 및 상하수도 인프라를 제공하지 않았으며, 그 대신 인종구역과 방역선防疫線을 봉해 전염병이 주둔군과 백인 교외에 침입하는 것을 차단하려 했다. 이로 인해 아크라에서 하노이까지 모든 탈식민 정권은 식민지 시대로부터 심각한 위생부족 문제를 물려받았으며, 그들 중 어느 정권도 문제를 적극 개선할 준비가 되어 있지 않다. 라틴아메리카 도시들도 심각한 위생 문제를 안고 있지만, 아프리카 및 남아시아의 규모에는 한참 못 미친다.

인구가 급속하게 1,000만에 육박하는 거대도시 킨샤사는 하수처리 시설이 전혀 없다. 대륙의 반대편에 위치한 나이로비도 나을 것이 없다. 키베라에 위치한 라이니사바Laini Saba 슬럼에서는 1998년 4만 명의 주민이 구덩이 변소 10개를 공동으로 사용했고, 마타레 4A에서는 2만 8,000명이 공중화장실 2개를 함께 썼다. 결국 슬럼 주민들은 이른바 "날아다니는 화장실"이나 "스커드 미사일"에 의존하게 된다. "배설물을 비닐봉지에 담아 가까운 지붕이나 골목으로 던지는 데에서 유래한 이름이다."[62] 이렇듯 여기저기 널려 있는 배설물은 새로운 형태의 도시형 생계수단이 되기도 한다. "패트병 음료를 입에 문 10살짜리 꼬마들은 나이로비 통근자들에게 인분 덩어리를 휘두르며 위협한다. 운전자가 통행료를 지불하지 않으면 인분을 열린 창문으로 던져넣겠다는 것이다."[63]

남아시아와 동남아시아의 위생 상황은 사하라 이남 아프리카보다 눈곱만큼 나은 정도다. 10년 전 조사에 따르면 다카는 수도가 있는 집이 6만 7,000가구, 오수처리시설이 있는 집이 8,500가구에 불과했다. 메트로폴리스 마닐라에서도 하수시설이 있는 집은 10% 미만이다.[64] 화려한 마천루를 자랑하는 자카르타에서도 폐수의 대부분을 도랑에 처리한다. 현재 인도에서는 대략 7억 명의 주민이 야외에서 용변을 보고 있는 것으로 추산된다. 미미하게나마 폐수처리시설을 갖춘 곳은 인도의 3,700개 도시 중 17개뿐이다. 인도의 22개 슬럼을 조사한 결과, 변소 시설이 전혀 없는 슬럼이 9곳이었고, 10개 슬럼의 10만 2,000명이 변소 19개를 공동으로 사용했다.[65] 화장실 다큐멘터리 〈봄베이〉Bumbay를 제작한 영화감독 프라흘라드 카카르Prahlad Kakkar는 어느 인터뷰에서 이런 말로 기자를 경악시켰다. "주민 절반이 똥 눌 곳이 없어서 밖에서 똥을 눕니다. 500만 명이 화장실이 없습니다. 1인당 0.5kg씩 눈다면 매일 아침 250만kg의 똥이 쌓이는 셈입니다."[66] 수전 채플린Susan Chaplin의 기사 중에 이런 말도 있다. "1990년 델리에 관한 자료에 따르면 1,100개 슬럼에 거주하는 48만 가구가 사용할 수 있는 시설은 변기 160개와 이동식 변소차 110개가 고작이다. 화장실이 부족해 슬럼 주민들은 공원 같은 야외 공간을 이용하지 않을 수 없고, 이로 인해 슬럼 주민들과 중간계층 주민들 사이에는 배변권을 둘러싼 긴장관계가 조성된다."[67] 실제로 아룬다티 로이는 1998년 델리 슬럼 주민 3명이 "공공장소에서 똥을 누었다는 이유로 총을 맞은"[68] 사건을 언급한다.

한편, 시장 개혁 이후 도시 판자촌이 다시 한번 모습을 드러낸 중국에서는 도시로 유입된 수많은 이주자가 위생설비나 수도시설이 없는 상태에서 살고 있다. 솔링어가 밝혔듯 "비좁은 판잣집에서 인구과밀 상태로 살아가는 베이징 주민들의 경우, 화장실 하나를 6,000명 이상이 이용한다. 간이건물 50개로 이루어진 선전의 한 판자촌에서는 수백 명의 주민들이 수도시설 없이 살고 있다. 〔……〕 상하이에 대한 1995년 조사에 따르면, 4,500개의 이주민 가구 중에 화장실이 있는 집은 11%에 불과하다".[69]

야외에서 용무를 처리해야 하는 것은 누구에게나 수치스러운 일이지만, 이는 특히 페미니즘의 문제로 연결된다. 도시에 사는 가난한 여성은 위생설비를 제대로 이용할 수 없는 상태에서, '정숙'이라는 엄격한 관습을 지켜야 한다는 딜레마로 인해 상시적인 공포 속에 살아간다. 아샤 크리슈나쿠마르Asha Krishnakumar 기자에 따르면 "화장실이 없다는 것은 여성들에게 너무나 끔찍한 일이다. 이는 여성들의 체면·건강·안전·사생활을 심각하게 훼손하며, 여성들의 문맹률과 생산성에 간접적인 영향을 미친다. 여성들은 똥을 누기 위해 밤이 올 때까지 기다려야 하며, 이로 인해 여성들은 성추행, 나아가 강간에 노출된다".[70]

('빛나는 인도'*를 대표하는 하이테크 도시) 방갈로르의 슬럼들에서는, 유료 화장실을 이용할 수 없는 가난한 여성들이 씻거나 용변을 보기 위해 밤이 올 때까지 기다려야 한다. 뢰스 셍크산트베르겐Loes Schenk-Sandbergen은 다음과 같은 조사 결과를 보고한 바 있다.

남자들은 언제 어디서나 소변을 볼 수 있는 반면, 여자들이 용변을 볼 수 있는 시간은 일출 이전이나 일몰 이후로 한정된다. 여자들은 위험을 피하기 위해 새벽 5시에 무리를 지어 집을 나선다. 〔……〕 여자들이 애용하는 장소는 뱀들이 숨어 있는 습지대나 들쥐 등의 설치류가 출몰하는 방치된 쓰레기장이다. 밤에 용변을 보지 않기 위해 낮에 아무것도 먹지 않는 경우도 많다.[71]

---

* 2004년 총선 이전까지 집권 연립정부를 구성했던 민족민주연합NDA이 내세운 구호. NDA는 비약적인 경제발전을 목표로 성장 위주의 정책을 펼쳤고, 이는 끔찍한 양극화 현상을 초래했다. 결국 2004년 총선에서 힌두 우파정당 바라티야자나타(인도인민당)BJP가 이끌었던 NDA는 막을 내리고 INC와 CPI(M)이 연립정부를 구성하게 되었다.

마찬가지로 뭄바이에서도 여성들은 "매일 새벽 2～5시 사이에 용변을 봐야 한다. 사람들이 보지 않는 시간은 그때밖에 없기 때문이다". 작가 수케투 메하타Suketu Mehata의 설명에 따르면, 공중화장실은 거의 고장난 상태다. "사람들은 화장실 주위에서 똥을 눈다. 몇 달씩 또는 몇 년씩 구덩이가 막혀 있기 때문이다."[72]

시카고와 보스턴의 경제학 교수들이 편안한 안락의자에서 생각해낸 위생위기의 해결책은 도시 배변을 전지구적 사업으로 만드는 것이었다. 워싱턴이 지원하는 신자유주의의 가장 큰 업적 중 하나는 공중화장실을 외채 상환을 위한 현금인출기로 만든 것이다. 실제로 유료 화장실은 제3세계 슬럼 전역에서 성장 산업으로 각광받고 있다. 가나에서 공중화장실의 유료화는 1981년 군사정부에 의해 도입되었다. 1990년대 후반에 공중화장실이 민영화되면서 지금은 '황금 알을 낳는 거위'로 알려지고 있다.[73] 쿠마시에서는 이 수지맞는 사업의 운영권을 가나 의회 의원들이 따내는데, 한 가족이 하루 1번 화장실을 이용하는 요금은 기본급의 약 10%에 해당한다.[74] 마타레Mathare를 비롯한 케냐에서는 민영화된 화장실의 1회 사용료가 (미화) 6센트이다. 대부분의 가난한 주민들에게 이것은 너무 큰돈이기 때문에, 사람들은 차라리 밖에서 용변을 보고 그돈으로 물과 식량을 산다.[75] 소웨토나 캄워키아Kamwokya를 비롯한 캄팔라의 슬럼에서도 공중화장실을 1번 쓰는 데 드는 돈이 무려 100실링(대략 1,400원 정도—옮긴이)이다.[76]

## 유아살해범

　　　　　　　　　　　　　포르토프랭스의 가장 큰 슬럼에 살고 있는 로블리 조사파트는 이렇게 말한다.

> 시테솔레이에서 힘든 일을 많이 겪었다. 내가 살고 있는 곳은 비가 오면 강물이 넘치고 집이 물이 잠긴다. 바닥에는 언제나 냄새 나는 녹색 물이 고여 있어 지나다닐 곳이 없다. 모기들도 극성이다. 4살짜리 우리 아이는 기관지염과 말라리아에 걸렸고, 이제는 티푸스까지 걸렸다. 〔……〕 의사는 아이에게 끓인 물을 먹이고 기름기 있는 음식을 먹이지 말고 물이 고여 있는 곳에 못 가게 하라고 말했다. 그러나 사방에 물이 고여 있다. 물이 고인 곳에 가지 않으려면 아무 데도 갈 수 없다. 의사는 아이를 잘 보살피지 않으면 아이를 잃게 될 것이라고 했다.[77]

사방에 냄새나는 녹색 물 천지다. 공중보건 전문가 스틸왜건에 따르면, "전 세계에서 식수·하수처리·쓰레기와 관련된 질병으로 사망하는 숫자는 하루 평균 3만 명이다. 이는 인류를 괴롭히는 질병의 75%를 차지한다".[78] 열악한 위생과 식수 오염으로 인한 소화관 질병(설사, 장염, 대장염, 티푸스, 파라티푸스 등)은 전 세계 주요 사망원인으로서, 주로 영아와 유아에게 피해를 입힌다.[79] 노출된 하수도와 오염된 식수에는 편충·회충·십이지장충 등의 기생충이 창궐하며, 가난한 도시의 아이들 수천만 명이 기생충에 시달린다. 콜레라는 빅토리아 시대의 도시에서도 엄청난 골칫거리였는데, 배설물에 오염된 도시의 수돗물 덕분에 지금까지도 번성하고 있다. 유엔국제아동긴급기금UNICEF의 계산에 따르면 특히 안타나나리보, 마푸토, 루사카 같은 아프리카 도시들의 경우, 예방 가능한 질병으로 인한 사망의 거의 80%가 열악한 위생 상태 때문이다. 에이즈에 따른 설사로 인해 문제는 더욱 악화된다.[80]

식수와 식량이 온통 하수도와 쓰레기로 오염되고 있으므로, 슬럼 주민들이 아무리 철저하게 예방조치를 취해도 별다른 효과를 거두지 못한다. UN-HABITAT 연구원 라스나 와라는 나이로비의 거대한 슬럼 키베라에 거주하는 야채 행상 음베리타 카텔라 씨의 하루를 연구했다. 그녀는 매일 아침 250m를 걸어가 물을 사고, 바로 집 앞에 위치한 구덩이 공중화장실을 사용한다. 이 변소를 함께 쓰는 주민 수는 100명이다. 집에서는 하수도가 넘쳐 악취가 진동한다. 밥 짓는 물이나 몸을 씻는 물이 오염되어 있지는 않은지 하루 종일 전전긍긍한다. 키베라가 최근 몇 년 동안 콜레라 등 배설물 관련 질병으로 엄청난 피해를 입은 것을 생각하면 당연한 일이다.[81] 콜카타의 경우에도, 엄마들은 악명 높은 옥외 변소 시설을 사용하지 않을 도리가 없다. 옥외 변소는 흙 대야가 들어 있는 작은 벽돌 헛간을 말하는데, 흙으로 만든 변기를 정기적으로 청소하는 일은 거의 없다. 이로 인해 "부스티의 옥외 변소 주변의 똥 덩어리들은 곧장 연못과 물탱크로 흘러든다. 사람들은 다시 이 물로 몸을 씻고 옷을 빨고 설거지를 한다".[82]

가난한 주민들이 위생위기에 아무런 대처도 할 수 없는 상황은 도처에서 발견된다. 심지어 멕시코 주민들은 똥을 들이마시면서 산다. 뜨겁고 건조한 계절에 텍스코코 호수에서 불어오는 배설물 먼지는 티푸스와 간염을 일으킨다. 양곤 주변의 뉴필즈는 군사정권이 수십만 명의 도심 주민들을 야만적으로 이주시킨 부지인데, 스키드모어의 설명에 따르면 이곳 가족들의 위생 상태는 1차 세계대전 당시에 끔찍한 진창으로 뒤덮였던 참호를 방불케 한다. 사람들은 얇은 비닐을 깔고 잠을 자고, 바로 그 앞 진창에서 요리를 하고 용변을 본다. 뉴필즈가 콜레라, 이질, 뎅기열, 말라리아로 인해 초토화되고 있는 것도 당연하다.[83] 바그다드의 거대한 슬럼 사드르시티Sadr City에는 간염과 티푸스성 전염병이 통제 불능 상태로 퍼져 있다. 이미 문제가 많았던 상하수도 인프라가 미군의 폭격으로 완전히 파괴되었고, 이로 인해 정화되지 않은 하수가 가정의 상수도로 흘러든다. 미군이 침략하고 2년이 지났지만, 인프라는 복구되지 않고 있다. 육안으로도 수돗물 속에서 인분의 섬유 모양 흔적을 알아볼 수 있을 정도이다. 46°C의 폭염에 시달리는 가난한 사람들은 수돗물 말고는 물을 구할 방도가 없다.[84]

위생위기를 해결하겠다고 출범한 운동들은 몇 년 못 가 흐지부지 끝나는 것이 보통이다. UN은 1980년대 초 '국제 식수 위생에 대한 10년 계획'을 수립했지만 1980년대 말까지도 상황은 그다지 개선되지 않았다.[85] 당시에 WHO가 인정한 것처럼, 2025년이 되더라도 5세 이하 아동 가운데 〔예방 가능한〕 질병으로 사망하는 숫자는 500만 이하로 줄어들지 않을 것이고 〔……〕 사망원인은 대부분 전염병일 것이다. 또 이중에 설사가 상당한 부분을 차지할 것이다.[86] 1996년 WHO 보고서도 비슷한 진단을 내렸다. "남반구 도시인구의 절반에 이르는 숫자가 바로 지금 이 순간에도 물과 위생설비가 제대로 제공되지 않는 데서 비롯되는 이런저런 질병에 시달리고 있다."[87] 깨끗한 물은 세계에서 가장 저렴한 약이다. 세상에서 가장 중요한 약을 하나만 들라면 그것도 깨끗한 물이다. 그럼에도 불구하고 공공상수도는 마치 무료 화장실이 그렇듯이 강력한 사적 이해관계와 상충하곤 한다.

가난한 도시에서 물장사는 수지맞는 산업이다. 나이로비는 물장사에서도 가공할 사례를 제공한다. 수도설치 비용을 감당할 수 있는 부유

**표 13** 가난할수록 비싼 물값: 파는 물과 수돗물 가격 비교[88]

|  | 가격차이 % |
|---|---|
| 파이살라바드 | 6,800 |
| 분둔(바우치) | 5,000 |
| 마닐라 | 4,200 |
| 뭄바이 | 4,000 |
| 프놈펜 | 1,800 |
| 하노이 | 1,300 |
| 카라치 | 600 |
| 다카 | 500 |

한 가구들은 상수도를 매우 저렴하게 이용할 수 있는 반면, 정치적 인맥이 있는 기업들은 시정부의 상수도를 엄청난 가격으로 슬럼에 되판다. 최근 조 아케치Joe Aketch 시장이 불만을 토로한 것처럼, "키베라 슬럼 주민이 물 1ℓ에 내는 돈은 평균 미국 시민이 내는 돈의 5배에 이른다는 연구도 나와 있다. 부끄럽게도 나이로비 부자들은 자신들의 부를 이용하여 빈민을 위한 설비를 가로챈다".[89] 나이로비 주민들 중 비싼 물을 살 돈도 없고 살 마음도 없는 사람들이 강구하는 필사적인 방책들 중에는 "하수도 물을 쓰는 방법, 씻기를 생략하는 방법, 지하수나 빗물을 이용하는 방법, 깨진 수도관에서 물을 끌어오는 방법 등이 있다".[90]

루안다의 상황은 이보다도 심각하다. 최하층 가구는 소득의 15%를 물값으로 지출한다. 고작해야 하수로 오염된 인근 벵고 강을 양수기로 퍼 올려 비싼 값에 파는 것이지만, 주민들은 그 물을 사지 않을 도리가 없다.[91]

킨샤사는 세계에서 두번째로 큰 강 옆에 위치해 있지만, 그곳에서 물을 구하기는 "사하라 사막에서 물을 구하는 것만큼이나 어렵다". 과장이 아니다. 지리학자 안젤린 음와칸Angeline Mwacan과 인류학자 시어도어 트레폰Theodore Trefon이 조사한 바에 따르면, 수돗물이 비교적 싸지만 수돗물이 나오지 않을 때가 많기 때문에 가난한 주민들은 4~5km 떨어진 곳까지 걸어가서 오염된 강물을 길어와야 한다. 게다가 물을 끓일 때 쓰는 석탄은 너무 비싸다. 병원을 찾는 환자의 30%가 콜레라, 티푸스, 적리赤痢 등 물과 관련된 질병 때문이라는 것은 놀라운 일이 아니다.[92]

다르에스살람의 경우, 세계은행의 압력에 시달리던 시당국은 영국계 회사 바이워터에 상수도설비를 넘기고 말았다. 현장 구호 기관들의 증언에 따르면, 서비스는 거의 나아지지 않았는데 가격은 폭등하는 결과가 빚어졌고, 가난한 가구는 또다시 위험한 수원을 이용해야 하는 처지에 놓였다. 『가디언』 기사에 따르면, "타바타의 사유 우물에서 석유통 하나 분량(20ℓ)의 물을 사려면 8페니를 내야 한다. 많은 주민들이 하루 50페니 미만으로 살아가는 도시에서 이것은 상당한 액수다. 가난해서 물을 살 수 없는 가구는 얕은 우물을 판다". 그러나 정부 관료들은 민영화를 지원했다는 이유로 워싱턴으로부터 칭찬을 들었다.[93]


## 이중고

가장 극심한 의료 격차는 이제는 도시와 시골 사이가 아니라 도시 중간계급과 도시 빈민 사이에서 발생한다. 나이로비 슬럼의 5세 미만 유아사망률(1,000명 당 151명)은 나이로비 전체에 비해서 2~3배 높고, 가난한 시골에 비하면 1.5배 높다.[94] 키토에서 슬럼의 영아사망률은 인근 부자 동네에 비해서 30배 높고, 케이프타운에서 가난한 흑인들이 결핵에 걸리는 비율은 부유한 백인에 비해서

50배 높다.[95] 뭄바이의 경우에는 옛날이나 지금이나 슬럼 사망률이 인접한 시골에 비해서 50% 높다. 시체들의 도시라 할 만하다. 총 사망원인의 40%가 식수 오염과 열악한 위생설비에서 기인하는 전염병과 기생충 관련 질병이다.[96] 의료 통계에 따르면, 다카와 치타공에서는 "슬럼 주민의 약 1/3이 질병에 시달린다고 볼 수 있다". 슬럼이 아닌 지역의 통계라면 전염병의 경우에나 가능할 수치이다.[97]

한 보건 연구에 따르면 슬럼 주민은 이중고를 겪고 있는 셈이다. "도시 빈민은 저개발과 산업화 사이의 접촉면이며, 도시 빈민의 질병 패턴은 저개발과 산업화를 동시에 반영한다. 도시 빈민은 저개발로 인해 전염병과 영양실조라는 무거운 부담을 지게 되는 한편으로 산업화에 따르게 마련인 다양한 만성적·사회적 질병에 시달린다."[98] 『랜싯』Lancet 편집장 리처드 호턴Richard Horton에 따르면, "도시화가 진행됨과 함께 촌충·회충·주혈흡충住血吸蟲·트리파소노마(수면병을 일으키는 병원체로 파동편모충이라고도 하며, 척추동물의 혈액이나 체액 속에 기생한다—옮긴이)·뎅기열 등 이전까지 대체로 농촌 지역에서만 제한적으로 나타나던 전염성 질병이 나타났다".[99] 당뇨병·암·심장병에 걸리는 비율도 도시 빈민이 가장 많다.[100] UN 연구에 따르면, 이러한 이중부담을 가장 무겁게 지는 곳은 "저소득 국가의 가난한 중소도시 혹은 중간소득 국가의 저소득 지역"이다. 정치적 지배력을 갖고 있는 거대도시의 경우에는 환경 및 위생 문제를 다른 곳에 떠넘길 수 있다. 다른 지역을 쓰레기와 공해의 시궁창으로 이용할 수 있다는 말이다.[101]

제3세계 도시경제의 신자유주의적 재조정은 1970년대 후반부터 시작되어 공공의료, 특히 여성과 아동에 대한 의료 지원에 파괴적인 영향을 미쳤다. '여성 출산권을 위한 국제 네트워크'의 지적에 따르면, 채무국이 IMF와 세계은행에 자국의 경제권을 넘겨주는 것을 골자로 하는 조약인 SAP는 "흔히 보건비 지출을 포함한 공공지출 삭감을 요구한다".[102] 라틴아메리카와 카리브 해 지역에서는 1980년대에 SAP가 강요했던 가혹한 정책으로 인해 위생과 식수에 대한 공공투자가 축소되었다. 이로 인해 가난한 도시의 영아생존율이 낮아져 농촌보다 나을 것이 없어졌다. 멕시코에서 1986년에 2차 SAP를 채택한 후, 출생률은 1983년 94%에서 1988년 45%로 줄었고, 산모 사망률은 1980년 10만 명당 82명에서 1988년 150명으로 치솟았다.[103]

가나에서는 이른바 '구조조정'으로 인해서 1975~1983년 사이에 의료 재정과 교육 재정이 80% 축소했을 뿐 아니라, 전국에 있는 의사의 절반이 무더기로 이민을 떠나는 사태가 발생했다. 필리핀에서는 1980년대 전반에 1인당 의료비 지출이 절반으로 떨어졌다.[104] 석유자원이 풍부하지만, "SAP에 피를 남김 없이 빨린" 나라인 나이지리아의 경우, 전국에서 아이 5명 중 하나가 5살이 되기 전에 목숨을 잃는다.[105] 경제학자 미셸 초스도프스키Michel Chossudovsky는 1994년에 수라트에서 악명 높은 페스트가 발생한 상황을 고발한다. "IMF/세계은행이 스폰서로 나선 1991년 SAP하에서 국가 예산과 시정부 예산이 축소되면서, 도시 위생과 공중보건 인프라가 악화되었다."[106]

이러한 사례는 끝이 없다. 세계 곳곳에서 국제 채권자들은 의료비 삭감, 의사와 간호사의 이민, 식량 보조금 중단, 생계형 농업에서 수출용 작물 생산으로의 전환 등을 요구한다. UN 채무 전문가 판투 체루Fantu Cheru에 따르면, 제3세계가 제1세계에 바치는 강제적 조공은 수백만의 가난한 사람들에게는 그야말로 생사여탈의 문제였다.

오늘날 전 세계 HIV/AIDS 감염자는 3,600만 명이 넘는다. 이들 중에 95% 가량이 남반구에 살고 있다. 특히 사하라 이남 아프리카에서 HIV/AIDS로 고통 받는 사람들은 2,500만 명이 넘는다. 〔……〕 아프리카에서 AIDS 사망자는 하루에 5,000명이 넘는다. 전문가들의 계산에 따르면, 지구촌이 HIV/AIDS를 비롯해 결핵이나 말라리아 같은 각종 질병과 싸우기 위해서는 해마다 미화 70억~100억 달러의 투자가 필요하다. 이러한 인도주의의 위기 속에서 아프리카 국가들이 해마다 채권국과 채권기관에 내야 하는 할부금은 135억 달러이다. 이는 UN이 'HIV/AIDS 신탁기금 제안서'에서 언급한 비용을 훨씬 초과하는 액수이다. 이렇듯 엄청난 자원이 가난한 아프리카 국가들로부터 부유한 북반구 채권자들에게로 넘어간다. 이는 지금 세계에서 유행병이 가장 심각하게 퍼져 있는 나라들의 보건과 교육을 심각하게 저해하는 요소들 가운데 하나다.[107]

제1세계 사설 의료 공급자들 및 제약회사들은 피원조국들에게 전지구적 경쟁에 문호를 개방할 것을 요구하며 무자비한 압력을 행사한다. 최근 세계은행은 여성의 출산권 및 의료에서의 남녀평등이라는 페미니즘의 수사를 이러한 압력과 결합시켰다. 세계은행의 1993년 보고서 『건강에 대한 투자』*Investing in Health*에는 새로운 시장 기반 의료 패러다임에 대한 간략한 설명이 나와 있다. "공공시설 개념을 좁히고, 이에 대한 공공지출을 제한한다. 공공시설에 이용료를 부과한다. 의료와 융자를 민영화한다."[108] 이러한 새로운 접근방식의 결과를 확실하게 보여주는 나라가 짐바브웨이다. 이곳에서는 1990년대 초 공공시설에 이용료가 도입되면서 유아사망률이 2배로 늘었다.[109]

그러나 제3세계의 도시 보건에 위기가 닥친 것을 외국인 채권자만의 잘못으로 돌릴 수는 없다. 도시 엘리트는 교외의 폐쇄형 주택가로 옮겨갔고, 슬럼의 질병 문제 대신 방범과 고속도로 건설 문제를 걱정하기 시작했다. 채플린에 따르면, 인도의 경우에도 위생 개혁의 토대를 훼손하는 것은 부패 공무원들과 무관심한 중간계급이다.

> 인도 도시들의 환경 여건은 계속해서 악화된다. 인구의 상당수가 기초적인 도시설비를 이용하지 못하도록 가로막는 정책에 중간계급이 적극적으로 가담하고 있기 때문이다. 이처럼 특정 계급이 국가 자원 및 혜택을 독점한 결과, 중간계급의 환경 인식은 전염병이나 풍토병의 위험보다는 도로 혼잡이나 이로 인한 공기 오염 때문에 겪게 되는 불편을 걱정하는 쪽으로 바뀐다.[110]

그러나 "지상을 뒤흔들고 천상을 들끓게 만드는"[111] HIV/AIDS 같은 재앙 앞에서, 주민에 대한 차별분리는 생물학적 안전의 환상을 제공할 뿐이다. 실제로 오늘날의 거대슬럼은 신종 질병이나 옛날 질병을 역사상 유례없는 규모로 키워서 순식간에 전 세계로 확산시킬 인큐베이터다. 조류독감의 긴급한 위험을 다룬 나의 최근 연구서 『조류독감』*The Monster at Our Door*에서 말했던 것처럼, 경제적 지구화에 전지구적인 공중보건 인프라가 뒤따르지 않는다면, 파국이 닥치는 것은 시간 문제다.[112]

# 구조조정이라는 흡혈귀
## : 제3세계 빨아먹기

*그들은 알쏭달쏭한 웃음을 터뜨린 후 재빨리 화제를 돌렸
다. 고향에 남아 있는 사람들은 SAP를 당했는데 어떻게 죽
지 않고 살아남았을까?*
— **피델리스 발로군**[1]

         슬럼은 지긋지긋하고 아슬아슬한 곳이지만,
그럼에도 불구하고 슬럼의 미래는 매우 창창하다. 당분간은 시골이 세
계 빈민의 대다수를 수용할 테지만, 2035년이 되면 세계 빈민의 고향이
라는 꺼림칙한 명예는 도시 슬럼에 돌아갈 것이다. 조만간 제3세계 도시
인구는 폭발적으로 증가할 것이고, 그중 최소한 절반은 비공식 마을에
살게 될 것이다.[2] 슬럼 인구는 2030~2040년 사이에 20억에 육박할 것
이다. 이것만으로도 충분히 상상을 초월하는 끔찍한 모습이리라. 하지
만 도시 빈곤은 슬럼 인구 그 자체를 다 포함하고도 넘칠 것이 틀림없다.
UN 도시관측프로젝트에 참여했던 연구원들은 2020년이 되면 "전 세계
도시 빈민이 전체 도시 주민의 45~50%에 육박할 수 있다"고 경고했다.[3]
        앞에서 살펴본 것처럼, 이러한 새로운 형태의 도시 빈곤은 직선적

역사의 결과물이 아니었다. 판자촌이 도시의 껍데기 쪽으로 서서히 확장되어온 과정을 자세히 들여다보면 빈곤과 슬럼이 폭발적으로 증가하는 시기가 있었다. 소설집 『구조조정당한 인생들』*Adjusted Lives*에서 나이지리아 작가 피델리스 발로군Fidelis Balogun은 1980년대 중반 IMF가 강요했던 SAP의 영향을 묘사한다. 발로군에 따르면, SAP는 거대한 자연재해처럼 닥쳐와 라고스의 영혼을 철저하게 파괴하고 나이지리아 도시 주민을 "또다시 노예로" 삼았다.

> 이 경제 프로그램의 괴상한 논리대로라면, 죽어가는 경제를 되살리기 위해서는 우선 힘없는 대다수 시민들의 마지막 고혈을 SAP〔'sap'는 구조조정프로그램의 약자지만, 영어로 '수액을 짜내다'라는 뜻도 있다―옮긴이〕해야 했다. 중산층은 순식간에 자취를 감추었다. 극소수의 부자들은 점점 부자가 되었고 가난한 사람들은 점점 늘어났다. 부자들이 내버린 쓰레기가 극빈층의 밥상이 되었다. 고급 인력은 아랍의 석유 부국과 서구 사회로 빠져나갔다. 두뇌 유출은 홍수처럼 이어졌다.[4]

이 책에서 발로군은 SAP의 악랄한 결과들을 열거하며 "민영화는 전속력으로 진행되고 배고픔은 날로 심해졌다"고 탄식한다. 나이지리아 주민들뿐 아니라 아프리카 30개국에서 살아남은 SAP 생존자들, 나아가 아시아와 라틴아메리카 수억 명의 주민들에게 무척이나 익숙한 이야기다. 1980년대는 IMF와 세계은행이 채무를 빌미로 대부분의 제3세계경제를 재조정한 시기이다. 이때부터 슬럼은 가난한 농촌 이주민뿐 아니라, '구조조정'의 폭력으로 집을 잃고 빈곤에 직면한 수백만의 도시 주민들에게도 불가피한 미래가 되었다.

## 도시 빈곤의 빅뱅

1974~1975년 사이에 IMF와 세계
은행은 선진 공업국에서 제3세계로 눈길을 돌리기 시작했다(IMF가 먼저
였고 세계은행이 그 뒤를 따랐다). 제3세계는 치솟는 유가油價에 휘청거리
고 있었다. IMF는 대출을 차근차근 늘리면서, 채무국에 부과되는 강제
적인 '융자조건'과 '구조조정'의 수위를 높여갔다. 경제학자 프랜시스
스튜어트Francis Stewart가 『구조조정과 빈곤』Adjustment and Poverty이라는 중
요한 저서에서 지적한 것처럼, "이들 기관은 상품가격의 하락이나 어마
어마한 부채상환 부담 등 구조조정을 불가피한 것으로 만들었던 외부적
요인에 대해서는 아무런 제제 조치를 취하지 않았다". 반면에 국내 정책
과 공공사업 비용을 삭감하는 것은 당연한 절차로 여겼다.[5] 멕시코가 디
폴트(채무불이행)를 선언하겠다고 위협했던 1982년 8월에 이르면, IMF
와 세계은행은 최대규모의 상업 은행들과 한통속이고 레이건 정권·대
처 정권·콜 정권이 주동하는 국제 자본주의 혁명의 시녀라는 자기들의
정체를 더 이상 숨기지 않게 된다. 1985년 베이커플랜 — 당시 재무장관
이던 제임스 베이커James Baker의 이름을 땄지만 초안을 작성한 것은 부
장관이었던 리처드 다먼Richard Darman이다 — 의 골자는 제3세계 15대 채
무국에게 국가 주도의 개발 전략을 포기하도록 요구하는 것이었다. 베
이커플랜은 세계은행을 SAP의 장기적인 경영 주체로 내세웠다. SAP는
이른바 '워싱턴컨센서스'의 '멋진 신세계'를 구체화해가는 중이었다.

우리는 외국 은행과 채권자의 권리가 도시 빈민과 농촌 빈민의 생존
보다 언제나 우선하는 세계에 살고 있다. 우리는 우간다 등 HIV/AIDS의
상시적 위협 속에 살고 있는 가난한 나라에서 해마다 국민 1인당 채무변
제 비용이 보건비의 12배에 이르는 상황이 '정상'으로 여겨지는 세계에

살고 있다.[6] 『슬럼의 도전』이 지적한 것처럼 SAP의 의도는 "원래부터 반反도시적"이었다. 즉 SAP는 복지 정책, 재정구조, 정부 투자에 나타났던 일체의 '도시 편향'을 역전시킬 의도를 가지고 있었다. 세계 곳곳에서 IMF와 세계은행은 (레이건과 아버지 부시 행정부의 비호 아래 대형 은행들의 수금원 노릇을 하면서) 가난한 나라에 평가절하, 민영화, 수입규제 철폐, 농산물 보조금 중단, 보건 및 교육의 원가 징수, 공공부문의 무자비한 축소라는 독약을 권했다(재무장관 조지 슐츠는 해외 USAID 직원들에게 "웬만하면 공공부문 공장들을 전부 민영화하라"는 지령을 하달한 것으로 악명 높다[7]). 한편 SAP가 제3세계 농업에서 보조금을 끊어버린 결과, 소규모 자작농은 엄청난 보조금 혜택을 받고 있는 제1세계 농기업이 지배하는 세계 상품시장의 틈바구니에서 쫄딱 망하는 수밖에 없었다. 윌리엄 태브William Tabb가 세계경제 지배의 최근 역사를 기술하며 다시 한번 확인시켜주었듯이, 외채는 제3세계 국가의 권력을 미국 등 주요 자본주의 국가들이 지배하는 브레턴우즈 기관들로 옮겨놓는 획기적인 권력 이전의 촉진제가 되어왔다. 태브에 따르면 세계은행 직원들은 포스트모던 시대에 존재하는 식민지 정부의 공무원 같은 자들로 "식민지 행정관이 언제나 그렇듯이, 다른 자문 집단이 들어서도 지역 경제 및 사회에 대해 똑같은 시각을 가지고 똑같은 권력을 행사한다".[8]

채무징수 기관들은 채무국의 경제 발전을 돕는다고 주장하지만, 이러한 기관들 때문에 가난한 나라들은 부자 나라들이 19세기 후반이나 20세기 전반에 성장을 위해서 사용했던 방법을 더 이상 사용할 수 없다. 경제학자 장하준이 「사다리 걷어차기」라는 훌륭한 논문에서 지적한 것처럼, 역사적으로 OECD 국가들은 농업 기반 경제로부터 고부가가치 상품 및 용역에 기반한 도시경제로 발전하는 과정에서 보호무역 관세와 보조금을 활용했다. 따라서 보호무역 관세와 보조금을 없애는 SAP의 "사다리 걷어차기"는 위선이다.[9] 짐바브웨 SAP의 끔찍한 결과들, 그리고 남아공이 스스로 떠맡은 신자유주의 정책의 끔찍한 결과들을 바라보며, 스테판 안드레아손Stephan Andreasson은 제3세계의 거시경제 정책이 워싱턴의 지시에 따라서 움직이는 상황에서 제3세계가 기대할 수 있는 것은 기껏해야 '가상virtual 민주주의'에 불과할 것이라고 예상한다. "제3세계는 가상 민주주의를 얻기 위해 포괄적·참여적 민주주의를 포기했고, 사회민주주의 프로젝트에 수반되었던 공공복지의 확대의 가능성마저 완전히 포기해버렸다."[10]

『슬럼의 도전』이 지적한 것도 바로 이 점이다. "1980~1990년대에 빈곤과 불평등이 증가했던 원인을 하나만 꼽는다면, 그것은 국가의 후퇴다." SAP가 직접적인 공공부문 지출 및 소유 축소를 강제하고 있다는 점과 함께 이 책이 문제로 지적하는 것은 국가가 보조금 지급 권한을 상실하면서 국가 역량이 축소되고 있다는 점이다.

> 민족을 대변하는 국가 정부라는 개념은 선진 세계에 유용하게 사용되었다. 탈중심화된 것처럼 보이는 오늘날의 전반적인 구조는 이러한 민족국가 정부 개념에는 잘 들어맞지 않는 반면에, 전지구적 헤게모니의 운용에는 매끄럽게 적응한다. 국제사회의 지배적 시각, 즉 워싱턴의 시각은 사실상 개발의 패러다임으로 자리 잡고 있으며, 이로써 전 세계는 자금을 제공하는 개인 및 국제기구가 지향하는 방향으로 급속도로 통합된다.[11]

IMF와 백악관이 만들어낸 인위적인 경기침체로 가장 큰 타격을 입은 것은 아프리카와 라틴아메리카 도시 지역이었다. 많은 나라에서

1980년대에 SAP가 야기했던 경제적 충격은 가뭄의 지속, 유가 상승, 이자율 폭등, 상품가격 하락과 맞물리면서 대공황 때보다도 심각하고 장기적인 여파로 이어졌다. 특히 제3세계 도시들은 이주민 증가, 공식 고용 감소, 임금 하락, 소득 폭락의 악순환 속에서 허덕였다. 앞에서 본 것처럼 IMF와 세계은행은 빈민에게 공공시설 이용료를 부과하는 방식으로 퇴행적 과세를 조장한 반면에, 군사비 지출을 줄이거나 부자의 수입 및 부동산에 세금을 매기는 것과 같은 과세의 형평성을 회복하기 위한 노력은 전혀 하지 않았다. 결국, 세계 곳곳에서 인프라와 공공의료는 인구 증가 속도를 따라잡지 못했다. 트레폰에 따르면, 킨샤사에서 "주민들은 기초적인 공공시설을 '추억'처럼 이야기한다".[12]

캐롤 라코디Carole Rakodi에 따르면, 아프리카 구조조정의 대차대조표 안에는 자본도피capital flight[자국통화 자금을 통화가치가 더 안정된 외화 자금으로 바꾸는 것—옮긴이], 제조업 붕괴, 수출의 미미한 증가 혹은 감소, 도시 공공시설의 급격한 축소, 가격 폭등, 실질임금의 급격한 하락 등이 포함되어 있다.[13] 아프리카 전역에서 사람들은 "나 감기 걸렸어"라고 말할 때와 똑같은 말투로 "나 끝장이야"라고 말하는 법을 배웠다.[14] 다르에스살람의 경우, 1인당 공공서비스 지출은 1980년대 내내 해마다 10%씩 감소했다. 이는 국가local state의 실질적 해체를 의미했다.[15] 하르툼의 경우, 자유화와 구조조정은 110만 명의 '신흥 빈민'을 제조해냈는데, 대부분 공공부문에서 엄청난 인력이 해고당한 결과였다.[16] 열대 아프리카에서 상당한 규모의 제조업과 현대적인 도시 설비를 갖춘 몇 안 되는 도시 중 하나인 아비장의 경우에도, SAP 체제 이후 산업 규모가 축소되고 건설업이 몰락하고 대중교통과 위생설비가 급격하게 낙후되는 결과가 빚어졌다. 서아프리카 경제의 '호랑이'로 알려졌던 코트디부아르(아이보리코스트)에서는 도시 빈곤이 1987~1988년에 2배로 늘었다.[17] 발로군의 나라 나이지리아의 경우, 라고스와 이바단 같은 도시들을 중심으로 극단적 빈곤이 도시화되면서, 빈곤율이 1980년 28%에서 1996년 66%로 늘었고, 이로써 빈곤의 의미 자체가 바뀌었다. 세계은행 보고서에 따르면, "현재 〔나이지리아의〕 1인당 GNP는 약 (미화) 260달러로, 40년 전 독립 당시보다 낮고, 370달러까지 내려갔던 1985년보다도 낮다".[18] 지리학자 데버러 팟츠Deborah Potts가 지적한 것처럼, 아프리카 도시에서 임금이 전반적으로 너무 많이 내려갔다. 이런 상황에서 가난한 사람들이 어떻게 목숨을 부지하고 사는지를 이론적으로는 도무지 설명할 수 없을 정도이다. 이를 '임금의 수수께끼'라고 한다.[19]

라틴아메리카에서 피노체트 장군의 신자유주의 쿠데타와 함께 시작된 구조조정은 좌파 대중정당에 대한 억압, 그리고 군사독재와 밀접한 관계가 있었다. 대륙 전체에 걸친 이러한 반反혁명의 가장 뚜렷한 결과 가운데 하나는 빈곤의 급속한 도시화였다. 1970년만 해도 체계바라의 농촌 반란거점 이론은 시골 빈곤(빈민 7,500만)이 도시 빈곤(빈민 4,400만)을 압도하는 라틴아메리카의 현실에 부응하는 것이었다. 그러나 1980년대 말에는 절대다수 빈민의 거주지가 도시가 되었다. 콜로니아, 바리아다, 비야미세리아에 거주하는 도시 주민이 1억 1,500만 명인 반면, 농장이나 농촌 마을 주민 수는 8,000만 명이었다.[20]

ILO 연구에 따르면, 라틴아메리카에서 도시 빈곤은 1980년대 상반기(1980~1986년)에 50%라는 경이적인 증가율을 기록했다.[21] 노동인구의 평균수입은 베네수엘라에서 40%, 아르헨티나에서 30%, 브라질과 코스타리카에서 21% 하락했다.[22] 멕시코에서 비공식 고용은 1980년에서 1987년까지 거의 2배로 늘어난 반면에, 공공부문 지출은 1980년의 절반

수준으로 떨어졌다.[23] 페루에서 1980년대는 SAP가 야기한 초유의 경기 침체로 마감되었다. 이로 인해 공식 고용이 도시 노동에서 차지하는 비율이 3년 만에 60%에서 11%로 떨어졌다. 이로써 '빛나는 길'Sendero Lumi-noso*이 주도하는 주술적인occult 혁명의 분위기가 마련되기 시작했다.[24]

한편, 입주 가정부와 유럽 여행에 익숙하고 교육 수준이 높은 중간계급 다수가 어느새 신흥 빈민 대열에 합류했다. 계층 하락이 아프리카만큼 급격하게 이루어지는 경우도 있었다. 예를 들어, 칠레와 브라질에서 빈곤층 도시인구는 불과 1년(1980~1981) 사이에 무려 5%가 증가했다.[25] 그러나 빈민과 공공부문 중간계급을 짓밟았던 구조조정은 민간 사업자, 외국 수입업자, 마약상narcotrafficante, 군 장성, 정치가들에게는 대박을 터뜨릴 기회였다. 1980년대 동안 라틴아메리카와 아프리카에서 과시형 소비는 초현실적 수준에 이르렀다. 판자촌 동포들이 배를 곯는 동안, 졸부들은 마이애미와 파리에서 흥청망청 돈을 뿌리고 다녔다.

불평등 지표는 1980년대에 최고치를 기록했다. 부에노스아이레스에서 1984년에 상위 10%의 수입은 하위 10%의 10배에서 1989년에 23배로 증가했다. 리우데자네이루에서 고전적 지니계수**로 측정한 불평등은 1981년 0.58에서 1989년 0.67로 증가했다.[26] 세계에서 계층간 격차가 가장 심한 대륙인 라틴아메리카 전역에서 1980년대는 골짜기는 더욱 깊어지고 봉우리는 더욱 높아지는 시기였다. 2003년 세계은행 보고서에 따르면, 라틴아메리카의 지니계수는 아시아보다 10포인트 높고,

---

* 페루 최대의 반정부 게릴라 단체. 1969년 대학교수 출신인 아비마엘 구스만Abimael Guzman이 규합한 마오주의 무장혁명조직이다. 구스만은 1992년 체포되어 종신형에 처해졌다.
** 0과 1 사이의 값을 가지는데 0에 가까울수록 소득분배의 불평등 정도가 낮다는 뜻이다. 보통 0.4가 넘으면 소득분배의 불평등 정도가 심한 것이다.

OECD 국가보다 17.5포인트 높고, 동유럽보다 20.4포인트 높다. 우루과이는 라틴아메리카에서 가장 평등지수가 높은 국가지만, 그럼에도 불구하고 유럽에서 가장 평등지수가 낮은 나라보다 소득분배의 불평등이 심각하다.[27]

## 아래로부터의 구조조정

1980년대의 경제적 충격으로 인해 제3세계 주민들은 가족이라는 공동체를 중심으로 인력을 재편하지 않을 수 없었다. 특히 여성들의 생존기술과 절박한 임시변통 능력이 인력 재편의 중심에 놓였다. 남성의 공식 고용 기회가 사라짐에 따라 어머니·누이·아내가 도시 구조조정 부담의 절반 이상을 짊어지지 않을 수 없었다. 한 인도 학자에 따르면 "가족이 짊어진 생존의 부담은 엄청났는데, 여자들의 부담이 훨씬 더 무거웠다".[28] 지리학자 실비아 챈트Sylvia Chant가 지적한 것처럼, SAP하에서 공공시설의 이용 기회를 박탈당하고 남성의 수입도 감소하는 상황에 대처하기 위해서 가난한 도시 여성은 가정 안팎에서 더욱 힘들게 일해야 했다. 또 교육 및 의료 분야에서 그때까지 없었던 요금이 생기거나 기존의 요금이 오르면서, 여성들은 학교나 병원을 이용할 수 있는 기회가 더욱 제한되었다.[29] 어쨌든 세상은 여성들이 상황을 감당해주기를 기대했다. 몇몇 연구자들의 주장에 따르면, SAP는 가족의 생존이라는 문제에 직면한 여성들이 노동력을 거의 무한대로 잡아늘일 수 있다는 믿음을 냉혹하게 활용하는 체제이다.[30] 제3세계 여성들과 아이들이 제3세계 채무를 짊어져주리라는 기대, 바로 이런 기대가 경제적 구조조정을 계산하는 신고전주의 방정식에서 사악하고 은밀한 변수로 작용한다.

산업화가 진행되는 중국과 동남아시아 도시들에서는 수백만의 젊은 여성들이 노예계약 상태에서 조립 공장의 참혹한 상황을 견뎌낸다. 최근의 연구에 따르면, "자유무역지대에서 일하는 2,700만 명 정도의 노동자 중에서 여성들이 90%를 차지한다".[31] 한편 착취 공장에 취업할 기회조차 없는 아프리카와 (멕시코 북부 국경 도시들을 제외한) 라틴아메리카에서도, 산업 규모가 축소하고 남성의 공식 부문 일자리가 급속히 줄어들고 이로 인해 남성 이민이 증가하는 상황이며, 여성들은 이에 대해 나름의 방식으로 대처한다. 그것은 바로 삯일, 술장사, 행상, 복권장사, 미용사, 삯바느질, 청소부, 세탁부, 넝마주이, 유모, 창녀 등의 임시변통 노동으로 생계를 이어가는 방식이다. 다른 대륙에 비해 도시 여성의 노동 비율이 낮았던 라틴아메리카에서 1980년대 동안 여성들의 비공식 3차산업 참여율이 급증한 것은 특히 인상적인 일이었다.

'아래로부터의 구조조정'을 상세하게 다룬 논문에서 사회인류학자 캐럴린 모저Caroline Moser는 1982～1988년 동안 8회에 걸쳐 진행된 SAP가 과야킬 변두리 습지에 세워진 (그전까지는 사회적 지위가 상승되고 있던) 판자촌에 미쳤던 영향을 설명한다. 에콰도르에서 1980년대 위기의 가장 큰 여파는 완전실업률이 2배로 늘어난 것보다는 불완전고용이 폭발적으로 늘어난 것이었다. 과야킬과 키토에서 노동력의 절반이 불완전고용으로 추산되었다. 바리오인 인디오과야스Indio Guayas에서는 전일제 노동자로 일했던 남편들이 반년이 지나도록 임시직 노동자로 빈둥거리는 처지가 되었고, 결국은 더 많은 가족들, 즉 여성들과 아이들이 일거리를 찾아야 하는 상황이 벌어졌다. SAP가 시작된 후 여성의 노동 참여율은 40%에서 52%로 증가했지만, 공장 고용이 감소하면서 여성들은 가

정부나 노점상 자리를 가지고 서로 경쟁해야만 했다. 모든 가족들이 돈벌이에 동원되었지만, 그럼에도 불구하고 생활조건, 특히 아이들의 영양상태는 급격하게 악화되었다. 모저에 따르면, 이곳 바리오의 아이들 거의 80%가 영양실조 증상에 시달린다. 보건 서비스가 전반적으로 민영화되고 의료비가 오르면서, 인디오과야스 가정들은 병원을 이용할 경제적 여유를 잃었을 뿐 아니라 삶에 대한 낙관적 태도마저 상실했다.[32]

멕시코의 과달라하라는 1982년 채무위기 이후 신자유주의의 여파에 시달리는 동안 과야킬의 경험을 다시 한번 반복했다. 전통적으로 이 도시는 가업 형태의 공장 및 작업장이 많기로 유명했던 곳이지만, 1980년대 초반에 임금 수준이 무한정 낮아지고 사회지출이 붕괴하면서, 1986년에 관세무역일반협정GATT 조약이 맺어진 후에는 외국기업과의 무자비한 경쟁에 돌입했다. 과달라하라의 전문화된 틈새산업─대량소비 상품을 소규모 작업장에서 생산하는 방식─은 동아시아 수입품이 물밀듯이 몰려오는 상황에서 도저히 살아남을 방도가 없었다. 아우구스틴 에스코바르Augustin Escobar와 메르세데스 곤살레스Mercedes González의 연구에 따르면, 이 때문에 비공식 고용이 엄청나게 증가했고(1980~1987년 사이에 최소한 80% 증가), 캘리포니아와 텍사스로 이민을 떠나는 사람들도 늘었다. 더욱 심각한 문제는 공식 직업이 재편되면서 불안정한 고용이 일반적인 고용 형태가 되었다는 점이었다. "직장이 안정성을 상실하고, 시간제 고용이 흔해지고, 소규모 공장과의 외주계약outcontracting이 관행으로 자리 잡으면서, 노동자들과 피고용자들은 직장을 잃지 않으려면 좀더 일을 많이 하라는 요구를 받게 된다." 과야킬의 경우와 마찬가지로, 여기서도 가족의 대응은 좀더 많은 여성들을 잡역부로 내보내고 아이들을 학교가 아닌 일터로 내보내는 것이었다. 에스코바르와 곤살레스의 경고에 따르면, 이러한 단기적 생존 전략은 결국 장기적으로는 경제적 계층이동 가능성을 해치는 결과를 낳는다. "경제조건이 악화되면서 도시 노동계급 가정은 장기적인 사회적 지위의 상승 전략을 실행할 가능성을 상실한다. 가정 내 자원을 총동원하고 노동력을 다각도로 활용한다 하더라도 원초적인 생존을 유지하는 것이 고작이기 때문이다."[33]

아프리카와 아시아의 경우처럼, 라틴아메리카의 많은 도시 가구들은 "구조조정 이후의 현실에 맞도록 자기들의 삶을 구조조정하기 위해" 경제력이 없는 식구들을 생계비가 비교적 적게 드는 시골로 보낸다. 퍼프에 따르면 "코스타리카에서는 남녀가 가구를 분리한다. 많은 경우 여자들과 아이들은 주택 경비를 절약할 수 있는 좀더 가난한 지역으로 옮겨가지 않을 수 없다. 이로 인해 별거와 이혼이 증가하고 장기적으로는 생활수준이 낮아지며 분리가구로 인한 주택 수요가 늘어난다".[34]

아프리카 도시 지역의 경험은 훨씬 더 비참했다. 여자들과 아이들은 'AIDS 대학살'을 감당해야 했고(AIDS 대학살의 원인 중 하나는 가난에 내몰린 빈민 여성의 매춘이다), 구조조정뿐 아니라 가뭄과 내전에 시달렸다. 하라레에서는 1991년 SAP로 인해 생활비가 불과 1년 만에 45% 상승했고 10만 명이 영양실조에서 비롯되는 질병에 시달렸다. 나즈닌 칸지 Nazneen Kanji와 크리스천 로저슨Christian Rogerson이 각자의 논문에서 지적한 것처럼, 여성들이 가족들을 먹여 살리기 위해 고군분투하는 과정에서 무자비한 경쟁은 비공식 시장경제(특히 여성 상인과 행상)의 규범이 되었다. "일반적으로 이런 유의 사업은 대부분 여성에 의해서 운영되며, 여기서 생기는 소득은 보통 최저소득 기준에도 미치지 못한다. 이런 일은 자본 투자도 거의 필요 없고 기술 훈련도 전혀 필요 없다. 그러나 번듯한 사업으로 확장될 기회는 제한되어 있다."[35] 한편, 하라레에서 유아사망률이 2배로 늘어나고 AIDS가 확산되고 아동 영양실조 문제가 심각해지면서, 절박한 엄마들은 어린 자식들을 시골로 돌려보내거나 다른 가족들과 일종의 확대가족을 구성하여 집세와 전기세를 절약하는 방법을 모색했다.[36) 수만 명의 아이들은 일을 하거나 먹을 것을 구하기 위해 어쩔 수 없이 학교를 그만둔다. 학업을 포기한 아이들이 다시 학교로 돌아올 희망은 거의 없다. 무수한 압력에 짓눌린 나머지 가족의 유대 자체가 붕괴하는 경우도 많이 있다. 한 연구진에 따르면 "서로를 부양하던 집단 구성원들이 이제 생존을 위해 서로와 경쟁하게 되었다".[37)

그러나 1970년대 후반과 1980년대에 슬럼 주민들은 가족들이 죽어가는 것을 가만히 지켜보는 대신, 도시 빈민의 고전적 시위 방식, 즉 식량폭동을 되살렸다. 폭동의 선봉에 섰던 것은 대부분 여성들이었다. 아프리카, 라틴아메리카, 남아시아 슬럼들은 IMF가 마련해준 암흑의 세계로 얌전하게 물러나는 대신 폭발하는 편을 선택했다. 구조조정에 대한 민중 저항을 다룬 선구적인 저서 『자유시장과 식량폭동』*Free Market and Food Riots*에서 존 월턴John Walton과 데이비드 세던David Seddon은 1976~1992년 사이 39개 채무국에서 발생한 146건의 'IMF 폭동'을 목록화했다.[38) 1990년대 초에 진행된 SAP에서 이전과는 사뭇 다른 '인간의 얼굴'—구조조정의 이른바 사회적 차원—을 발견할 수 있다면, 그것은 이후의 SAP가 이 엄청난 전지구적 시위에서 조금이나마 교훈을 얻었기 때문일 것이다.

여행사, 외제차, 호화 호텔, 국제기관 사무실에 대한 공격은 빈곤에 전지구적 차원이 있음을 암시한다. 저항은 다양한 형태를 띠는데, 고전적인 식량폭동으로 나타나기도 하고(모로코, 브라질, 아이티), 평화적인 저항시

위에서 시작하여 폭력으로 치닫기도 하고(수단, 터키, 칠레), 총파업으로 나타나기도 한다(페루, 볼리비아, 인도). 또 이러한 저항은 한 가지 전술에서 또 다른 전술로 변형될 때가 많다. 시위가 폭동으로 변하기도 하고 자발적 폭력이 세력을 결집하여 정치조직이 되기도 한다.

식량폭동이 민중 저항의 한 방법이 되는 것은 시장 사회에서 흔히 볼 수 있는 특징이며 아마도 보편적인 특징일 것이다. 즉 식량폭동은 정치·산업 발전의 그림자가 아니라, 가진 것 없는 가난한 계층이 사회 정의를 요구하는 세력화empowerment 전략이다. 국가들은 나뉘고 경제는 국제적으로 통합되는 오늘날의 체제에서 대중 저항의 발화점은 대부분 도시들로 옮겨갔다. 도시는 전지구적 부의 축적, 국가 차원의 개발, 그리고 대중의 정의가 교차하는 곳이기 때문이다.[39]

반 IMF 폭동의 최초의 물결은 1983~1985년 사이에 정점에 이르렀고 1989년 이후 두번째 물결이 이어졌다. 1989년 2월 카라카스에서 IMF는 주민들의 엄청난 반발에도 불구하고 연료 가격 및 교통요금 인상을 지시했다. 이에 분노한 버스 승객들과 급진파 대학생들은 폭동을 일으켰고, 경찰이 무력을 사용하자 대치 상황은 반半반란으로 바뀌었다. 1주일의 '카라카소'Caracazo* 동안, 수만 명의 가난한 주민들이 산기슭 바리오를 내려와 상점가를 약탈하고 최고급 자동차를 불태우고 바리케이드를 쌓았다. 최소한 400명이 목숨을 잃었다. 이로부터 1달 후에 라고스에서는 IMF에 반대하는 학생시위가 일어났고, 이후 온 도시가 함께 들고

---

* 1989년 2월의 폭동은 베네수엘라 역사상 가장 끔찍한 소요 사태였기에 고유의 이름까지 붙었다. 사망자를 3,000명까지 추산하는 경우도 있는데 대부분 군경의 진압에 의한 것이다. 카라카스라는 도시 이름에 '돌풍' 혹은 '큰 규모'를 뜻하는 접사 '-azo'가 붙은 것이며, 사쿠돈Sacudón이라고도 한다.

일어났다. 약탈과 가투가 벌어진 3일 동안 50명이 사망했다. 이 도시에서 대부분의 가난한 사람들은 크리스 아바니Chris Abani의 소설 『그레이스랜드』Graceland에 나오는 '왕'의 들끓는 분노를 느꼈을 것이다.

> 우리나라 사람들 대다수는 정직하고 열심히 일하는 사람들이다. 그런데 고위층의 개자식들, IMF 도둑놈들, 세계은행, 미국이 우리들을 마음대로 갖고 논다. 〔……〕 우리, 너랑 나랑 여기 있는 모든 가난한 사람들이 세계은행에 빚이 1,000만 달러나 있다. 우리는 받은 것도 없는데. 저놈들은 모두 도둑놈들이고 나는 저놈들─우리나라 사람들 일부와 세계은행 사람들─을 경멸한다![40]

## 1990년대가 유토피아?

신자유주의 이론과 세계은행의 여러 프로젝트가 틀리지 않았다면, 1990년대는 1980년대의 잘못들을 바로잡고, 다시 한번 제3세계 도시들이 도약의 발판을 마련하고, SAP에 의해 빚어졌던 불평등의 간극을 메우는 시기가 되었어야 마땅하다. 구조조정의 고통이 있었으면 세계화의 진통제가 따랐어야 마땅하다. 『슬럼의 도전』에서 비아냥거리듯 지적한 것처럼, 1990년대는 전지구적 도시 개발에 있어서 신고전주의적 자유시장이라는 조건이 역사상 최초로 마련된 시기였다.

1990년대 동안, 무역은 거의 전례 없는 비율로 계속해서 늘어났고, 제한 구역은 개방되었고, 군사비 지출은 감소했다. 〔……〕 이윤율이 급격히 하락하고 기초상품가격이 떨어지면서, 모든 기본 생산단가가 낮아졌다. 자본의 흐름은 점점 국가의 통제를 벗어나 가장 생산성이 높은 지역으로 신속하게 이동했다. 지배적인 신자유주의 경제학에 따르면, 거의 완벽한 경제적 조건이 조성된 셈이었다. 1990년대가 역사상 최고의 번영과 사회 정의의 시대가 되리라고 상상하는 사람들도 있었다.[41]

그러나 UN의 『인력개발보고서 2004』 Human Development Report 2004에 따르면, "1990년대에 유례없이 많은 국가들이 개발 후퇴 양상을 보였다. 46개 나라 주민들이 1990년보다 가난하게 살고 있다. 25개 나라 주민들이 10년 전보다 배를 곯는다.[42] 새로운 SAP의 물결과 정부가 스스로 떠안은 신자유주의 프로그램으로 인해 제3세계 전역에서 국가에 의한 고용, 국내 제조업, 내수 농업이 급속도로 붕괴했다. 라틴아메리카의 대규모 공업형 메트로폴리스 — 멕시코시티, 상파울루, 벨루오리존치, 부에노스아이레스 — 에서는 제조업 일자리가 크게 줄어들었다. 상파울루의 경우, 고용에서 제조업이 차지하는 비율은 1980년대 40%에서 2004년 15%로 떨어졌다.[43] 채무변제 비용이 사회 프로그램과 주택 지원을 위한 자금을 잠식했다. 자메이카의 경우, 1990년대 후반 채무변제 비용은 예산의 60%를 잡아먹었다. 돈 로보우섬 Don Robotham의 표현을 빌리자면, 이는 도시 빈민의 '사회적 방치'다.[44]

반면 공공부문을 한갓 시장의 '조력자'로 재개념화한 문서인 『도시 정책과 경제 개발: 1990년대 의제』 Urban Polity and Economic Development: An Agenda for the 1990s에서 세계은행은 국가의 역할이 사라지는 상황을 환영했다. 지리학자 사네타는 세계은행이 멕시코와 아르헨티나에서 실행했던 도시 프로그램에 대한 논평에서 이렇게 말했다. "도시계획은 시장 메커니즘의 평가절상revalorization에 중점을 두었다. 그때부터 건전한 도시 정책이란 도시 경제주체(공식 경제와 비공식 경제를 막론하고)의 생산성을 제약하는 장벽을 제거함으로써 국가 경제에 대한 기여를 극대화하는 정책이라고 정의되었다."45) 이처럼 "도시 생산성"을 물신화하는 태도는 공공시설과 도시 서비스를 민영화해야 한다는 대규모의 압력으로 이어졌다. 그것이 고용이나 공평한 분배에 미치는 영향은 고려대상이 아니었다. 세계은행이 버티고 있는 한, 공공부문 고용이 1990년 당시의 기반을 되찾을 가능성은 전혀 없다.

수출 붐으로 이익을 얻는 것은 거의 항상 극소수 계층에 불과하다. 가장 극단적인 경우 가운데 하나가 석유와 다이아몬드 주요 생산국인 앙골라다. 루안다는 1993년에 주민의 무려 84%가 실업·준실업 상태였고, 상위 10%와 하위 10%의 소득 불평등은 "1995~1998년 사이에만 10에서 37로 증가했다."46) 국경 지역의 마킬라도라〔원자료를 수입해 제조 및 조립 후 상품을 재수출하는 무관세 공장들—옮긴이〕가 북미자유무역협정NAFTA 덕분에 성공을 거뒀다는 과장된 '성공담'이 무색하게도, 멕시코에서 극빈층 비율은 1992년 16%에서 1999년 28%로 증가했다.47) 마찬가지로, 콜롬비아에서는 세자르 가비리아 트루히요César Gaviria Trujillo가 1990년에 대통령에 선출된 후 도시 임금이 하락하고 코카 재배면적이 3배로 증가했다. OECD 보고서에 따르면, "콜롬비아의 마약 카르텔은 가리비아의 신자유주의 정책을 한결같이 지지했던 가장 중요한 세력 가운데 하나였다".48) 세계은행 경제학자들이 전 세계 주민을 대상으로 계산한 바에 따르면, 20세기 말의 전지구적 불평등은 지니계수 0.67이라는 믿을 수 없는 수준에 이르렀다. 이는 세계 인구 중에 하위 2/3가 소득이 0이고 상위 1/3이 모든 것을 갖고 있다는 뜻이다.49)

세계적으로 심각한 사회 혼란을 겪은 곳은 불평등이 가파르게 증가한 도시 및 지역과 놀랍도록 정확히 일치한다. 중동 및 이슬람권 남아시아에서 도시 부유층과 빈민층 사이의 소득 격차가 심화되는 상황은 지배체제가 개혁 불능 상태로 부패했다고 주장하는 모슬렘들, 그리고 그보다 훨씬 더 급진적인 살라피스트선교전투그룹Salafist Group for Preaching and Combat의 진단이 틀리지 않았음을 증명했다. 알제리에서는 1995년 알제리민족해방전선FLN, Front de Libération Nationale 정권의 '사회주의적' 잔재에 대한 최종 공격이 시작되었다. 230개 공장이 민영화되었고 13만 명의 국가 노동자가 해고되었다. 빈곤율은 1988년 15%에서 1995년 23%로 치솟았다.[50] 마찬가지로 테헤란에서는 이슬람혁명이 친빈민 정책을 포기함에 따라 빈곤율은 1993~1995년 사이에 26%에서 31%로 가파르게 치솟았다.[51] 1999년 세계은행 데이터를 보면, 이집트에서는 5년간의 경제성장에도 불구하고 빈곤 가구(연간소득 610달러 이하)는 감소하지 않았고 1인당 소비는 하락한 것을 알 수 있다.[52]

파키스탄은 공업 경쟁력 하락과 농업 경쟁력 약화라는 이중의 위기에 직면했다. 중국으로 인해 섬유 수출이 타격을 입으면서 공업 경쟁력이 하락하는 한편으로, 만성적인 관개시설 투자 부족으로 인해 농업 경쟁력도 약화되었다. 결과적으로 임시직 및 비공식 노동의 임금은 하락했고, 빈곤은 『국가인력개발보고서』National Human Development Report가 "파키스탄 역사상 유례없는" 속도라고 표현했을 정도로 엄청나게 치솟았고, 도시의 소득 불평등은 1992년 지니계수 0.32%에서 1998년 0.36%로 증가했다.[53]

그러나 1990년대의 가장 큰 사건은 과거 '제2세계'(유럽과 아시아의 국가사회주의)의 상당 부분이 새로운 제3세계로 전환된 것이다. UN은 이들을 '과도기국가'라고 불렀는데, 1990년대 초반에 이들 옛 '과도기국가'에서 극빈층으로 간주되는 인구는 1,400만에서 1억 6,800만으로 엄청나게 치솟았다. 이러한 대규모의 빈곤화가 한꺼번에 진행된 것은 역사상 유례없는 일이었다.[54] 물론 구소련에서 빈곤이 (당국은 존재하지 않는다고 말했지만) 존재하지 않은 것은 아니었다. 그러나 당시 세계은행이 계산한 빈곤율은 6~10% 이하였다.[55] 그런데 알렉세이 크라셔닌노코프Alexey Krasheninnokov가 UN-HABITAT에 제출한 보고서에 따르면, 지금은 러시아 가정의 60% 이상이 빈곤층이고, 나머지 주민들을 "중간계층으로 분류하기 위해서는 상당한 과장이 필요하다"(예를 들어 러시아 '중간계층'은 소득의 40%를 식료품에 소비한다. 일반적으로 전 세계 중간계층이 소득의 1/3 이하를 소비하는 것과는 차이가 있다).[56]

최악의 '과도기 빈곤'에 시달리는 지역은 구소련의 버려진 시골이며, 따라서 우리가 그 참상을 목격하기는 쉽지 않다. 반면에 도시에서는 갑자기 부자가 된 사람들과 그에 못지않게 갑자기 가난해진 사람들을 쉽게 볼 수 있다. 예를 들어, 상트페테르스부르크에서 상위 10%와 하위 10%의 소득 불평등은 1989년 4.1데실decil에서 1993년 13.2데실로 치솟았다.[57] 지금 모스크바에 살고 있는 억만장자의 수는 뉴욕에 살고 있는 억만장자의 수보다 많고, 이와 함께 스쿼터 숫자도 100만 명을 넘어선다. 모스크바의 스쿼터는 대부분 우크라이나(20만), 중국(15만), 베트남, 몰도바공화국 출신의 불법이민자들로서, 버려진 건물이나 황폐화된 주택단지나 과거에 수용소로 쓰였던 곳에서 원시적 상태로 살고 있다. 서구에서 자본주의의 선봉으로 추앙하는 착취 공장들은 "이들 불법체류자를 고용하여 얼마 되지 않는 임금을 주면서 10~15명을 방 1칸에 몰아넣는 편을 선호한다." 급여세는 한푼도 내지 않는다.[58] 러시아 연구자들의

계산에 따르면, 비공식 경제 내지 지하 경제는 공식 경제의 거래 총액의 40%에 달한다.[59)]

구소련의 도시주택은 배급제였지만 사실상 무료였다. 집세와 관리비로 지출되는 비용은 가계소득의 약 2~3%였다. 또 지역난방, 지하철, 직장 기반 오락문화 등 소비에트의 고유한 사회적 인프라가 공공시설로 제공되었다. 그러나 1990년대 후반 이후, 푸틴 정부는 IMF 권고조항을 받아들였고, 이로 인해 소득이 감소하는 상황에서 주택비와 난방비는 시장 수준으로 올라갔다.[60)] 이와 함께, 반드시 필요한 지역 인프라와 공장 기반 사회복지는 소홀히 여겨져 투자가 줄어들다가 심지어 방치되는 상태에 이르렀고, 결국 옛 아파트단지(동네 전체, 때로 도시 전체)는 슬럼 상태로 퇴보했다. 수많은 노동계급 주거지는 상수도가 끊기고 하수도가 넘치고 전기가 수시로 끊기고 심지어 겨울에 난방이 되지 않았다. 요컨대 러시아의 가난한 도시 주민 수백만 명은 추위와 배고픔과 고립에 시달린다. 이는 기묘하게도 2차 세계대전 레닌그라드가 포위당할 당시의 상황을 환기시킨다.

러시아식 과도기 빈곤은 동유럽, 특히 불가리아와 알바니아의 도시들에도 존재한다. 소피아는 공업 축소와 공장 폐쇄라는 철퇴를 맞으면서 1995~1996년을 기점으로 빈곤과 불평등이 폭발적으로 증가했고, 특히 집시(신티-로마 민족), 터키 민족, 중장년 여성, 대가족이 최악의 상황에 처했다. 현재 불가리아 주민들의 43%가 빈곤선 이하에서 살고 있고, 소피아의 슬럼 인구는 유럽에서 가장 많은 것으로 추산된다. 유럽에서 가장 비참한 슬럼으로 간주되는 파쿨테타Fakulteta의 '캄보디아'가 있는 곳도 소피아이다. 이곳에서 3만 5,000명의 집시(그중 90%가 무직)는 심지어 게토보다 열악한 상황에서 살고 있다. 이들이 처해 있는 비참한 상황은 인도의 달리트Dalit (불가촉천민) 계층을 연상시킬 정도이다.[61] 그러나 유럽에서 가장 가난한 도시는 소피아가 아니라 엘바산(인구 11만 명)이다. 과거에 알바니아의 중공업 중심지였던 엘바산은 이제는 이탈리아와 그리스로 건너간 이민자들이 송금하는 돈으로 근근이 연명하는 도시가 되었다. 한편 티라나라는 갑자기 늘어난 도시외곽 판자촌에 둘러싸였다. 이곳의 가난한 주민들 일부는 편집증적인 엔베르 호자Enver Hoxha 독재정권이 온 사방에 다닥다닥 붙여 지은 게딱지같은 집들을 점유한 스쿼터들이다.[62]

## 성공담?

1990년대 전지구화의 최고의 성공담은 중국의 해안 도시들이 지속적으로 직업소득jobs-and-income의 호황을 누리고 있다는 이야기와 '빛나는 인도'가 하이테크 군락과 최신식 산업단지를 자랑하게 되었다는 이야기다. 두 곳에서 모두 개발은 환상이 아니었다. 상하이의 하늘을 뒤덮은 크레인들이나 방갈로르의 새로운 쇼핑몰과 스타벅스는 경제적 역동성을 증명한다. 그러나 이러한 시장의 기적은 경제적 불평등의 심화라는 엄청난 대가를 치르고 얻어진 것이다.

아시아 국가들 가운데 가장 평등주의적인 국가였던 중국은 1970년대 후반 이래 소득과 부의 분배에 있어서 가장 불평등한 국가로 바뀌었다. 아지주르 칸Azizur Khan과 카를 리스킨Carl Riskin이 한 독창적인 저서에서 지적한 것처럼, "도시에서 불평등이 증가하는 비율은 시골에서 불평등이 증가하는 비율보다 높았다".[63] 한편에서는 벼락부자가 생겨나고, 다른 한편에서는 도시 빈민이 양산된다. 도시 빈민에는 공장 폐쇄 이후 빈민으로 전락한 전통적인 의미의 노동자와 함께 시골에서 올라온 망류 노동자가 포함된다. 간소하고 안전했던 마오쩌둥 시대 중국의 도시 주민들은 이른바 '한솥밥'을 먹었지만 지금은 사정이 달라졌다. 1997년 공산당 당대회에서 장쩌민 국가주석은 "노동자는 고용에 대한 생각을 바꾸어야 한다"고 말했다. 역동적인 시장 사회에서 '요람에서 무덤까지'라는 사회보장 구호는 더 이상 실현될 수 없다는 뜻이었다.[64] 최근 몇 년 동안 구조조정을 당한 수천만의 공장 노동자와 국가 공무원의 입장에서 보자면, 그 말은 사회 안전망이 축소되거나 없어진다는 뜻이었다.

1996~2001년까지 국영 제조회사의 수는 40% 감소했고, 무려 3,600만 명의 노동자가 실직 상태가 되었다. 공식집계로는 실업이 거의 늘지 않은 것으로 나오지만, 이것은 눈속임 통계에 불과하다. 일시해고 상태의 노동자는 '직위이탈'이라는 특별한 범주로 분류되는데, 이들은 근무지 단위로 사회보장 혜택을 받는다는 이유에서 실직자로 계산되지 않는다. 현실적으로 도시 실업은 8~13%로 추산된다. 『극동경제리뷰』 편집장 패멀라 야츠코Pamela Yatsko에 따르면, 중국의 실직 노동자 중에서 여성의 비율이 이례적으로 높은 것은 "정부가 보기에 임시해고된 여성들이 실직 남성들에 비해 안보에 덜 위협적이기 때문이다". 한때 산업 노동(용접공, 선반공, 조선 기사)에 종사했던 여성들은 이제 저임금 용역(가정부, 여급, 유모, 노점상)을 찾아 헤매게 되었다.[65]

역사의 한 획을 그었던 마오쩌둥 시대 영웅들은 대부분 도시에서 공직자의 특권을 누리고 있으며, 이러한 특권은 흔히 평생 동안 보장된다. 그러나 물밀듯이 도시로 들어오는 농민들이 최소한의 사회적 권리를 누릴 수 있는 곳은 그들이 떠나온, 황폐화한 고향 마을뿐이다. 예를 들어 상하이에서 300만 명으로 추산되는 망류들은 현재 의료보험이나 사회

보장 같은 혜택을 전혀 받지 못하는 실정이다. 또 이민자들은 도시에 새로이 도입된 시장경제 체제가 가져온 모순의 희생양이다. 오늘날 중국 도시에서는 농촌 이주민에게 카스트와 다름없는 차별이 가해지는데 이는 "1990년대 이전에 남아프리카에서 흑인이 당했던 차별이나 20세기 전반 내내 미국에서 흑인과 아시아인이 당했던 차별"에 비견된다.[66] 야츠코에 따르면, 1990년대 후반 상하이에서 계속해서 반복된 장면들은 불쾌하게도 1930년대 영화 등에서 '악의 도시'evil city로 등장했던 옛 모습을 연상시킨다.

> 중국의 모든 곳이 그렇듯, 이 도시의 이주자들 역시 몇몇 낮은 지위의 일거리밖에는 얻을 수 없다. 이주자들에게는 더 좋은 일거리를 얻을 길이 막혀 있고, 고용 상태임을 증명하지 못하는 이주자는 도시 바깥으로 쫓겨난다. 이주자들이 상하이 주민들과 어울리는 경우는 거의 없다. 상하이 주민들은 시골 친척들을 경멸하며 범죄가 일어나면 우선 이주자들에게 비난의 화살을 돌린다. 망류 노동자 대다수는 도시 곳곳의 건설현장에서 일자리를 구하려는 남성들로, 현장의 막사에서 새우잠을 자거나 변두리의 값싼 여관을 이용한다. 일자리를 얻지 못한 사람들은 보도블록을 잠자리로 삼는다. 여성들은 상하이 가정이나 위험한 뒷골목의 퇴락한 이발소에서 잡역부로 일하는 경우가 많다. 이발소 잡역부는 한 사람의 머리를 감겨주는 대가로 10위안(미화 1.20달러)을 받는데, 성적 봉사를 제공하면 약간 더 받는다. 도시로 흘러든 이주민 행렬에는 아이들도 포함되어 있다. 더러운 얼굴에 누더기를 걸친 떠돌이 아이들은 (엄마가 있는 경우나 없는 경우나) 유명 나이트클럽, 특히 외국인이 많이 드나드는 유흥업소 바깥에서 동전을 구걸한다.[67]

중국 관료들이 경제성장 지표들을 찬양하는 것도 이해할 수 있다. 중국의 GDP는 놀랍게도 1980년부터 연평균 10%씩 성장했다. 그러나 중국 관료들은 빈곤에 대해서는 별로 말이 없다. 중국의 사회 지표를 신뢰할 수 없다는 사실은 공식적으로 인정된 바 있다. 2002년 정부 최고의 자문기관인 국무원 발전연구센터國務院 發展硏究中心에서는 도시 빈곤이 근본적으로 과소평가되었다고 경고하며, 도시 빈곤의 공식 수치를 1,470만 명에서 3,710만 명으로 늘려 잡아야 한다고 주장했다. 물론 발전연구센터에서도 인정하는 바와 같이, 수치를 이렇게 늘려 잡는다 해도, 수천만 명의 임시해고 고용자 및 여전히 농민의 범주에 들어가는 1억 명의 망류 노동자는 계산에 포함되지 않는다.[68]

중국과 비교하면 인도는 도시 빈민 문제를 솔직하게 인정하고 공개적인 의제로 삼는 편이다. 그러나 최근 경제성장의 이면을 비판하는 인도의 사회과학자들과 활동가들의 목소리는 경제성장을 찬양하는 공식적 수사에 밀려나는 추세다. 경제 신문 독자들이 익히 알고 있는 바와 같이, 1991년 이후 인도 경제는 가혹한 신자유주의적 구조조정으로 인해 하이테크 붐과 주식시장 거품이 생겨났고, 그 진원지는 방갈로르, 푸네, 하이데라바드, 첸나이 등 몇몇 신데렐라 도시들이었다. 1990년대 동안 GDP는 6% 증가한 반면에, 뭄바이 주식중개소의 자본평가는 매년 거의 2배로 늘어났고, 이로 인해 100만 명에 이르는 신흥 백만장자가 생겨났다. 이들은 대부분 서니베일이나 레드먼드에서 돌아온 인도의 공학자와 컴퓨터 과학자들이었다. 그러나 이와 함께 빈곤이 증가했다는 사실에 대해서는 별로 알려진 바도 없고, 사람들도 관심을 갖지 않는다. 실제로 인도에서는 '벼락경기'의 와중에 5,600만 명의 극빈자가 새로 생겨났다. 시브룩이 강조한 것처럼, 1990년대 초는 "인도가 독립한 이후 빈민에게 가장 힘든 시기"였을 것이다. 한 가지만 예로 들면, 농산물에 대한 가격규제가 없어지면서 1991~1994년 사이에 가격이 58% 올랐다.[69]

성장은 어마어마한 불균형 상태로 진행되어왔다. 정보 테크놀로지 부문에 엄청난 투기성 투자가 이루어지면서 농업은 정체 상태로 방치되었고 인프라는 낙후된 상태로 내버려졌다. 신자유주의를 표방한 바라티야 자나타BJP, Bharatiya Janata Party 정권은 신흥 백만장자들에게 세금을 매기기보다는 국영기업을 민영화함으로써 국고를 채웠다. 덕분에 지금 엔론사社는 뭄바이 근처에서 전기를 팔아먹으면서 공공요금의 3배를 거둬간다. 중국과 마찬가지로, 인도의 신자유주의 정책은 그렇지 않아도 방치되었던 시골을 완전히 초토화했다. 전체 시골 가구의 3/4이 위생설비나 깨끗한 식수를 꿈도 꾸지 못하는 상황이다. 빈민들은 "비즐리, 다다크, 파니(전기, 도로, 식수)"를 외치지만, 그들의 외침을 듣는 사람은 아무도 없다. 프라풀 비드와이Praful Bidwai는 2000년 『아시안타임스』에서 이렇게 보도했다.

> 케랄라 주나 마하라슈트라 주처럼 사회 지표가 비교적 양호한 곳에서도 영아사망율은 증가하는 추세다. 〔……〕 정부는 의료, 상수도 공급, 교육, 위생에 들어가는 비용을 줄일 뿐 아니라, 농촌 프로그램, 농촌 고용, 반反빈곤 요강 등을 포함하여 농촌 개발에 들어가는 비용을 줄이는 추세다. 인도 인구의 70%가 살고 있는 농촌 지역에서 평균소득 증가율은 1980년 대 3.1%에서 현재 1.8%로 급격히 감소했다. 작년 농업 노동자의 실질임금은 2% 이상 하락했다.[70]

도시의 중간계급이 캘리포니아식 트랙트홈*과 헬스클럽에 대한 새로운 취향을 기르고 있는 동안, 좌절한 농촌 빈민은 떼를 지어 자살하고 있다. 에드워드 루스Edward Luce 기자가 2004년 7월 기사에서 쓴 것처럼, 안드라프라데시의 경우만 보아도 "올해에만 농부 500명이 외상 농약을 마시고 자살하여 외상값을 갚을 수 없게 되었다".[71] 한편, 시골의 상황이 점점 막막해지면서 엄청난 숫자의 가난한 농민들과 노동자들이 고향을 떠났다. 이들에게는 방갈로르 같은 하이테크 신흥도시 외곽의 슬럼으로 이주하는 것 말고는 다른 대안이 없었다.

인도의 소프트웨어 및 컴퓨터 서비스 기업의 본산이자 군용 항공기 제조의 중심지인 방갈로르(인구 600만)는 캘리포니아식 쇼핑몰, 골프장, 고급 누벨퀴진nouvelle cuisine[프랑스식 퓨전 식당—옮긴이], 5성호텔, 영화를 영어 버전으로 상영하는 극장 등을 자랑한다. 수십 개 공과대학 캠퍼스에는 오라클, 인텔, 델, 매크로미디어의 로고가 걸려 있고, 지방대학과 기술대학에서는 해마다 4만 명의 숙련 노동자와 기술자가 배출된다. 방갈로르는 스스로를 "번창하는 전원도시"로 선전하는데, 실제로 방갈로르 남부 교외는 중간계급의 샹그릴라라고 할 수 있다. 한편, 혜택받지 못한 주민들은 가혹한 도시재개발 프로그램으로 인해 도심에서 변두리 슬럼으로 쫓겨나, 시골에서 올라온 가난한 이주민과 한데 섞여 살고 있다. 200만 명으로 추산되는 빈민들이(대부분 경멸의 대상인 법정카스트에 속한다) 1,000개 가량의 악취 나는 슬럼에서 스쿼터로 살아간다. 슬럼은 대부분 정부 소유 토지에 세워져 있는데, 슬럼의 성장 속도는 전체 인구

---

* 똑같은 형태의 주택이 10~100가구씩 모여 공원 등을 공유하는 교외 주택단지. 요즘 한국에서 '타운하우스'라고도 한다.

증가 속도의 2배였다. 연구자들의 표현을 빌리자면 방갈로르 변두리는 "도시 빈민들을 처리하는 쓰레기장이다. 도시경제가 굴러가기 위해서는 이들의 노동력이 필요하지만, 최대한 눈에 보이지 않는 곳에 치워놓아야 한다".[72]

방갈로르 인구의 절반이 카푸치노는커녕 마실 물도 없다. 방갈로르 에는 넝마주이와 떠돌이 아이들(9만 명)의 수가 소프트웨어 긱(6만 명)의 수보다 많다. 셍크에 따르면, 10개 슬럼이 이리저리 흩어진 어느 지역의 경우 주민은 10만 2,000명인데 변소는 19개밖에 보이지 않았다.[73] UN 과 세계은행의 방갈로르 주재 고문이기도 했던 벤자민의 보고에 따르면, "아이들은 설사와 기생충 감염이 심각하고 상당수가 영양실조에 시달린 다. 슬럼의 영아사망율은 전국 평균보다 훨씬 높다". 게다가 2000년 무 렵에는 인도와 방갈로르에서 신자유주의의 거품이 꺼지기 시작했다. 다 시 말해, 소프트웨어는 계속 성장세를 보였지만 "그 밖의 다른 부문, 특 히 공공부문에서 고용 전망은 급격히 감소하거나 불안해졌다. 이로 인 해 화강암·강철·색유리 사무실(대부분 소프트웨어 회사 소속)은 엄청난 호황을 누리는 반면에, 그 밖의 다른 공장은 주문 감소와 신용 상태 악화 로 엄청난 불황을 겪는다".[74] 서구의 한 유명한 경제 전문가는 "방갈로르 의 하이테크 붐은 빈곤의 바다에 던져진 두레박 속에 들어 있는 물방울 하나"임을 슬프지만 인정하지 않을 수 없다고 했다.[75]

# 잉여 인간?

*공장도 없고 작업장도 없고 일자리도 없고 고용주도 없는
프롤레타리아가 임시직을 전전하며 생존의 바다에서 허우
적거린다. 타다 남은 잿더미를 헤집고 다니는 듯한 삶을 이
어간다.*

— **파트릭 샤무아조**[1]

　　　　　　　　　　　1978년 이래로 신자유주의적 세계화가 야기
했던 야만적 지각변동은 빅토리아 시대 후기의 제국주의 시기(1870~
1900)에 '제3세계'라는 것이 처음으로 만들어진 재난의 과정에 비견될
수 있다. 19세기 말, 아시아와 아프리카의 생계형 농업은 세계시장에 엄
청난 규모로 강제 편입되었고, 이로 인해 수백만 명의 농민이 굶어죽었
고 수천만 명의 농민이 고향의 농토를 떠났다. 이것은 라틴아메리카를
포함하는 광대한 지역의 농촌이 '반半프롤레타리아화'하는 계기가 되었
다. 생계를 보장받지 못할 만큼 가난해진 반半농민과 농업 노동자가 엄
청난 규모의 전지구적 계급을 형성한 것이다. 결국 고전적 마르크스주
의의 예상과는 달리, 20세기는 도시 혁명의 시대가 아니라 전대미문의
농촌봉기와 농민 기반 민족해방전쟁의 시대가 되었다.[2]

최근의 구조조정은 제국주의 시대 못지않은 엄청난 규모로 인류의 미래를 재편한 듯하다. 『슬럼의 도전』의 결론대로 "도시는 성장과 번영의 중심이 된 것이 아니라, 미숙련·무방비·저임금의 비공식 서비스업 및 무역에 종사하는 잉여 인간의 처리장이 되었다". 이 책의 저자들이 솔직하게 인정하는 바와 같이 "이러한 비공식 부문의 발생은 시장개방의 직접적 결과였다". 브라질의 몇몇 사회학자들은 이러한 과정을 농토 없는 농민들의 반‡프롤레타리아화와 흡사한 **수동적 프롤레타리아화**라고 명명했다. 이것은 전통적인 (재)생산 형태가 사라짐과 함께 1·2차산업 생산자의 절대다수가 공식 노동시장에서 무급 상태로 전락하는 상황을 뜻한다.[3)

법적으로 그 존재와 권리를 인정받지 못하는 이 비공식 노동계급에게는 역사상 중요한 선례가 있었다. 유럽의 근대사에서 도시 비공식 경제의 대표적 사례는 더블린이나 런던의 이스트엔드가 아니라 나폴리였다. 스노든의 탁월한 연구에 따르면, "19세기의 가장 충격적인 도시"인 나폴리에서 도시가 빈곤해지고 생존을 가능하게 하는 자잘한 틈새들이 계속해서 만들어지면서 "만성적 노동 과잉" 상태가 기적적으로 지속되었다. 영구 실업은 약 40%로 추산되었다. 구조적 실업난은 다양한 비공식 경쟁을 전시하는 초대형 박물관으로 변형되었다. 스노든이 묘사하는 19세기 이탈리아 통일운동risorgimento 시대, 나폴리의 다채롭고도 비극적인 거리 풍경은 오늘날의 리마나 킨샤사를 연상시킨다.

수만 명의 주민들이 도시의 더러운 골목길을 돌아다니며 물건을 팔아 생계를 이었다. 이로써 지역 경제가 병들어 있음을 알 수 있었다. 나폴리가 상업 지역으로서 병적인 활기를 띠는 것은 이 궁핍에 몰린 장사꾼들 때문이었다. 이 남녀 주민들은 노동자들이 아니라 '누더기를 걸친 자본가들'이었다. 이들의 역할은 곤혹스러울 정도로 다양했기 때문에 온갖 계량화의 시도가 실패로 돌아갔다. 이곳 생활에 정통했던 누군가는 이들을 '영세 사업가들'이라고 불렀다. 신문팔이는 거리의 엘리트로서 1년 내내 한 업종에 종사하며 안정된 소득을 올렸다. 신문팔이를 제외한 장사꾼들은 '집시 상인', 즉 수시로 직종을 바꾸며 기회를 엿보는, 시장 안의 진정한 유목민이었다. 채소, 밤, 신발끈을 파는 이들도 있었고 피자, 홍합, 중고 의류를 배달하는 이들도 있었고 광천수, 옥수수 곰방대, 사탕을 파는 이들도 있었다. 이들 가운데는 1주일에 2~3센테시모를 더 벌기 위해 심부름, 전단지 배포, 가정집 배설물 및 쓰레기 청소 등을 겸업하는 이들도 있었다. 또 부자가 죽었을 때 포지오레알레 묘지까지 장례 행렬을 따라가는 일을 직업으로 삼은 사람들도 있었다. 거지들도 장례 행렬을 따라가면 돈을 벌 수 있었다. 신사계급은 조문객의 규모로 인망과 권력을 확인했기 때문이다.[4]

오늘날 나폴리 같은 도시는 수백 개, 수천 개로 늘어났다. 1970년대에 카스텔을 비롯한 급진적 사회비평가들은 슬럼 주택과 비공식 경제를 연관짓는 '주변성의 신화'를 자신 있게 비판할 수 있었다. 실제로 1970년대 당시 수많은 공장 노동자와 공무원들이 카라카스와 산티아고 같은 도시들의 기준미달 주택에서 기주하고 있었기 때문이다.[5] 적어도 라틴아메리카의 경우, 수입대체 산업화 시대에 도시 노동시장에서 비공식 고용은 상대적으로 **감소**하는 추세였다(1940년 29%에서 1970년 21%).[6]

그러나 1980년대 이후 비공식 경제는 다시 한번 엄청나게 늘어났고, 도시의 주변성과 직업의 주변성의 일치는 반박할 수 없는 압도적 사실이 되었다. UN에 따르면, 비공식 노동자는 개발도상국 경제활동 인구의 약 2/5에 해당한다.[7] 미주개발은행IDB, Inter-America Development Bank의 추가적 조사에 따르면, 지금 라틴아메리카에서 비공식 경제는 노동력의 57%를 고용하고, 새로운 '일거리' 5개 중 4개를 공급한다(2000년에서 2004년까지 멕시코에서 창출된 일자리는 '전부' 비공식 부문에 속한다).[8] 그밖의 자료에 따르면, 인도네시아 도시 주민의 절반 이상, 중부 아메리카 주민의 60~75%, 다카와 하르툼 인구의 65%, 카라치 인구의 75%가 비공식 부문에서 생계를 연명한다.[9]

페루의 우앙카요나 인도의 알라하바드와 자이푸르 등 비교적 작은 도시들은 비공식화가 더욱 심각하다. 노동력의 3/4 이상이 '지하 경제'라는 어두운 세계에 존재한다.[10] 마찬가지로 중국에서는 농촌에서 도시로 이주한 수백만의 농민들이 도시에서 살아남기 위해 가장 불안정한 (그리고 대체로 불법적인) 일자리에 매달린다. 아프로디치오 라키안Aprodicio Laquian에 따르면, "중소도시에서 대부분의 일거리는 비공식 부문에 속한다. 식료품 노점, 식당, 미용실, 이발소, 의상실, 양장점, 소규모 물물교환 등이 그것이다. 이러한 비공식 부문의 일거리는 주로 노동집약적인 형태로서 상당수의 노동자를 흡수할 수 있는 반면, 경제적 효율성과 잠재적 생산성은 미심쩍은 것이 사실이다".[11]

사하라 이남 아프리카 대부분의 도시에서 공식적 일자리 창출은 사실상 더 이상 존재하지 않는다. ILO 연구에 따르면, 1990년대 초반 '스태그플레이션' 구조조정하의 짐바브웨 도시 노동시장에서 공식 부문은 해마다 1만 개의 일자리를 창출한 데 그친 반면, 도시 노동인구는 해마다 30만 명 이상 증가했다.[12] 마찬가지로 OECD의 서아프리카 공식 부문 축소 현황 연구에 따르면, 2020년이 되면 공식 부문에 고용된 노동력은 전체 노동력의 1/4에도 미치지 못할 것으로 예상된다.[13] 이는 앞으로 10년 동안 아프리카 도시들에 새로 생길 노동자의 90%를 비공식 고용이 흡수하리라는 UN의 암울한 예상과도 일치한다.[14]

## 비공식 경제에 대한 환상

약 10억 명에 이르는 전 세계 비공식 노동계급은 슬럼 인구와 겹치는 부분도 있지만 완전히 일치하는 것은 아니다. 비공식 노동계급, 이들은 지구상에서 가장 빠르게 성장하는 계급이자 역사상 유례없는 계급이다. 인류학자 키스 하트Keith Hart가 1973년에 처음으로 '비공식 부문' 개념을 도입한 이래로, 새로운 도시 빈민의 생존 전략이라는 거대한 이론적·경험적 문제들을 다루는 문헌들이 엄청나게 쏟아졌다. 물론 매판 상하이나 식민지 인도의 경우에도 도시의 비공식 부문(굽투에 따르면 "압도적이고도 영속적인 현실")은 존재했다. 빅토리아 시대에도 상당한 규모의 비공식 부문이 존재했다. 그러나 오늘날 비공식 부문이 거시경제에서 담당하는 역할은 가히 혁명적이다.[15]

1980년대에 비공식 부문 고용은 공식 부문보다 2~5배 빠르게 성장했다. 1980년대 위기로 인해 비공식 부문과 공식 부문이 경제에서 차지하는 상대적 위치가 역전되고, 제3세계 대다수 도시에서 비공식적 생존 지상주의survivalism가 주요 생활양식으로 새롭게 자리 잡았다는 데에 연구자들은 기본적으로 동의한다. 산업화가 급속도로 진행되는 중국의 도시들에서도 "도시 빈민은 기초적인 비공식 활동에 몰두함으로써 살아남을 수 있었다".[16] 물론 비공식 프롤레타리아의 일부는 공식 경제의 노동력을 보충하는 비밀창고이기도 하다. 수많은 연구가 폭로한 것처럼, 월

마트를 비롯한 거대 기업의 하청 네트워크는 콜로니아와 촐의 참상에 깊이 연루되어 있다. 마찬가지로 공식 고용이 점차 임시직으로 바뀌는 현상과 비공식 부문이 최악의 상황에 처하는 현상은 완전히 단절되어 있다기보다는 연속선상에 놓여 있는 듯하다. 어쨌든 슬럼에 살고 있는 노동 빈민의 대다수는 오늘날의 세계경제 속에서 그야말로 근본적으로 불안정한 상황에 놓여 있다. 따라서 1960년대 근대화 이론가들과 '진보를 위한 동맹'Alliance for Progress* 선전가들이 채택했던 토다로모델을 연구자들은 더 이상 받아들일 수 없게 되었다(이 모델에 따르면 비공식 부문은 도시에서 살아가는 기술을 익히는 일종의 학교이며, 대부분의 농촌 출신 이민자는 비공식 부문을 졸업하고 공식 부문에서 일자리를 얻게 된다).[17] 계층 이동은 아래에서 위로 올라가는 경우는 전혀 없고, 전부 위에서 아래로 내려가는 듯하다. 공식 부문 잉여 노동자와 해고당한 공무원이 지하 경제로 전락하는 경우가 대표적인 사례이다.

　요컨대 비공식 부문의 성장이란 '활동' 실업의 폭발적 증가를 뜻한다. ILO의 오베라이에 따르면, '활동' 실업이란 "완전실업의 증가를 대신하는 불완전고용과 위장 실업"이다. 그러나 사람들은 이렇듯 자명한 결론 대신 좀더 희망적인 결론을 내기 위해 애써왔다.[18] 그러나 얀 브레먼Jan Breman 같은 베테랑 연구자(브레먼은 40년 동안 인도와 인도네시아의 빈곤 문제를 연구했다)는 아래에서 위로의 계층이동이 대부분 "소망에서 비롯된 거짓"이라는 결론에 도달했고, 자조自助와 NGO 규모의 프로그램 신봉자들은 이러한 결과 앞에 경악했다.[19] 한편, 세계은행을 비롯한 이

---

* 1961년 미국 대통령 존 F. 케네디가 제창한 미국과 22개 중남미 국가들 간의 경제·사회 발전 계획. 미국이 10년 동안 200억 달러의 원조와 민간 투자를 제공하고 중남미 국가들이 시장경제화를 추진한다는 내용을 골자로 한다.

른바 워싱턴컨센서스 지지 세력이 연구비를 지원하는 수많은 연구들은 비공식 부문이 제3세계 도시의 모든 문제를 해결할 놀라운 잠재력을 가지고 있다는 믿음에서 위로를 찾는다.

데소토는 주변화된 노동자와 농민 출신 이주자로 이루어진 이 엄청난 인구가, 공식적 재산권과 규제 없는 경쟁 공간을 열망하며 정신 나간 벌떼처럼 모여드는 원초적 형태의 자본가라고 주장한 것으로 유명하다. "개발도상국에서 대중이 억압받는 합법적 프롤레타리아로 이루어져 있는 것이 아니라 법의 지배 밖에 있는 영세 **사업가**로 이루어져 있음을 알면 마르크스는 깜짝 놀랄 것이다."[20] 앞에서 본 것처럼, 데소토의 자력갱생 모델이 인기를 누리는 것은 무엇보다도 그 처방의 단순함 때문이다. 국가(그리고 공식 부문 노조)를 없애라, 영세 사업가에게 적당한 신용을 주고 스쿼터에게 토지의 명의를 주라, 그리고 시장은 제 갈 길을 가게 하라, 그러면 성찬의 포도주가 예수의 피가 되듯 빈곤이 자본으로 변하리라. 이것이 데소토의 처방이다(데소토의 이러한 낙관주의에 영감을 얻은 몇몇 개발 원조 관료들은 심지어 슬럼을 "전략적 저소득 도시생활 경영체계"로 재규정하는 어이없는 행태를 보이기도 했다).[21] 그러나 비공식 부문에 대한 이러한 반⊬유토피아적 시각은 일련의 인식론적 오류에서 비롯된다.

**첫째**로 신자유주의적 대중주의자들은 인류학자 윌리엄 하우스 William House가 1978년에 나이로비 슬럼의 사례연구에서 경고했던 바를 무시했다. 하우스에 따르면, 최소한의 자본 축적과 '생계 기준 이하의 생존'sub-subsistence을 구분해야 한다. "저개발국가의 도시경제를 공식 부문과 비공식 부문으로 양분하는 것은 부적절하다. 비공식 부문은 최소한 두 부문으로 세분할 수 있다. 하나는 역동적 예비 사업가들로 이루어진 중간 부문이고, 다른 하나는 대규모의 잔여 노동력 및 불완전고용 노동력을 포함하는 빈민 집단이다."[22]

하우스의 논의를 따르는 알레한드로 포르테스Alejandro Portes와 켈리 호프만Kelly Hoffman은 최근 연구에서 SAP와 신자유주의가 1970년대 이후 라틴아메리카 도시 계급구조에 미친 전반적인 파장을 분석했다. 포르테스와 호프만은 **비공식 프티부르주아**(5인 이하의 노동자를 고용하는 영세 사업가들과 자영 전문직·기술직을 합한 숫자)와 **비공식 프롤레타리아**(자영 노동자의 수에서 전문직 및 기술직을 제하고, 가정부, 영세 사업체의 유급·무급 노동자를 합한 숫자)를 신중하게 구분했다. 포르테스와 호프만에 따르면, 비공식 부문이 확장되는 현상과 공공부문 고용 및 공식 프롤레타리아가 감소하는 현상 사이에는 밀접한 관계가 있다. 다시 말해, 데소토가 찬양하는 영웅적 '영세 사업가'는 공공부문에서 쫓겨난 전문직이거나 실업 상태의 숙련 노동자인 경우가 대다수다. 1980년대 이후 '영세 사업가'는 도시 경제활동 인구의 5%에서 10% 이상으로 증가했다. 이러한 추세는 "공식 부문 고용 감소로 인해 과거의 봉급생활자가 **기업가 정신을 강요당한 상황**"을 반영한다.[23]

**둘째**로 대부분의 주택 연구에서 판자촌 세입자가 눈에 띄지 않는 것과 마찬가지로, 제3세계 노동시장 연구에서 비공식 부문 고용자는 (유급 고용자와 무급 고용자를 막론하고) 거의 무시되어왔다.[24] 영웅적인 자영업자라는 스테레오타입이 떠오르기 쉽지만, 실상 비공식 경제에 참여하는 대부분의 사람들은 직접적으로든 간접적으로든 (가령 위탁판매나 손수레 및 인력거 대여의 형태로) 다른 사람에게 고용되어 있다 .

**셋째**로 브레먼이 지적한 것처럼 '비공식 고용'은 공식 계약, 공식 권리, 공식 규제, 공식 구매력이 없음을 의미한다. (갈수록 심화되는) 소액 착취야말로 비공식 고용의 본질이다. 비공식 부문과 공식 부문 사이의 불평등이 심화되는 것과 마찬가지로, 비공식 부문 내에서도 불평등이 심화된다.[25] 데소토가 말하는 비공식 자본의 "보이지 않는 혁명"이란 실은 보이지 않는 무수한 착취 네트워크를 가리키는 용어이다. 그래서 브레먼과 아르빈트 다스Arvind Das는 수라트의 무자비한 미시 자본주의를 다음과 같이 묘사한다.

> 비공식 부문의 특징으로는 노골적인 노동 착취 말고도 조악한 테크놀로지, 저조한 자본 투자, 육체노동에 지나치게 의존하는 생산방식 등이 있다. 또 이윤율이 높고 자본이 엄청나게 축적될 수 있다는 것도 비공식 부문의 특징이다. [……] 과세는커녕 등록도 되어 있지 않기 때문이다. 비공식 부문의 실상을 극명하게 보여주는 장면 중 하나는 다음과 같다. '점잖은' 고물상 주인이 깨끗하게 다림질된 옷을 입고 반들거리는 오토바이에 앉아 있고, 사방에는 고물들이 쌓여 있다. 넝마주이들이 힘겹게 주워온 고물들은 그대로 주인의 이윤이 된다. 그야말로 누더기의 화려한 변신이다.[26]

**넷째**로(둘째와 셋째 항목과 연결된다), 비공식 경제는 필연적으로 여성과 아동에 대한 극단적인 학대를 수반한다. 인도의 노동층 빈민에 대한 권위 있는 연구에서 브레먼은 다시 한번 벽장 속의 해골을 끌어낸다. "비공식화의 가장 무거운 짐을 져야 하는 것은 가장 약한 어깨를 가진 사람들이다. 이들은 공공의 시야에는 포착되지 않는다. 보편적 가난이라는 이미지를 가지고는 비공식 경제 내의 불평등을 제대로 설명할 수 없다. 불평등은 심지어 가족 내에도 만연해 있다."[27]

**다섯째**로 콜카타의 프레더릭 토머스가 말했듯이 자조 자본주의 이데올로기의 설교자들은 낙관주의를 고집하지만, 비공식 부문이 일자리를 생성하는 방식은 새로운 노동 부문을 고안하는 것이 아니라 기존의 노동을 분할하고 이와 함께 소득까지 분할하는 것이다.

> 1명이 할 수 있는 일을 3~4명이 나누어 하는 셈이다. 시장 여성들은 과일이나 채소를 쌓아놓고 몇 시간씩 앉아 있고, 이발사들과 구두닦이들은 하루종일 길가에 쭈그리고 앉아 있지만 손님은 얼마 되지 않고, 남자 아이들은 자동차 사이를 오가며 개별적으로 휴지를 팔거나 차창을 닦거나 잡지나 담배를 사라고 소리치고, 건설 노동자는 매일 아침 일거리가 걸리기를 기다리지만 못 구하는 날이 많다.[28]

잉여 노동이 비공식 '사업가'로 변형되는 모습은 놀라울 때가 많다. 1992년 다르에스살람에 대한 조사에 따르면, 20만 명이 넘는 소상인의 대다수는 민속학 연구대상으로 유명한 마마리셰Mama Lishe(여성 식료품 상인)가 아니라 실업 청년이었다. 연구자들에 따르면 "일반적으로 비공식 소기업은 경제적으로 취약한 도시 주민 대다수가 마지막으로 찾게 되는 고용 형태이다".[29] 또 비공식 영세 사업은 소규모 공식 사업과 경제 공간을 놓고 끊임없이 전쟁을 벌인다. 행상과 작은 가게 주인이 싸우고, 미니버스와 대중교통이 싸우는 식이다.[30] 브라이언 로버츠Bryan Roberts가 21세기 초 라틴아메리카에 대한 연구에서 말했듯이, "'비공식 부문'은 성장하지만 비공식 부문 내에서의 소득은 감소한다".[31]

도시 비공식 부문의 경쟁은 엄청나게 치열해졌다. 인간의 생존경쟁을 열대 자연에서의 생태 투쟁에 비유했던 다윈의 말이 새삼 떠오를 정도다. "수만 개의 날카로운 쐐기들〔도시의 생존 전략〕을 빼곡하게 한데 묶고 쉴 새 없이 두드려 박는다. 이 쐐기가 정통으로 맞을 때도 있고, 저

쐐기가 더욱 세게 맞을 때도 있다." 신참에게 공간을 내주는 유일한 방법은 1인당 가능한 벌이를 줄이거나 최저수입이 줄어드는 상황에서 노동강도를 높이는 것뿐이다. 모든 사람들이 기를 쓰고 모종의 틈새를 (아무리 작은 틈새라도) 비집고 들어온다. 식민지 자바의 농업 경제 연구에서 클리포드 기어츠Clifford Geertz는 이러한 상황을 '퇴축'退縮, involution이라고 명명했다. 대다수의 제3세계 도시에서 퇴축은 비공식 고용구조의 진행 방향을 설명하는 적절한 단어인 듯하다.[32]

도시가 퇴축하는 경향은 19세기에도 있었다. 유럽의 도시·산업 혁명은 고향을 떠나온 농업 노동력 전부를 흡수할 능력이 없었다. 1970년대부터 유럽 대륙의 농업이 북아메리카 프레리[북아메리카 중앙 지역에 발달한 완만한 초원—옮긴이]와 아르헨티나 팜파스[대서양에서 아르헨티나 중부를 거쳐 안데스 기슭까지 펼쳐진 광대한 평원—옮긴이]를 상대로 가혹한 경쟁관계에 돌입하면서 상황은 더욱 악화되었다. 그러나 아메리카 대륙과 오스트레일리아, 그리고 시베리아에는 대규모의 이민자 개척 마을이 세워졌고, 이러한 안전장치 덕분에 거대 더블린이나 초대형 나폴리 같은 도시들이 생겨나는 것을 막을 수 있었다. 또 남유럽 대부분의 빈곤 지역에는 최하층 아나키즘이 뿌리를 내렸던 반면에, 이민자 개척 마을이 세워진 지역들에서는 이런 유의 아나키즘이 그다지 확산되지 않았다. 그런데 오늘날 잉여 노동력이 부유한 나라로 이민을 떠나려 한다면, 전례 없이 높은 장벽에 부딪치게 마련이다.

**여섯째**로 빈민들의 절박한 생존투쟁을 고려하면, 빈곤층이 도시 생존의 '제3경제'(도박·다단계·복권 등 사이비주술적 재산 획득 형태)에 광적인 희망을 건다는 사실은 놀라운 일이 아니다. 방콕 항에 위치한 클롱토에이 슬럼의 가족경제 연구에서 에베르스와 코르프는 이 지역 소득의

20% 이상이 도박과 경마를 통해서 재분배된다는 사실을 밝혀냈다.[33] 또 제3세계 도시 사회 전역에서 종교적 신앙을 가지는 이유는 재산을 획득하거나 행운을 불러들이기 위해서다.

**일곱째**로 이러한 상황을 고려하면, 영세 신용대부나 조합 대출 등과 같은 시도들은 비공식 사업이 현상유지를 하는 데는 어느 정도 도움이 되었던 반면에, 빈곤 축소에는 별 대단한 효과를 거두지 못했다. 세계적인 명성을 떨친 그라민 은행의 산실 다카에서도 상황은 다르지 않았다.[34] 리마의 탁월한 지역사회 조직자인 하이메 호세프Jaime Joseph에 따르면, NGO들은 (선의에서) 영세 사업체를 지역사회의 경제적 거점으로 삼는다는 생각을 집요할 정도로 신봉했고, 이러한 믿음은 급기야 도시형 화물숭배cargo cult〔조상의 영혼이 배나 비행기로 돌아와 백인으로부터 해방시켜주리라고 믿는 원주민 신앙—옮긴이〕의 성격을 띠어갔다. "지금까지의 논의는 소규모 사업체나 영세 사업체가 도시 빈민에게 경제 발전을 안겨주는 주술적인 해답인 양 추켜세우는 경향이 있었다. 그러나 지난 20년 동안 우리가 거대도시에서 증식하는 소규모 사업체들을 연구한 결과를 살펴보면, 대부분은 자본 축적의 기회가 거의 혹은 전혀 없는 단순한 생존 전술이다."[35]

**여덟째**로 비공식 부문 내에서의 경쟁이 치열해지면서, 빈민(특히 여성과 아동)의 생존에 반드시 필요한 사회자본과 자조 네트워크는 고갈 내지 해체되는 경향을 보인다. 아이티의 NGO 활동가 욜레트 에티엔Yolette Etienne은 이러한 신자유주의적 개인주의의 제1원리를 절대적 빈곤화의 맥락에서 설명한다.

이제는 모든 것을 사야 한다. 과거에 여성들은 손님을 환대하고 커피를 대접하고 집에 있는 것들을 함께 나누었다. 이웃집에 가면 함께 식사할 수 있었다. 할머니 댁에 놀러 가면 코코넛 하나쯤 얻어먹을 수 있었고, 고모 댁에 놀러가면 망고 2개쯤 얻어먹을 수 있었다. 그러나 가난이 늘면서 이러한 연대 행위도 사라지고 있다. 지금 어딜 가면, 주인 여자는 커피 한 잔 사 마시지 않겠냐고 물어본다. 돈이 없으면 커피도 없다. 과거에 우리가 서로 도와가며 살아남을 수 있었던 것은 상호부조의 전통 덕분이었다. 지금은 이 모든 것이 사라지고 있다.[36]

마찬가지로, 멕시코의 메르세데스 델라로차Mercedes de la Rorcha의 경고에 따르면 "지난 20년간 지속된 빈곤으로 인해 빈민은 전의를 완전히 상실했다". 챈트는 이렇게 부연한다. "과거에는 친족·가족·지역사회 연대가 생활의 가장 중요한 동력이었지만, 지금 사람들이 서로에게 부탁할 수 있는 것에는 한계가 있다. 안녕을 가로막는 거대한 구조적 장애물 앞에서 상호부조가 얼마나 효과를 발휘할 수 있을지는 미지수다. 특히 우려되는 점은 여성들이 짊어져야 하는 짐이 너무 크기 때문에 개인의 역량이 한계에 이르렀고 더 이상 '여력'이 없다는 것이다."[37]

마지막 **아홉째**, 이렇듯 극심한 경쟁의 조건에서 노동을 좀더 유연화해야 한다는 신자유주의의 처방(예를 들면 세계은행의 『1995년 세계개발 보고서』1995 World Development Report의 처방)은 재앙을 가져올 뿐이다.[38] 데소토의 구호들은 홉스의 지옥으로 내려가는 비탈길에 속도를 더해줄 뿐이다. 노동이 무한정 공급되는 상황에서, 비공식 부문의 경쟁관계는 만인에 대한 만인의 총력전을 방불케 한다. 더구나 여기서 전쟁은 민족적·종교적 폭력이나 인종적 폭력으로 변질될 때가 많다. 비공식 부문의 대부들과 지주들은 경쟁을 규제하고 자신들의 투자를 보호하기 위해 강제력, 나아가 상습적 폭력을 활용한다. 어미스가 지적한 것처럼, "비공식 부문 중에서도 성공적인 영역의 경우에는 자본이나 정치력 측면에서 진입 장벽이 존재하며, 이러한 장벽으로 인해 독점 경향이 생겨난다. 결국 비공식 부문 중에서도 성공적인 영역에는 아무나 진입할 수 있는 것이 아니다".[39] 정치적인 의미에서 비공식 부문은 노동권이 무시되는 반┿봉건적 영역이며 상납, 뇌물, 파벌에 대한 의리, 인종주의적 배타주의가 횡행한다. 도시는 결코 자유로운 공간이 아니다. 〔노점을 위한〕 길가 공간, 대여 인력거, 건설현장의 일용직 노동, 하녀의 신원보증 등을 얻으려면 먼저 모종의 폐쇄적 네트워크 — 이를테면 인종주의 의용군이나 폭력조직 — 에 가입하여 비호 세력과의 관계를 수립해야 한다. 인도의 섬유나 중동의 석유 등 전통적인 공식 산업에 조합이나 급진 정당을 통한 종족 내 연대를 조장하는 경향이 있었다면, 보호받지 못하는 비공식 부문에는 흔히 심각한 종족·종교 차별 및 파벌 폭력이 있다.[40]


## 착취의 박물관

　　　　　　　　열렬한 신자유주의자들은 비공식 부문을 멋진 신세계로 상상하지만, 사실 비공식 부문은 인간에 대한 온갖 형태의 착취를 보여주는 살아 있는 박물관이다. 디킨스, 졸라, 고리키가 묘사했던 빅토리아 시대의 비참함의 목록 가운데 오늘날 제3세계 도시에서 볼 수 없는 것은 하나도 없다. 오늘날의 참혹한 착취는 악습의 잔재 또는 역사의 반복에 그치는 것이 아니라 포스트모던 세계화가 새로운 생명을 부여한 원초적 형태의 착취다. 그리고 그 가장 대표적인 예가 바로 아동노동이다.

　　자활 자본주의 선전가들이 아동을 거론하는 경우는 거의 없다. 그러나 아동의 법외 노동은 대부분 도시의 비공식 경제에서 중요한 부문을 담당하며, 주로 전지구적 수출업자들의 이익을 위해서 이용된다. 세계에서 미국과 소말리아를 제외한 모든 국가가 비준한 '아동권리협약 CRC, Convention on the Rights of the Child'은 아동에 대한 가혹한 형태의 착취를 금하고 있다. 그러나 HRW와 UNICEF가 밝힌 바에 따르면, 이 협약은 가난한 도시들에서 잘 지켜지지 않을 뿐 아니라, 인종적·계급적 편견 앞에서 전적으로 무력하다. 자본주의자들은 오늘날의 미성년 노동의 현황을 은폐하는 데 심혈을 기울이기 때문에, 미성년 노동과 관련된 솔직한 수치를 얻으려는 시도는 벽에 부딪히기 마련이다. 그러나 지금까지 폭로된 내용만 해도 이미 충격적이다.

예를 들어 다카의 슬럼 아동에 대한 최근 연구에 따르면, "10~14세 남녀 아동의 거의 절반이 소득창출 노동에 종사"하며, "5~16세 남녀 아동 가운데 취학률은 7%에 불과하다". 다카는 아시아에서 아동 노동자가 가장 많으며(약 75만 명), 이 아이들이 버는 돈은 가난한 여성 가장 가계소득의 1/2, 남성 가장 가계소득의 1/3 미만이다.[41] 뭄바이는 높은 취학률을 자랑하지만, 아르준 아파두라이Arjun Apparadurai가 지적한 것처럼 "뭄바이의 식당 및 식품 서비스는 어마어마한 경제 규모를 자랑하는데, 거의 그 전체가 방대한 아동 노동 군단에 의존한다".[42] 카이로를 비롯한 이집트의 도시들에서 12세 이하 아동은 노동력의 7%에 해당한다. 여기에는 담배꽁초를 주워서 되파는 수천 명의 떠돌이 아이들이 포함된다(하루에 담배 1갑을 사려면 빈민 월급의 절반이 들어간다).[43]

그러나 아동 노예 및 아동 착취의 수도는 우타르프라데시 주에 위치한 힌두교의 성지 바라나시일 것이다(인구 110만). 사원들과 성자들로 유명할 뿐 아니라 섬유산업으로도 유명한 이곳 바라나시는 노예계약 상태의 14세 이하 아동 20만 명 이상을 동원하여 융단을 짜고 사리sari에 자수를 놓는다.[44] 상상을 초월하는 빈곤 속에서 살아가는 농촌의 달리트와 모슬렘은 소액대출과 현금보상의 대가로 아이들(혹은 가족 전체)을 약탈적 브로커에서 팔아넘긴다. UNICEF에 따르면, 수전 닝의 아이들이 융단 공장에 온 이유는 "유괴당했거나 감언이설에 속았거나 부모가 얼마 되지 않는 돈을 받고 팔았기 때문이다".

대부분의 아이들은 감금 상태에서 고문과 강제노동에 시달린다. 노동시간은 하루에 20시간이며, 휴식시간은 아예 없다. 매우 어린 아이들이 매일 새벽부터 저녁까지 쭈그린 자세로 앉아 있기 때문에 한창 자랄 나이에도 제대로 성장하지 못한다. 지역 활동가들의 말을 들어보면, 양탄자 직조기 주인들이 마피아식 권력을 휘두르기 때문에 활동가가 일하기에도 대단히 어려운 상황이다.[45]

HRW의 조사에 따르면, 바라나시의 실크사리 공장도 나을 것이 없다. "아이들의 노동시간은 하루에 12시간 이상, 1주일에 6.5~7일이며, 일하는 동안에 신체적·언어적 학대에 시달린다. 가장 어린 아이는 5세이다. 전혀 임금을 받지 못하는 아이도 있다. 가장 임금을 많이 받는 아이가 한달에 400루피(미화 8.33달러)를 받는다." 공장을 시찰한 조사단은 9살짜리 어린 아이가 방적기에 사슬로 묶여 있는 장면을 목격하기도 했다. 남자아이들은 누에고치를 가열하는 위험한 일을 하느라 온몸이 화상에 덮여 있었고 여자아이들은 어두운 불빛 아래 몇 시간씩 수를 놓느라 하나같이 시력이 망가져 있었다.[46]

역시 우타르프라데시 주에 위치한 유리 산업의 수도 피로자바드(인구 35만 명) 역시 미성년 노동으로 악명 높다. 인도 대륙에서 가장 악독한 공장들(약 400군데)에서 5만 명의 아이들이 만드는 유리팔찌를 가장 애용하는 사람들이 기혼 여성이라는 사실은 씁쓸한 아이러니다.

아이들은 온갖 종류의 일을 한다. 불에 녹은 유리 덩어리를 쇠꼬챙이 끝에 꽂아 운반하는 일(쇠꼬챙이 길이가 60cm밖에 되지 않아 매우 위험해 보인다), 용광로에서 불에 녹은 유리를 꺼내는 일(용광로 온도는 1,500~1,800℃인데, 아이들은 팔이 너무 짧아 몸이 용광로에 닿을 지경이다), 통풍이 거의 혹은 전혀 되지 않는 방에서 작은 등잔불을 켜놓고 유리로 팔찌 모양을 만드는 일(통풍이 되지 않는 이유는 바람이 불면 등잔불이 꺼질 수 있기 때문이라고 한다). 공장 바닥에는 온통 깨진 유리조각이 널려 있는데, 뜨거운 유리를 들고 이리저리 뛰어다니는 아이들은 발을 보호해줄 신발 한 짝 신고 있지 않다. 사방에는 피복이 벗겨진 전선이 대롱대롱 매달려 있다. 공장주들은 굳이 배선·절연 공사까지 할 필요는 없다고 생각한 것이다.[47]

전 세계적으로 도시 미성년 노동에서 가장 큰 비중을 차지하는 것은 가사 부문이다. 제3세계의 도시 중간계급 가운데 상당수가 가난한 어린이와 청소년을 직접적인 형태로 착취한다. "콜롬보의 중간소득 가구를 대상으로 조사한 바에 따르면, 3가구 중 1가구가 14세 미만 청소년을 가정부로 두고 있다." 자카르타의 경우에도 비율은 동일하다. 산살바도르와 과테말라시티는 물론 포르토프렝스에서도, 7~8세의 가정부가 1주일에 90시간씩 일하면서 한 달에 하루만 쉬는 것은 그리 드문 일이 아니다. 평균 노동시간은 하루 16시간이며, 1주일에 7일을 일한다. 정해 놓고 쉬는 날은 아예 없다.[48]

도시의 가난한 아이가 여전히 노예 또는 노예계약 노동자 취급을 당한다면, 그 아이의 아버지는 여전히 수레 끄는 짐승 취급을 당한다. 아시아에서 인력거는 예로부터 밑바닥 노동의 상징으로 악명이 높았다. 1860년대 일본에서 만들어진 인력거는 동아시아 및 남아시아 대도시에서 노새 수레와 마차를 젖히고 새로운 탈것으로 부상했고, 이로써 '인간 짐승'이 주된 운송 수단으로 떠올랐다. 일본을 제외하면, 인력거는 1차 세계대전 이후 전차와의 경쟁에서도 살아남았다. 편리하고 저렴할 뿐 아니라 소부르주아의 지위를 증명하는 '인증서' 역할을 해주었기 때문이다. 1920년대 북경 소설가의 글에는 이런 말이 나온다. "자가용 인력거도 없다면, 당신 도대체 뭐냐?"[49] 인력거 운전은 도시 노동 가운데 가장 고된 일로 여겨졌다. 적어도 상하이에서 대부분의 인력거꾼은(운수 좋은 날 하루 수입이 10센트 정도다) 2~3년 내에 심장마비나 결핵으로 사망했다.[50]

혁명가들은 당연히 인력거를 비판했고, 수십만 명의 인력거 운전수들에게 해방의 날을 약속했다. 그러나 아시아 일부 지역의 경우, 그 해방의 날은 아직 오지 않고 있다. 인력으로 움직이는 비공식 교통편 — 여기에는 구식 인력거와 자전거를 개조한 페달택시(1940년 발명)가 포함된다 — 에 매여 있는 피착취 빈민층 남성의 숫자는 1930년보다 지금이 오히려 더 많다. ILO의 추산에 따르면, 지금 아시아의 거리를 오가는 인력거꾼은 300만 명 이상이다.[51] 다카의 경우(한 도시계획 입안자가 시브룩에게 들려준 말을 빌리면, 다카가 '신의 도시'로 불리는 이유는 인간의 통제 없이 저절로 굴러가기 때문이다), "인력거는 도시 고용에서 두번째로 큰 부문을 차지한다"(첫번째 부문은 100만여 명이 고용된 의류 공장이다). 아무런 명예도 주어지지 않는 제3세계의 랜스 암스트롱Lance Armstrongs [장애를

극복하고 투르드프랑스에서 7연패를 달성한 유명 사이클 선수—옮긴이)이라 할 수 있는 20만 명의 릭샤왈라rickshawallah(인력거꾼)들은 1달러를 벌기 위해 다카의 악몽 같은 교통 혼잡과 공해 사이를 하루 평균 60km씩 달려간다.[52] 인력거는 빈곤이 심화되는 도시에서 갈 데까지 간 남성이 할 수 있는 마지막 직업이다. 허가 인력거꾼과 무허가 인력거꾼 사이에는 극심한 경쟁이 벌어지며, 무허가 인력거꾼은 단속의 공포 속에 살아간다. 경찰이 주기적으로 불법 '차량'을 몰수하고 불태우기 때문이다.[53]

콜카타의 경우에도(브레먼의 표현대로, 여기서 인력거 운전은 "도시의 소작小作, sharecropping"이다) 5만 명의 비하리 출신 이주자들이 인력거 산업의 뼈대를 이룬다. 이들은 대부분 (때로 수십 년 동안) 가족과 떨어져 살면서 헛간이나 마구간 같은 숙소에서 여러 명이 함께 생활하며, 일정이 빡빡한 소집단에 종속되어 일감을 분배받는다. 브레먼의 지적에 따르면, 이들은 "(비공식 부문에 대한 신화와 달리) 독자적으로 활동하는 영세 사업가도 아니고 부지런히 자본을 축적하여 계급상승을 도모하는 계층도 아니다. 이들은 먹고살기도 벅찬 종속형 프롤레타리아다." 이들은 최악의 상태를 면했다는 데에서 자그마한 위안을 얻는다. 최악의 자리는 텔라thela에게 돌아간다. 텔라는 매우 천하고 무거운 탈것으로, 이것을 끌려면 남자 1명으로는 어림없고, 가족 전체가 동원돼야 한다.[54]

비공식 경제에서 가장 잔혹한 대목은 (아동매춘보다도) 장기臟器에 대한 세계적 수요가 급증하고 있다는 사실이다. 장기 시장이 형성된 것은 1980년대 신장이식 수술이 눈부신 성공을 거두면서부터였다. 인도의 첸나이 변두리 빈곤 지역은 '신장농장'으로 전 세계에 이름을 떨쳤다. 마르크스주의를 표방하는 잡지 『프론트라인』Frontline 조사에 따르면, "1987~1995년 사이 8년 동안 첸나이 교외 중 하나인 윌리바캄Willivakkam의 바란티나가르Bharanthi Nagar 슬럼은 타밀나두 주州 신장매매의 허브였다. 한 창때는 키드니나가르Kidney Nagar 혹은 키드니바캄Kidney-bakkam으로 불렸 는데, 그렇게 불린 데는 신장을 구하러 남인도로 몰려오는 외국인이 한 몫했다". 이 지역 슬럼 주민은 대부분 먹고 살기 위해 사투를 벌이는 가 뭄 난민 출신의 인력거꾼이나 일용직 노동자들이다. 기자들의 추산에 따르면, 500명 이상(가구당 1명 꼴)이 국내 이식기관이나 말레이시아행 수출업자에게 신장을 팔았다. 신장을 파는 대다수는 여성이었다. "남편 에게 버림받고 아이들과 함께 굶주리는 여성들은 〔……〕 장기를 파는 것 외에는 달리 살아갈 방도가 없었다." [55]

카이로의 슬럼 역시 장기 사냥꾼들의 과녁이었다. 네도로칙의 설명 에 따르면, "대부분의 장기매매 고객들은 페르시아 만 연안의 부유한 아 랍인이었다. 중동의 다른 나라들에도 이식 센터가 없는 것은 아니지만, 장기를 팔겠다고 나서는 엄청난 숫자의 빈민들을 찾기는 쉽지 않기 때 문이다. 이식 센터 실험실에서는 카이로의 슬럼이나 '사자들의 도시' 같 은 가난한 지역으로 장기 모집 인력을 파견하여 잠재적 장기 제공자 목 록을 받아오게 했다". [56]


## 킨샤사의 어린 마녀들

새로운 도시 빈민에게 의식주를 제 공하는 비공식 경제의 고무줄은 얼마나 더 늘어날 수 있을까? 킨샤사는 자연적으로는 풍요롭지만 인공적으로는 가난한 나라인 콩고민주공화국 의 수도다. 워싱턴 단속반에 의해 세계경제에서 공식 추방당한 이 도시 는 배반당한 희망의 유령들 사이에서 그야말로 먹고살기 위해 고군분투

중이다. 언젠가 대통령 모부투가 말한 대로, 여기서는 무엇이든 팔 수 있고 무엇이든 살 수 있다. 전 세계 거대도시 중에서 킨샤사만큼 가난한 곳은 다카 정도밖에 없으며, 비공식 생존 전략에 절박하게 매달리고 있다는 점에서는 전 세계 그 어떤 거대도시도 킨샤사를 따라올 수 없다. 인류학자 르네 드비슈René Devisch가 압도당한 목소리로 말했듯이, 킨샤사는 그 자체로 "기적이자 악몽"이다. 공식 경제가 완전히 붕괴했고, 국가 제도마저도 억압장치를 제외하고는 완전히 붕괴한 상황에서 이토록 거대한 도시가 굴러가고 있다는 사실은 그야말로 놀라운 일이다.[57]

킨샤사 주민들은 흔히 킨샤사를 '시체, 잔해' 혹은 '쓰레기 더미'로 묘사한다.[58] 드비슈에 따르면 "오늘날 정기적으로 임금을 받는 인구는 킨샤사 주민의 5%에도 미치지 못하는 것으로 추산된다".[59] 주민들이 살아남는 방법은 "사방에 널린 채마밭, 꾀, 장사, 불법 반입, 무리한 흥정"이다. "15조"(절도에 관한 형법)는 도시헌장이 되었고, "임시변통se débrouiller"은 비공식적인 시민헌장으로 자리 잡았다.[60] 실제로 킨샤사는 공식 경제와 비공식 경제의 자리가 뒤바뀐 도시이기 때문에, 기존의 정치경제 및 도시 분석의 범주들을 가지고는 이곳의 상황을 제대로 파악할 수 없다. 인류학자 필립 데부크Filip De Boeck는 콩고 아동을 연구하며 다음과 같은 질문을 던진다.

킨샤사는 주민 수가 약 600만 명인데 자동차나 대중교통이 거의 없다. 기름 한 방울 없이 몇 주 또는 몇 달씩 지낼 때가 자주 있기 때문이다. 이런 도시는 도대체 어떤 도시일까? 지폐가 쓸모없는 종이조각일 뿐이라는 사실을 날마다 깨달아야 한다면, 지폐를 '돈'이라고 지칭하는 사회적 관습을 고수할 필요가 있을까? 〔……〕 비공식 경제가 일상이 되고 공식 경제가 거의 자취를 감춘 상황에서 공식 경제와 비공식 경제를 구분하는 것이 무슨 소용일까?[61)

킨샤사 주민들은 폐허가 된 도시에서 살아가기 위해 칠전팔기의 유머감각으로 무장했지만, 사회 부문의 암울한 현실 앞에서는 이들의 유머감각도 백기를 들고 만다. 평균소득은 연간 100달러 이하로 내려갔다. 인구의 2/3가 영양실조다. 중간계급이 멸종했다. 성인 5명 중 1명이 HIV 양성이다.[62) 주민의 3/4이 공식 진료를 받을 돈이 없어 오순절파* 기독교의 신앙 치료나 토착 마술(주술)에 의존한다.[63) 앞으로 곧 보겠지만, 킨샤사 빈민들의 자녀들은 마녀로 변해간다.

콩고의 다른 지역과 마찬가지로, 킨샤사는 도둑정치, 냉전의 지정학, 구조조정, 만성적 내전으로 완전히 초토화되었다. 32년 동안 콩고를 체계적으로 약탈했던 모부투 독재정권은 워싱턴, IMF, 세계은행이 잉태하고 발육시킨 프랑켄슈타인이다(프랑스 외무성도 중요한 역할을 담당했다). 세계은행은 미 국무부가 눈치를 줄 때마다 모부투를 부추겨서 외채를 쓰게 했고, 모부투는 자기네 나라의 광산 산업을 담보로 외국계 은행에서 엄청난 돈을 빌려갔다. 대출금의 대다수가 스위스 은행 비밀 계좌로 직행하리라는 사실은 세계은행도 잘 알고 있었다. 이어서 IMF가 들어왔다. IMF는 1977년에 제1차 SAP를 실시하면서, 콩고 주민들에게 채무 부담을 안기고 이자를 걷어갔다. (자이르 은행 내 IMF 팀과 재무부 내

---

* 기독교 복음주의 운동의 한 갈래로, 부활절 후 50일 되는 날인 오순절(성령강림절)에 예수와 제자들 사이에 있었던 성령세례에 대한 묘사(「사도행전」 2:12)에서 그 이름을 따왔다. 성령세례를 통한 신의 직접 경험을 중시하며, '은사주의' charismatics와 많은 점에서 유사하다. 은사주의는 '선물'이라는 뜻의 그리스어 '카리스마타'에서 비롯했다. 방언을 포함한 영적 선물(은사)을 최우선으로 한다.

프랑스 인사들에 의해 강요된) 초기의 융자조건은 공공서비스를 대규모로 파괴했다. 25만 명의 공무원(공식 경제 내의 직업군 중 최대 규모)이 연금 한 푼 못 받고 잘렸다. 남아 있는 공무원은 모부투의 공공연한 용인하에 단 1명의 예외도 없이 엄청난 규모의 횡령과 부당이득(주로 "15조"와 관련된 것이다)으로 눈길을 돌렸다.

이렇게 10년이 지나자 한때 위용을 자랑했던 콩고의 인프라는 부식 내지 약탈당했고, IMF는 새로운 SAP를 강요했다. 트시칼라 비아야 Tshikala Biaya에 따르면, 1987년 조약의 의도는 "비공식 부문에 '법적 효력'을 부여함으로써 비공식 부문을 새로운 젖소로 만드는 것이었다. 복지국가를 초토화시킨 IMF와 세계은행은 복지국가를 허물고 그곳에 젖소 한 마리를 키우려 한 셈이다". 파리클럽Paris Club* 은 모부투의 채무상환기간을 연장해주는 대가로 공공부문을 더욱 축소할 것, 시장을 좀더 개방할 것, 국영기업을 민영화할 것, 외환규제를 없앨 것, 다이아몬드 수출을 늘일 것 등을 요구했다. 수입품이 홍수처럼 콩고로 밀려왔고, 국내 산업은 문을 닫았고, 킨샤사에서는 또다시 10만 개의 일자리가 사라졌다. 초인플레이션으로 인해 순식간에 통화 체제가 파괴되었고, 이와 함께 경제적 합리성은 아예 자취를 감추어버렸다.[64]

드비슈에 따르면 "돈은 노동이나 생산과는 전혀 무관한 신비하고 환상적인 물건이 되었다. 사람들은 우연의 경제에서 피난처를 찾았다".[65] 실제로 킨샤사 주민들은 절망적인 도박 열풍에 빠졌다. 프랑스 경마, 대형 주류회사가 운영하는 복권, 청량음료 회사가 주최하는 병뚜껑

---

* 1956년 7월 아르헨티나의 외채 조정을 위해 파리에서 개최된 채권국가들의 회의를 계기로 형성된 주요 채권국 회의.

경품 등이 성행했다. 그중 가장 치명적인 것은 다단계였는데, 다단계를 비밀리에 관리하는 조직은 군대였다. (이와 비슷한 사이비마술적 "다단계 광풍"이 1996~1997년에 알바니아를 휩쓸었고, 이 가난한 나라의 GDP의 절반이 다단계에 가로채기 당했다.)[66] 남아공에서 라디오나 설비들을 공수해 온 초기 투자자들은 사람들을 부추겨서 다단계에 발을 들여놓게 했다. 치고 빠지겠다는 속셈이었다. 그러나 파국은 불가피한 것이었고, 파국에서 살아남은 사람들은 얼마 되지 않았다. "킨샤사에는 다단계에 연관된 사람들이 워낙 많았기 때문에 다단계 붕괴가 경제, 특히 비공식 경제에 미친 영향은 그야말로 파국적이었다. 쓰라린 절망을 맛본 사람들은 허황하면서도 사악한 심성, 즉 주술적 심성을 가지게 되었다."[67]

인플레이션이 계속되었고, 경제 붕괴는 폭동으로 이어졌다. 1991년 9월에 도시형 농민폭동이 발생했고, 킨샤사의 슬럼 주민들은 (군대의 묵인하에) 공장·상점·창고를 대규모로 약탈했다. 거의 축제 분위기였다. 드비슈의 설명에 따르면, "아노미가 도취적이고 도착적인 방식으로 풀려났다. 주민들은 폭력적인 상황에 속수무책으로 노출되어 있었는데, 폭동은 이처럼 내면화된 폭력성이 풀려나는 계기였다".[68] 또 다른 재난들이 어김없이 이어졌다. 킨샤사는 1993년 1월에 다시 한번 약탈의 대상이 되었는데, 이번에는 약탈의 주체가 군인으로 한정되었다. 은행 체제가 붕괴되었고 공무 행정이 마비되었고, 기업은 물물교환 체제로 운영되었고, 말단 공무원의 실질임금은 1988년의 1/8 이하 수준으로 떨어졌다. 데부크에 따르면 "1993년 11월에 콩고에서 IMF와 세계은행이 철수했고, 콩고가 더 이상 세계경제의 일원이 아니라는 사실이 증명되었다".[69] 국가 경제를 몰락시키고 콩고 재산을 스위스 은행 금고 속에 감춰놓은 모부투 정권은 1997년에 결국 전복되었다. 그러나 이러한 '해방'은 외세의 간섭과 끝없는 내전으로 이어졌다. USAID의 추산에 따르면, 2004년까지 내전 기간 동안의 사망자 수는 300만 명을 넘어섰다(사망 원인의 대부분은 기아와 질병이었다).[70] 군대가 콩고 동부를 습격하여 약탈을 자행하자 이미 과포화 상태였던 킨샤사의 슬럼으로 새로운 난민의 물결이 밀려들어왔다.

킨샤사라는 공식 도시 및 도시를 유지하는 제도들은 완전히 붕괴했고, 붕괴한 도시에서 살아남은 주민들(특히 어머니들과 할머니들)은 생계형 농업과 전통적인 농촌 자조 형태를 재확립하는 방식으로 킨샤사를 '촌락화'하려 했다. 이를테면 고속도로 중앙분리대에까지 카사바를 심었고, '땅이 없는 여자들'은 뿌리나 구근을 캐러 다녔다.[71] 한편 노동 세계가 붕괴하고 이어 도박이라는 환상 세계마저 붕괴하자, 주민들은 전통적인 민간 마법(주술)과 예언 종교에 의존하기 시작했다. 사람들이 원한 것은 '백인병'에서 벗어나는 것이었다. '백인병'이란 돈이라는 치명적 질병 바로 그것이었다.[72] 버려진 공장이나 약탈당한 상점이 문을 닫은 곳에, 자그마한 교회와 기도 모임이 화려한 색상의 조야한 간판을 내걸었다. (인구밀도 때문에 '중국공화국'이라고 불리는) 마시나Masina 등 대규모 슬럼에서는 오순절파 교회가 엄청난 속도로 확산되었다. "2000년 말 현재 킨샤사에 2,177개 교파가 새로 만들어진 것으로 보고되었다. 그중 많은 교파가 철야기도 모임을 갖는다."[73]

드비슈 등 여러 학자들이 지적한 것처럼, 오순절파는 다양하고 복잡한 현상으로서, 원래 있던 것부터 외국에서 들어온 것까지 다양한 형태를 포함한다. 예를 들어 오순절파 교회들 중에는 가톨릭 평신도나 신학교 중퇴자가 세운 것이 있다. 이러한 교회의 설립자는 돈이 없거나 적절한 교육을 받지 못해 성직자가 되지 못한 계층에 속하는데, 이들은 신앙 치료와 성공 복음을 판매하는 미국식 설교 체인을 도입하여 짭짤한 수입을 올린다.[74] 한편 오순절파 교회에는 음페베야은롱고 교회를 비롯해, 여성 지도자가 관할하는 치유 공동체가 포함된다. 여기서는 실신·예지몽·'천국의 언어'를 통해 성령과 부족의 조상에게 도달할 수 있다고 믿었으며, '다음 세상'이 도래하면 가난과 불평등이 사라질 것이라고 기대했다. 드비슈에 따르면 "이렇듯 어머니를 중심으로 하는 지역사회에서는 도덕적 중심을 강조한다. 도덕적 중심이 있어야 킨샤사의 미래를 밝히고 가치를 수호하고 안식처와 가정의 느낌을 줄 수 있다는 것이다".[75] 어쨌든 킨샤사에서 오순절파 교회들이 새롭게 유행하는 현상은, '정치'가 완전히 신용을 잃은 역사적 맥락에서 파국적인 모더니티를 재주술화하려는, 민초들의 영성 회복 시도와 맥을 같이했다.

킨샤사 주민들이 갖고 있는 자발적 조직화self-organization나 '임기응변'의 재능에는 현실적인 한계가 존재한다. 그러나 이른바 자발적 조직화에서 더욱 심각한 문제는 그 이면에 어두운 그늘이 숨겨져 있다는 점이다. 주민들, 특히 여성들의 영웅적인 노력에도 불구하고 전통적인 사회구조는 붕괴하기 시작한다. 인류학자들에 따르면, 절대빈곤이 심화되는 상황에서 콩고는 사회질서의 토대였던 선물교환과 호혜관계마저 잃어버렸다. 신부를 데려올 지참금이 없거나 밥벌이를 할 수 없는 청년들은 임신한 여자들을 외면하고, 아버지들은 가족을 버리고 가출한다.[76] AIDS 대학살은 고아들과 HIV 양성 환자 아이들을 엄청나게 양산했다. 도시 빈민 가정은 (농촌식 친족부양 네트워크에서 잘려 나갔거나 반대로 혈연유대의 요구로 인해 지나친 부담을 짊어진 나머지) 식구들 중에서 가장 의존적인 성원들을 버려야 할 지경에 이르렀다. 아동구호기금Save the Children Fund의 한 연구원이 에누리 없이 지적한 대로, "콩고의 가족과 지역

사회는 이제 아이들에게 기본적인 보살핌을 제공하는 능력을 잃어버린 듯하다".[77]

가족의 위기는 오순절파 교회가 성행하고 마녀에 대한 공포가 되살아나는 현상과 일치했다. 드비슈에 따르면, "많은 킨샤사 주민들은 도시적 차원의 파국으로 인해 초토화된 자신의 운명을 개인적 차원의 저주로 해석한다".[78] 그 결과 '해리포터'를 신봉하는 도착적 신앙이 킨샤사를 강타했고, 이로 인해 수천 명의 아이들이 '마녀'로 고발당했다. 그야말로 집단 히스테리였다. 마녀로 몰린 아이들은 거리로 쫓겨났고 살해당하는 경우도 있었다. 아이들은 온갖 악행을 저지른 마녀로 지목되는데, 그중에는 겨우 갓난아기를 면한 아이들도 포함된다. 니질리Ndjili 슬럼 주민들은 마녀 아이들이 밤마다 빗자루를 타고 떼를 지어 날아다닌다고 믿고 있다. 구호 활동가들은 이것이 최근의 현상임을 강조한다. "1990년 전까지는 한번도 킨샤사에서 어린 마녀에 대한 이야기가 나온 바가 없었다. 지금 마녀로 지목되는 아이들은 한 가지 공통점을 갖고 있다. 즉 이 아이들은 부모가 더 이상 먹여 살릴 수 없는 짐스러운 존재다. '마녀'로 찍힌 아이들은 대부분 극빈 가정의 아이들이다."[79]

은사주의 교회는 귀신 들린 아이에 대한 공포를 조장하고 그럴듯하게 포장하는 일에 깊숙이 공모해왔다. 실제로 오순절파 신자들은 신앙을 귀신 막아주는 하느님의 갑옷으로 이해한다. 아이든 어른이든 히스테리를 보이는 사람들은 고양이, 도마뱀, 전기가 나간 길고 어두운 밤에 대한 심한 공포증을 보였는데, 이러한 히스테리 증세는 섬뜩한 기독교 비디오의 유통이 확산되면서 더욱 악화되었다. '마녀 아이'가 고해하는 장면이 나오고 이어 마귀를 쫓는 장면이 나오는데, 마귀를 쫓는 방법에는 굶기거나 펄펄 끓는 물을 끼얹는 것도 포함된다.[80] USAID 연구진은

'독학생 설교자'〔앞서 나온, 돈이 없거나 교육을 받지 못해 성직자가 되지 못하고 오순절파 교회를 세운 사람들—옮긴이〕 산업에 비난의 화살을 돌린다. "이런 작자들이 설교단을 세워놓고 슬픔과 불행을 해결할 편법을 갈구하는 이들에게 예언을 나눠준다."

> 예언이 틀릴 경우, 전도사들은 불행이 계속되는 원인을 쉽게 꾸며낼 수 있다. 마법(주술)도 그중 하나다. 전도사들이 아이들을 불행의 원인으로 갖다대는 이유는, 비난하기 쉽고 스스로를 방어하지 못하는 존재이기 때문이다. 설교자를 찾아와 조언을 구하는 가족에게 설교자는 계속되는 불행의 원인이 가족 중에 있는 불구자 아이라고 말할 수 있다. 아이가 불구라는 사실이 아이가 마녀라는 분명한 증거라는 것이다.[81]

반면에, 데부크의 주장에 따르면, 이러한 기독교 종파들은 사회가 총체적으로 붕괴하는 상황에서 비공식적 도덕질서를 유지하는 기능을 담당한다. 데부크에 따르면 "교회 지도자가 직접 마녀를 지목하는 것은 아니다. 다만 누군가가 마녀로 지목되면 이를 확인해주고 정당화해준다". 목사는 공개적인 고백과 푸닥거리(영혼 치료)의 자리를 마련한다. "아이를 가운데 두고 원형으로 둘러서서 기도한다. 기도하는 사람들은 무아지경에 빠진 여성들일 때가 많다. 이들은 주기적으로 방언 상태에 빠지는데, 방언은 성령이 들어오는 신호이다." 그러나 아이가 한번 마녀로 지목되면 가족들은 아이를 집으로 데려가지 않으려고 할 때가 많다. 그러면 아이들은 어쩔 수 없이 길거리로 쫓겨난다. 한 어린아이는 데부크에게 이렇게 말했다. "나는 바니예요. 3살이에요. 몸이 아팠어요. 발이 퉁퉁 부었어요. 그래서 사람들이 나더러 마녀랬어요. 나는 진짜 마녀였어요. 전도사님도 그러셨어요."[82]

17세기 세일럼*에서 귀신들린 처녀들이 그랬듯이, 어린 마녀들은 사람들이 자기에게 뒤집어 씌우는 죄목을 환각의 형태로 경험하는 듯하다. 가족의 비참함과 도시의 아노미를 자신의 어깨에 짊어지는 희생제물의 역할을 스스로 받아들이는 것이다. 한 남자아이는 사진사 빈선 베크만Vincen Beeckman에게 이렇게 말했다.

> 나는 사람들 800명을 잡아먹었어요. 비행기 사고랑 자동차 사고가 나게 해서 죽였어요. 인어를 따라서 벨기에에 갔었어요. 인어 등에 올라타고 앤트워프까지 갔었어요. 빗자루를 타고 날아다닐 때도 있고 아보카도 껍질을 타고 날아다닐 때도 있어요. 밤이면 나는 30살이 되고 아이가 100명이 돼요. 아버지는 기술자였는데 나 때문에 직장을 잃었어요. 그래서 인어랑 같이 아버지를 죽였어요. 또 형이랑 누나를 죽였어요. 그리고 산 채로 묻었어요. 아직 태어나지 않은 동생들도 내가 다 죽였어요.[83]

킨샤사에는 현실적인 아동복지 체계가 존재하지 않는다. 베크만의 주장에 따르면, 마녀로 고발된 아이들을 집에서 쫓아내는 것은 아동유기를 합리화하는 좋은 핑계일 뿐 아니라 "아이들을 일종의 국제 NGO가 운영하는 센터나 종교 마을에 보낼 수 있는 절호의 기회이다. 종교 마을에 들어간 아이들은 모종의 교육을 받을 수 있고, 끼니를 거르지 않아도 된다". 그러나 대부분의 어린 마녀들, 특히 병든 아이나 HIV 양성 환자

---

* 미국 매사추세츠 주의 도시로 1626년 취락이 형성되고 1629년 미국 최초의 회중교회가 설립되었다. 1692년 이곳에서 엄청난 규모의 마녀재판이 열렸으며 지금 이 도시에는 '세일럼마녀박물관'이 있다.

아이들은 도시군에 징집되어 거리에서 최후를 맞는다. 3만 명이 넘는 도시군은 "도망자, 피학대아동, 전쟁으로 집을 잃은 아이들, 탈영한 소년병, 고아, 미혼자"로 구성된다.[84]

인도와 이집트의 장기 수출 슬럼과 마찬가지로, 킨샤사의 어린 마녀들은 인간이라는 존재가 어디까지 내려갈 수 있는지를 보여준다. 그들보다 밑에 있는 것은 나치의 수용소, 기근, 쿠르츠가 느낀 끔찍함* 정도일까. 킨샤사 토박이인 티에리 마얌바 은란두는 월트 휘트먼Walt Whitman 유의 상념에 잠겨서 "판잣집들이여, 너희들도 킨샤사를 노래하라……"라고 외친다(킨샤사에서는 휘트먼마저 신랄해진다). 그리고 이렇게 자문한다. "이 수백만의 사람들이 어떻게 킨샤사의 비참한 현실에서 살아남을 수 있는 걸까?" 그리고 이렇게 대답한다. "킨샤사는 죽은 도시지만 죽은 자의 도시는 아니다." 비공식 부문은 요술방망이가 아니라 "영혼 없는 황무지", 바로 그것이다. 그러나 동시에 비공식 부문은 빈민에게 명예를 안겨주는 "저항의 경제"economy of resistance인 것 또한 사실이다. "비공식 부문이 없다면 시장논리는 총체적 절망으로 이어질 테니까."[85] 파트릭 샤무아조의 유명한 소설 『텍사코』Texaco에 나오는 마르티니크의 슬럼 주민들과 마찬가지로, 킨샤사 주민들은 "수천 가지 생존의 틈새"를 부여잡고 킨샤사에 매달린다. 자포자기를 거부하고 끝까지 버티는 것이다.[86]

---

* 조지프 콘래드Joseph Conrad의 소설 『암흑의 핵심』Heart of Darkness에서 주인공 쿠르츠는 제국주의의 이상주의적 허울 뒤에 감춰진 사악함과 공허함에 직면하고 "끔찍해! 끔찍해!"라고 외치며 죽는다.

# 도시의 묵시록

*약속한다. 자꾸자꾸, 쓰레기로부터, 흩어진 깃털로부터, 잿*
*더미로부터, 망가진 육체로부터, 뭔가 새롭고 아름다운 것*
*이 태어날 것이라고 약속한다.*
—— 존 버거[1]

　　지금까지 살펴본 것처럼, 후기자본주의는 이
미 인간 선별 작업을 진행하기 시작했다. 브레먼은 인도에 관한 글에서
이렇게 경고한 바 있다. "노동 과정에 편입되지 못한 산업 예비군이 영
원한 잉여 대중으로 낙인찍혀 현재에도 미래에도 경제와 사회에 편입될
수 없는 쓸모없는 짐으로 여겨질 때, 사태는 더 이상 돌이킬 수 없는 지
경에 이른다. 적어도 내가 보기에 세계 자본주의의 진짜 위기는 바로 이
런 변화다."[2] 입장은 다르지만 2002년 CIA가 음산한 어조로 지적한 것
처럼, "1990년대 후반이 되면서 세계 노동력의 1/3에 해당하는 10억이
라는 어마어마한 노동자가 실업·준실업 상태가 되었다".[3] 무한히 유연
한 비공식주의라는 데소토의 화물숭배를 제외하면, 이 엄청난 잉여 노동
대중을 세계경제의 주류로 재편입시키는 공식적인 시나리오는 존재하

지 않는다.

　이러한 상황은 1960년대와는 극명한 차이를 보인다. 40년 전, 양대 냉전 진영은 이데올로기 전쟁 속에서 '세계 빈곤의 제거'와 '슬럼 주민을 위한 주택 마련'이라는 비전을 경쟁적으로 만들어냈다. 소련은 스푸트니크 및 대륙간탄도미사일 개발이 성공을 거두는 동시에 중공업이 발전하고 5개년계획이 실시되면서 엄청난 속도의 산업화를 이룩했고, 이를 통해 어렴풋이나마 이상적인 사회 모델의 가능성을 보여주었다. 한편, 미국의 케네디 행정부는 제3세계 혁명을 '근대화의 병폐'라고 공식 진단하면서, 제3세계를 대상으로 야심찬 토지 개혁과 주택 프로그램을 마련했다. 예를 들어, 케네디는 콜롬비아 도시반란을 막기 위해 '진보를 위한 동맹'이라는 이름으로 엄청난 규모의 주택개발 프로젝트에 보조금을 지급했다. 보고타에 있는 인구 8만 명의 시우다드케네디Ciudad Kennedy 와 메델린에 있는 인구 1만 2,000명의 비야소코로Villa Socorro가 프로젝트의 대표적인 결과물들이다. 선전가들은 서반구의 마셜플랜이라고 할 수 있을 이 동맹 덕분에, 머지않아 범아메리카의 생활수준이 미국놈들gringo 까지는 아니더라도 서유럽 사람들 정도로는 올라갈 수 있다고 떠벌렸다. 다른 한편에서는 나세르, 은크루마, 네루다, 수카르노 등 카리스마에 의존하는 민족 지도자들이 저마다 자기 나라에서 자기가 생각하는 혁명과 진보를 판매했다.

　그러나 1960년대가 약속했던 땅들은 신자유주의의 미래 지도 위에는 존재하지 않는다. 개발 이상주의의 마지막 노력은 UN의 MDG(새천년개발목표)이다. 이것을 '최소한개발목표'(Millennium을 Minimalist로 바꾸는 말장난―옮긴이)로 비꼬아 부르는 사람들도 있다. 이 계획의 목표는 2015년까지 극빈층 인구를 절반으로 줄이고 제3세계 영아와 산모 사망률을 획기적으로 낮추는 것이다. 2005년 글렌이글스 G8 정상회담 기간 중에 있었던 행사들 — '가난을 과거사로 만들자'MPH, Make Poverty History"와 〈라이브 8 콘서트〉Live8"" 등을 비롯해 부유한 나라들에서 빈곤국에 연대를 표명하는 경우가 없지는 않지만, 이 계획이 가까운 장래에 실현될 가능성은 거의 없어 보인다. 『인력개발보고서 2004』의 경고에 따르면, '진보'가 지금과 같은 비율로 진행될 경우 사하라 이남 아프리카는 22세기가 한참 지나도 목표에 이르지 못할 것이다. 아프리카 저개발의 주역인 IMF와 세계은행도 2005년 4월에 나온 『글로벌모니터링보고서』Global Monitoring Report에서 똑같이 비관적인 결과를 예상했다.[4]

하이테크 국경 강화라는 그야말로 '거대장벽'이 생기면서 부유한 나라로의 대규모 이민은 불가능해졌다. 따라서 21세기 잉여 인간들을 쓸어 담을 합법적인 해법은 오직 슬럼밖에 없다. UN-HABITAT에 따르면, 지금 슬럼 인구는 해마다 무려 2,500만 명씩 증가하고 있다.[5] 또 세계 곳곳에서 스쿼팅 가능한 안전한 토지가 점점 사라지고 있는 것은 앞에서 지적한 바와 같다. 요컨대 새로 변두리로 이주하는 주민들이 직면하는 생존의 조건은 '주변 중의 주변', 바로 그것이다. 바그다드의 슬럼에서 절망적인 상황을 살아가고 있는 한 주민의 신랄한 표현을 빌리자면, 그들이 직면하는 생존의 조건은 '반半죽음' 상태다.[6] **도시외곽 빈곤** (시골의 생계 기반과 단절되어 있을 뿐 아니라 전통적인 도시의 문화·정치 생

---

* 영국의 여러 구호·종교·조합·사회운동 단체들과 유명인사들이 결합해 만든 캠페인 단체로, 전 세계 '절대빈곤'의 문제를 해결하도록 영국 정부와 선진국 정부에 요구하는 것이 주 활동 내용이다. 실리콘이나 천으로 만든 하얀 팔찌가 그 상징이다.
** 2005년 7월 G8 국가들과 아프리카 국가들에서 '아프리카 빈곤 퇴치'를 요구하며 동시에 열린 콘서트. 1985년 에티오피아 기아 원조를 목적으로 '라이브에드'Live Aid 콘서트를 기획했던 밥 게돌프 Bob Gedolf가 기획했다.

활과도 절연되어 있는 암울한 세계)은 불평등의 완전히 새로운 얼굴이다. 도시 변경은 추방자의 세계이자 새로운 바빌론이다. 예를 들어, 2003년 5월 시우 디이라비아의 고급 호텔과 외국 식당을 공격했던 청년 테러리스트 몇몇은 카사블랑카 변두리 비동빌에서 태어나서 단 한번도 번화가에 가본 적이 없었다. 그들이 메디나의 풍요로움 앞에서 충격을 받은 것은 당연한 일인지도 모른다.[7]

그러나 비공식 도시화가 막다른 골목에 다다랐다면, 빈민은 반란을 일으키지 않을까? 1871년에 디즈레일리가 우려했고 1961년에서 케네디가 걱정한 것처럼 거대슬럼은 터질 때만 기다리는 화산이 아닐까? 아니면, 오히려 점점 많은 수의 빈민들이 얼마 되지 않는 비공식 경제의 찌꺼기를 놓고 경쟁하는 상황에서 무자비한 다원주의가 도래하여 자멸적 집단 폭력이 산출될 것인가? 그리고 이로 인해 집단 폭력이 '도시 퇴축'의 최고의 형식으로 자리 잡을 것인가? 비공식 프롤레타리아는 '역사의 작인'historical agency이라는 강력한 마르크스주의적 마력을 얼마나 간직하고 있는 걸까?

이러한 복잡한 질문을 검토하기 위해서는 우선 구체적인 사례들에 대한 비교 연구가 필요하며, 그때까지 일반론은 무의미하다(최소한 포리스트 힐턴Forrest Hylton과 내가 준비 중인 '빈민의 정부'에 대한 책에서는 이런 입장이다). 안토니오 네그리Antonio Negri와 마이클 하트Michael Hardt 같은 이들은 포스트마르크스주의의 엄숙한 사변을 통해 세계화의 '리좀 공간' 내에서 '다중'의 새로운 정치학을 타진하고 있지만, 현실을 토대 삼는 정치사회학에서는 이에 대한 근거가 전혀 발견되지 않고 있다. 슬럼 주민이 구조적 방치 및 박탈에 반응하는 방식은 한 도시 안에서도 엄청나게 다양하다. 은사주의 교회와 예언적 종교를 신봉하는 사람이 있는가 하면, 소수민족 의용군, 거리의 갱단, 신자유주의 NGO, 혁명적 사회운동에 가담하는 사람이 있다. 즉 전 세계 슬럼에는 획일적 주체나 일방적 경향이 존재하지 않는다. 그러나 그럼에도 불구하고 각양각색의 무수한 저항운동이 존재한다. 실제로, 인류 연대의 미래는 새로운 도시 빈민이 전지구적 자본주의 내 최악의 밑바닥 위치를 전투적으로 거부할 수 있느냐의 여부에 달려 있다.

이러한 거부는 억눌린 약속을 되찾으려는 시대착오적인 형태로 나타날 수도 있고 근대성의 철폐라는 전위적인 형태로 나타날 수도 있다. 이스탄불, 카이로, 카사블랑카, 파리의 외곽에서 빈민 청년들 일부가 이슬람 무장단체 살라피아지하디아Salafia Jihadia의 종교적 허무주의를 받아들이고, 외세적 모더니티를 상징하는 거만한 구조물들을 파괴하는 것은 놀라운 일이 아니다. 한편 수백만의 빈민 청년은 거리 갱단, 마약상narco-traficante, 의용군, 분파주의 정치조직 등이 운영하는 도시의 생존 경제로 눈길을 돌린다. 테러와의 '전쟁', 약물과의 '전쟁', 범죄와의 '전쟁' 등 다양한 국제적 전쟁에 동원되는 악마화의 수사修辭(적을 악과 동일시하는 수사—옮긴이)는 게체콘두·파벨라·촐 등을 둘러싸는 인식론적 장벽을 세우는, 의미론적 아파르트헤이트에 다름 아니다. 이는 경제적 배척이라는 일상적 폭력에 대한 어떠한 솔직한 논의도 무력하게 만든다. 마치 빅토리아 시대에 그랬던 것처럼, 도시 빈민 전체를 범죄자로 간주하는 것은 일종의 자기충족적 예언이다. 거리에서 끝없는 전쟁이 벌어질 것이라는 예언은 바로 그 예언으로 인해 충족된다. 제3세계 중간계급은 교외의 폐쇄형 주택단지와 전기철조망으로 무장한 '안전마을'에 튼튼한 진지를 구축하고 있고, 이로 인해 자기네가 뒤에 남긴 도시의 암흑가에 대한 도덕적·문화적 통찰을 잃게 된다.

한편, 지배층은 도시에 일자리가 없다는 것이 무슨 의미인지를 도무지 상상하지 못하는 듯하다. 신자유주의의 낙관주의가 맬서스적 비관주의를 어느 정도 품고 있다는 사실은 로버트 D. 캐플런Robert D. Kaplan의 묵시론적 여행기 『지구의 끝』The Ends of the Earth과 『다가오는 혼란』The Coming Anarchy을 보아도 알 수 있다. 그러나 미국과 유럽의 대규모 정책자문 집단이나 국제관계 기관에 종사하는 똑똑한 양반들은 대부분 '슬럼 행성'Planet of Slums의 지정학적 의미를 아직 깨달을 준비가 되어 있지 않다. 이를 좀더 분명하게 깨달은 부류는 공군 아카데미, 랜드연구소RAND Corporation*아로요센터, 버지니아 소재 미 해군 콴티코전투실험장Quantico Warfighting Laboratory의 전략·전술가 쪽이었다. 그들이 '슬럼 행성'의 지정학적 의미를 가장 먼저 깨달은 이유는 무엇일까? 신자유주의적 교리와 신자유주의적 현실을 화해시킬 필요가 없는 부류이기 때문이 아닐까? 아무튼 국방부는 그 밖의 다른 패러다임이 부재하는 상황에서 전지구적 도시 빈곤에 대한 국방부 특유의 시각을 마련했다.

1993년 모가디슈 참사에서 슬럼 의용군은 미 특수부대인 레인저의 60%에 부상을 입혔는데, 이로 인해 군사 이론가들은 펜타곤 용어로 '도시화 지형에서의 군사작전'MOUT, Military Operations on Urbanized Terrain이라고 부르는 작전을 재고하지 않을 수 없었다. 결국 1997년 12월에 나온 국방패널NDP, National Defense Pannel 보고서에서는 육군이 가난한 제3세계 도시의 막다른 미로 같은 골목에서 연장전투가 벌어지는 상황에 대한 대비가 없다고 질책했다. 모든 군대는 '도시작전합동훈련단'의 지휘 아래 실

---

* 미국의 민간 연구소로 국방·행정 분야의 대표적인 우파 두뇌집단think tank이다. 1946년 방산업체 더글러스사가 지원한 미 공군 산하 '랜드프로젝트'를 모태로 하며, 1948년 포드재단의 지원을 받아 독립했다.

제 슬럼 상황에서 시가전이 벌어질 것에 대비하는 진압 프로그램에 착수했다. 육군전쟁대학이 발행하는 저널에 따르면, "미래의 전투가 벌어질 지역은 전 세계의 붕괴한 도시들을 구성하는 길거리, 하수구, 고층건물, 판자촌 등이다. 최근 우리의 군사軍史는 도시의 이름으로 점철되어 있다. 투즐라, 모가디슈, 로스앤젤레스(!), 베이루트, 파나마시티, 후에, 사이공, 산토도밍고. 그러나 지금까지 벌어진 교전은 서막에 불과하다. 진짜 드라마는 아직 시작되지 않았다".[8]

1990년대에 군사 계획자들은 MOUT 개념을 확장 정립하기 위해 스트레인지러브 박사(스탠리 큐브릭의 동명의 영화에 나오는 전쟁광—옮긴이)의 모교인 랜드연구소(본부는 산타모니카에 있다)로 관심을 돌렸다. 랜드연구소는 1950년대에는 인류의 종말을 초래할 수도 있는 핵무기로 전쟁놀이를 벌였고, 1960년대에는 베트남전쟁 전략을 지원한 것으로 악명을 떨쳤다. 최근 들어 랜드연구소가 설정한 과녁은 '도시'다. 이 연구소의 연구원들은 도시형 범죄 통계, 도심 공중보건, 공교육 민영화 등을 신중한 고려의 대상으로 삼고 있으며, 연구소에서 운영하는 육군 아로요센터에서는 도시 전투의 사회적 맥락과 전술 역학에 관한 소규모 연구서 시리즈를 출판하고 있다.

랜드연구소의 가장 중요한 프로젝트 가운데 하나는 '인구 변화가 미래의 전투에 영향을 미치는 방식'에 관한 주요한 연구였다. 연구소 측의 결론은 세계 빈곤의 도시화가 '반란의 도시화'(이 보고서의 제목이기도 하다)의 원인이라는 것이다. "반란자들은 추종 세력을 따라 도시로 들어가 도시 판자촌에 '해방구'를 구축한다. 미국은 도시 내 반란 진압을 위한 아무런 원칙도 훈련도 장비도 계획하지 않고 있다." 랜드연구소 연구원들은 1980년대 엘살바도르의 사례에 주목한다. 이곳에서 정부군은 워싱턴의 막대한 지원에도 불구하고 파라분도마르티민족해방전선FMLN, Farabundo Marti National Liberation Front 게릴라가 도시 전선을 넘어오는 것을 저지하는 데 실패했다. FMLN 반군들이 도시에서 좀더 일찍 효율적으로 작전을 펼쳤다면, 미국으로서는 정부와 반군 사이의 교착 상태를 유지하는 것조차 대단히 어려웠을 것이다.[9] 연구자들이 분명하게 암시하는 것처럼, 거대슬럼은 신세계질서의 가장 약한 고리가 되었다.

최근 유력한 공군 이론가인 트로이 토머스Troy Thomas 대위도 『항공우주전력저널』Aerospace Power Journal 2002년 봄호에 실린 논문에서 비슷한 지적을 한 바 있다. "개발도상국에서의 급속한 도시화로 인해, 전투의 공간적 환경은 점점 계획성이 없어지고 공간지각 가능성도 점점 더 낮아진다." 토머스 대위는 현대적·위계적 도심과 제3세계 변두리로 엉망진창 뻗어나간 슬럼을 대조하면서, 최첨단 도심의 집중된 인프라는 공습(유고슬라비아 베오그라드의 경우)이나 테러 공격(맨해튼의 경우)으로 쉽게 무력화되는 데 비해, '비공식적·탈중심적 하위체제들'로 조직되는 변두리 슬럼에는 아무런 설계도가 없으며 "그 체계 안에서 이용 가능한 거점들을 찾아내기가 어렵다"며 우려한다. 또한 토머스 대위는 카라치를 둘러싼 "도시 오물의 바다"를 "중심이 없고 위계가 없는" 도시 지형의 최고의 예로 들면서, 그런 곳에서 "좌절과 분노"에 휩싸인 "씨족 기반" 의용군을 상대하는 "비대칭 전투"의 난점에 대해 설명한다. 카라치 이외에 이 논문에 등장하는 예상 전투 지역으로는 카불, 라고스, 두샨베(타지키스탄의 수도), 킨샤사 등이 있다(또 다른 군사 전문가들은 여기에 포르토프랭스를 덧붙인다). 그 밖의 MOUT 기획자들과 마찬가지로 토머스 대위 역시 하이테크로 무장한 실전훈련을 권장하며, 훈련장으로는 "황폐화된 국내 도시"를 추천한다. "대규모 택지개발계획하에서 건설된 거주 불가능한 주택들 및 작동을 멈춘 사용 불가능한 공장들은 '시가전' 훈련을 위한 이상적인 장소다."[10]

디트로이트와 LA의 슬럼에서 훈련받은 미래의 로봇 군인들이 제3세계 도시의 미로에서 추적하게 될 적의 정체는 무엇일까? 어깨를 으쓱하며 "뭐든 간에"라고 대답해버리는 전문가들도 적지 않다. 1990년대 중반에 쓰여진 '라틴아메리카의 지정학과 도시 무장 투쟁'에 관한 유력한 논문에서 포트리븐워스Fort Leavenworth[캔자스 주에 위치한 미군기지—옮긴이] 수석연구원 제프리 드마레스트Geoffrey Demarest는 '정신병적 무정부주의자', 범죄자, 냉소주의적 기회주의자, 광인, 혁명가, 노동운동 지도자, 특정한 민족에 소속된 사람들, 부동산 투기꾼을 포함하는 이상한 유형의 반국가 분자들을 적으로 지목했지만, 결국 일반적으로는 "파산자들", 구체적으로는 "범죄 집단"으로 적의 범위를 좁혔다. 드마레스트는 미래의 반란을 예측하기 위해서는 건축 및 도시계획에 이용되는 연구방법을 차용해야 한다고 주장했으며, 이와 함께 "안보군이 배제된 주민이라는 사회학적 현상에 주목할 필요성"을 역설했다. 또 그는 "버림받은 아이의 심리"에 특히 관심을 보였으며, 이른바 '청년층 돌출형'youth bulge 범죄이론*의 맥락에서 슬럼 아동을 반反국가 세력의 비밀병기로 간주했다.[11]

요컨대 국방부 수뇌부는 UN, 세계은행, 내무부의 참모들이 차마 가지 않은 길로 들어섰다. 그러나 도시 개혁을 방치하기로 결정한 후에는 다른 길은 없다. 예나 지금이나 이 길은 '기쁨 없는 길'[베트남에서 점령군이 큰 피해를 입은 곳—옮긴이]이다. 바그다드에 위치한 세계 최대 슬럼 중 하나인 사

---

* 청년 남성 인구가 많은 집단이 범죄나 전쟁 성향을 보인다는 가설. '청년층 돌출형'이란 인구를 연령별로 정리한 도표에서 청년층이 많아 불룩 튀어나온 모양을 말한다.

드르시티에서 일자리를 얻지 못한 마흐군Mahdi Army*의 십대 전사들은 사드르시티의 중심로를 '베트남 길'이라고 명명하며 미 점령군에게 응징을 경고한다. 그러나 전쟁기획자들은 눈 하나 깜짝하지 않는다. 명석한 냉혈한인 이 전쟁기획자들은 제3세계 "야생의 도시들, 실패한 도시들—특히 외곽의 슬럼들—이 21세기 특유의 전투 공간이 될 것"이라고 단언한다. 국방부 정책은 도시 빈민 가운데 범죄화된 부문과의 저강도 세계전쟁을 지원하는 방향으로 한창 재편되는 중이다. 이것이 바로 진정한 '문명의 충돌'이다.

시가전의 지리학에 대한 해박한 저서를 집필해온 스티븐 그레이엄 Stephen Graham에 따르면, MOUT 독트린은 오리엔탈리즘, 즉 서양을 동양이라는 환상적 타자와의 대조에 의해서 정의해온 유구한 역사의 결정판이다. 부시 행정부에 의해 "도덕적 절대주의'로 격상된 이러한 이분법적 이데올로기는 '문명 세계'를 '어둠의 힘'·'악의 축'·'테러분자의 은신처'인 이슬람 도시들로부터 구분하는 방식으로 작동한다. 이러한 이분법적 이데올로기에 따르면, 전자는 '방어'해야 할 '조국'의 도시들이고, 후자는 '자유' 세계 전체의 건강과 번영과 민주주의를 위협하는 '악당들'을 지원하는 소굴이다".[12]

보안 시설이 갖춰진 도시 공간과 악마적 도시 공간의 대립이라는 기만적 변증법에 의거하여, 끝없는 재난의 듀엣이 울려퍼지기 시작한다. 무장 헬리콥터는 밤이면 밤마다 슬럼 구역 상공에서 윙윙거리면서 비좁은 거리를 오가는 정체 모를 적들을 추적한다. 도망치는 자동차나 판잣집에 대해서는 지옥 불을 내뿜는다. 아침이 밝으면 슬럼은 슬럼대로 자

---

* 이라크에서 미 점령군에 대항해 싸우는, 무크타다 알사드르Muqtada al-Sadr가 이끄는 시아파 민병대.

살폭탄 테러리스트의 말없는 웅변으로 응수한다. 제국의 편에 조지 오웰이 예언했던 억압적 테크놀로지가 포진해 있다면, 제국에서 추방당한 사람들 편에는 혼돈의 신들이 포진해 있다.[13)

주

## 1장 도시의 갱년기

1) Onookome Okome, "Writing the Anxious City: Images of Lagos in Nigerian Home Video Films," in Okwui Enwezor et al. (eds), *Under Siege: Four African Cities — Freetown Johannesburg, Kinshasa, Lagos*, Osfildern-Ruit 2002, p. 316.

2) UN Department of Economic and Social Affairs, Population Division, *World Urbanization Prospects*, the 2001 Revision, New York 2002.

3) Population Information Program, Center for Communication Programs, the Johns Hopkins Bloomburg School of Public Health, *Meeting the Urban Challenge*, Population Reports, vol. 30, no. 4, Baltimore 2002 (Fall), p. 1.

4) Dennis Rondinelli and John Kasarda, "Job Creation Needs in Third World Cities," in John D. Kasarda and Allan M. Parnell (eds), *Third World Cities: Problems, Policies and Prospects*, Newbury Park 1993, p. 101.

5) Wolfgang Lutz, Warren Sanderson and Sergei Scherbov, "Doubling of World Population Unlikely," *Nature* 387 (19 June 1997), pp. 803~804. 하지만 사하라 이남 아프리카 인구는 3배로 늘어날 것이고, 인도 인구는 2배로 늘어날 것이다.

6) 전지구적 도시화가 급속하게 진행되고 있다는 것에는 의문의 여지가 없지만, 특정 도시의 성장률은 규모와 밀도의 한계에 부딪혀 급격한 제동이 걸릴 수도 있다. 이러한 '양극화 역전'polarization reversal의 유명한 사례는 멕시코시티이다. 많은 사람들은 멕시코시티의 인구가 1990년대를 지나면서 2,500만에 이를 것으로 예견했다. Yue-man Yeung, "Geography in an Age of Mega-Cities," *International Social Sciences Journal* 151 (1997), p. 93 참고.

7) *Financial Times*, 27 July 2004; David Drakakis-Smith, *Third World Cities*, 2nd ed., London 2000.

8) UN-HABITAT Urban Indicators Database (2002).

9) UN-HABITAT Urban Indicators Database (2002) 자료종합; Thomas Brinkhoff, "The Principal Agglomerations of the World", www.citypopulation.de/World.html (May 2004)

10) *Far Eastern Economic Review*, Asia 1998 Yearbook, p. 63.

11) Hamilton Tolosa, "Rio/São Paulo Extended Metropolitan Region: A Quest for Global Integration," *The Annals of Regional Science* 37:2 (September 2003), pp. 480, 485.

12) Gustavo Garza, "Global Economy, Metropolitan Dynamics and Urban Policies in Mexico," *Cities* 16:3 (1999), p. 154.

13) Jean-Marie Cour and Serge Snrech (eds), *Preparing for the Future: A Vision of West Africa in the Year 2020*, Paris 1998, p. 94.

14) *Ibid.*, p. 48.

15) Yue-man Yeung, "Viewpoint: Integration of the Pearl River Delta," *International Development Planning Review* 25:3 (2003).

16) Aprodicio Laquian, "The Effects of National Urban Strategy and Regional Development

주 265

Policy on Patterns of Urban Growth in China," in Gavin Jones and Pravin Visaria (eds), *Urbanization in Large Developing Countries: China, Indonesia, Brazil and India*, Oxford 1997, pp. 62~63.

17) Yue-man Yeung and Fu-chen Lo, "Global Restructuring and Emerging Urban Corridors in Pacific Asia," in Lo and Yeung (eds), *Emerging World Cities in Pacific Asia*, Tokyo 1996, p. 41.

18) Gregory Guldin, *What's a Peasant To Do? Village Becoming Town in Southern China*, Boulder 2001, p. 13.

19) UN-HABITAT, *The Challenge of Slums: Global Report on Human Settlements 2003*, 〔이 하 *Challenge*로 줄임〕, London 2003, p. 3.

20) Guldin, *What's a Peasant To Do?*

21) Sidney Goldstein, "Levels of Urbanization in China," in Mattei Dogon and John Kasarda (eds), *The Metropolis Era: Volume One — A World of Giant Cities*, Newbury Park 1988, pp. 210~221.

22) Census 2001, Office of the Registrar General and Census Commissioner, India; Alain Durand-Lasserve and Lauren Royston, "International Trends and Country Contexts," in Alain Durand-Lasserve and Lauren Royston (eds), *Holding Their Ground: Secure Land Tenure for the Urban Poor in Developing Countries*, London 2002, p. 20.

23) Mbuji-Mayi는 Société Minière de Bakwanga가 경영하는 카사이 지역에 만들어진 "최종판 기업 국가"의 중심이다. Michela Wrong, *In the Footsteps of Mr. Kurtz: Living on the Brink of Disaster in the Congo*, London 2000, pp. 121~123 참고.

24) Miguel Villa and Jorge Rodríguez, "Demographic Trends in Latin America's Metropolises, 1950~1990," in Alan Gilbert (ed.), *The Mega-City in Latin America*, Tokyo and New York 1996, pp. 33~34.

25) Guldin, *What's a Peasant To Do?*, pp. 14~17.

26) Jeremy Seabrook, *In the Cities of the South: Scenes from a Developing World*, London 1996, pp. 16~17.

27) Guldin, *What's a Peasant To Do?*, pp. 14~17. Jing Neng Li, "Structural and Spatial Economic Changes and Their Effects on Recent Urbanization in China," in Jones and Visaria, *Urbanization in Large Developing Countries*, p. 44도 참고. Ian Yeboah는 아크라 주변으로 '데사코타'(도시 마을) 패턴이 전개되고 있는 것을 발견했다. Yeboah가 보기에 이곳의 스프롤현상(1990년대에 표면적 188% 증가)과 최근의 자동차 보급은 구조조정 정책의 파급효과다. Yeboah, "Demographic and Housing Aspects of Structural Adjustment and Emerging Urban Form in Accra, Ghana," *Africa Today*, 50: 1(2003), pp. 108, 116~117.

28) Thomas Sieverts, *Cities without Cities: An Interpretation of the Zwischenstadt*, London 2003, p. 3.

29) Drakakis-Smith, *Third World Cities*, p. 21.

30) T. G. McGee, "The Emergence of Desakota Regions in Asia: Expanding a Hypothesis," in Norton Ginsburg, Bruce Koppel, and T. G. McGee (eds), *The Extended Metropolis: Settlement Transition in Asia*, Honolulu 1991 개관을 볼 것. 마닐라에 관한 연구서에서 Philip

Kelly는 동남아시아의 도시화가 특수한 방향으로 진행되고 있다는 데 동의하지만, '데사코타' 풍경은 불안정하며 이곳의 농업은 점점 축소되고 있다고 주장한다. Kelly, *Everyday Urbanization: The social Dynamics of Development in Manila's Extended Metropolitan Region*, London 1999, pp. 284~286.

31) Adrián Aguilar and Peter Ward, "Globalization, Regional Development, and Mega-City Expansion in Latin Ameria: Analyzing Mexico City's Peri-Urban Hinterland," *Cities* 20:1 (2003), pp. 4, 18. 이 글의 주장에 따르면, 아프리카에서는 '데사코타' 유형의 개발은 진행되지 않는다. "오히려 도시 성장은 대도시를 기반으로 도시 내에서 진행되며 명확히 정해진 경계를 벗어나지 않는다. 도심과 연결되거나 도심에 의해 추동되는 도시-초월 개발 혹은 도시-주변 개발은 존재하지 않는다." p. 5. 그러나 남아프리카공화국의 하우텡(비트바테르스란트)은 라틴아메리카의 사례와 완전히 일치하는 '지역 도시화'regional urbanization로 설명해야 할 것이다.

32) Ranjith Dayaratne and Raja Samarawickrama, "Empowering Communities: the Peri-Urban Areas of Colombo," *Environment and Urbanization* 15:1 (April 2003), p. 102. (같은 호에 실린 L. van den Berg, M. van Wijk, and Pham Van Hoi, "The Transformation of Agricultural and Rural Life Downstream of Hanoi도 참고.)

33) Magdalena Nock, "The Mexican Peasantry and the *Ejido* in the Neo-liberal Period," in Deborah Bryceson, Cristóbal Kay, and Jos Mooij (eds), *Disappearing Peasantries? Rural Labour in Africa, Asia and Latin America*, London 2000, p. 173.

34) Goldstein, "Levels of Urbanization in China," 그림 7.1, p. 201; Guilhem Fabre, "La Chine," in Thierry Paquot, *Les Mondes des Villes: Panorama Urbain de la Planète*, Brussels 1996, p. 187에 나오는 1978년 수치. 단, 세계은행 통계의 시간단위는 Fabre 통계의 시간단위와 다르며, 거기서 1978년 도시화 비율은 13%가 아니라 18%이다(World Bank, *World Development Indicators*, 2001, CD-ROM 버전 참고).

35) *Financial Times*, 16 December 2003, 27 July 2004.

36) *New York Times*, 28 July 2004.

37) 중국 국무원 발전연구센터 소장 Wang Mengkui의 말. *Financial Times*, 26 November 2003 에서 인용.

38) World Bank, *World Development Report 1995: Workers in an Integrating World*, New York 1995, p. 170.

39) 인구 순위는 Thomas Brinkhoff (www.citypopulation.de)에서 인용; GDP 순위는 Denise Pumain, "Scaling Laws and Urban Systems," *Santa Fe Institute Working Paper* 04-02-002 Santa Fe 2002, p. 4에서 인용.

40) Joseph Gugler, "Introduction - II. Rural-Urban Migration," in Gugler (ed.), *Cities in the Developing World: Issues, Theory and Policy*, Oxford 1997, p. 43.

41) Sally Findley는 1980년대에는 모두가 농촌-도시의 지속적 이주와 그로 인한 도시화 비율의 수위를 과소평가했다고 지적한다. Findley, "The Third World City," in Kasarda and Parnell, *Third World Cities: Problems, Policies and Prospects*, Newbury Park 1993, p. 14.

42) Nigel Harris, "Urbanization, Economic Development and Policy in Developing Countries," *Habitat International* 14:4 (1990), pp. 21~22.

43) David Simon, "Urbanization, Globalization and Economic Crisis in Africa," in Carole Rakodi (ed.), *The Urban Challenge in Africa: Growth and Management in Its Large Cities*, Tokyo 1997, p. 97. 1800~1850년의 영국 공업도시 성장률을 보려면, Adna Weber, *The Growth of Cities in the Nineteenth Century: A Study in Statistics*, New York 1899, pp. 44, 52~53 참고.

44) A. S. Oberai, *Population Growth, Employment and Poverty in Third-World Mega-Cities: Analytical Policy Issues*, London 1993, p. 165.

45) United Nations Economic Programme(UNEP), *African Environment Outlook: Past, Present and Future Perspective. Al Ahram Weekly* (Cairo), 2~8 October 2003에 인용; Alain Jacquemin, *Urban Development and New Towns in the Third World: Lessons from the New Bombay Experience*, Aldershot 1999, p. 28.

46) Deborah Bryceson, "Disappearing Peasantries? Rural Labour Redundancy in the Neo-Liberal Era and Beyond," in Bryceson, Kay, and Mooij, *Disappearing Peasantries?*, pp. 304~305.

47) Sébastien de Dianous, "Les Damnés de la Terre du Cambodes," *Le Monde diplomatique* (September 2004), p. 20.

48) Josef Gugler, "Overurbanization Reconsidered," in Gugler, *Cities in the Developing World*, pp. 114~132 참고.

49) Jacinta Prunty, *Dublin Slums 1800~1925: A Study in Urban Geography*, Dublin 1998, p. ix의 서문. 물론 라킨은 지중해 연안의 더블린이라고 할 수 있는 나폴리를 잊고 있다.

50) Oberai, *Population Growth, Employment and Poverty in Third World and Mega-Cities*, p. 13.

51) UN-HABITAT, *An Urbanizing World: Global Report on Human Settlements*, Oxford 1996, p. 239.

52) Priscilla Connolly, "Mexico City: Our Common Future?" *Environment and Urbanization* 11:1 (April 1999), p. 56.

53) Ivo Imparato and Jeff Ruster, *Slum Upgrading and Participation: Lessons from Latin America*, Washington, D.C. 2003, p. 333.

54) John Browder and Brian Godfrey, *Rainforest Cities: Urbanization, Development, and Globalization of the Brazilian Amazon*, New York 1997, p. 130.

55) Yan Wenzhong and Wang Gongfan, "Peasant Movement: A Police Perspective," in Michael Dutton (ed.), *Streetlife China*, Cambridge 1998, p. 89.

56) Dileni Gunewardena, "Urban Poverty in South Asia: What Do We Know? What Do We Need To Know?" Conference on Poverty Reduction and Social Progress working paper, Rajendrapur, Bangladesh April 1999, p. 1.

57) Arif Hasan, "Introduction," in Akhtar Hameed Khan, *Orangi Pilot Project: Reminiscences and Reflections*, Karachi 1996, p. xxxiv.

58) Suketu Mehta, *Maximum City: Bombay Lost and Found*, New York 2004, p. 117.

59) Gautam Chatterjee, "Consensus versus Confrontation," *Habitat Debate* 8:2 (June 2002), p. 11. 델리의 통계는 Rakesh K. Sinha, "New Delhi: The World's Shanty Capital in the

Making," *OneWorld South Asia*, 26 August 2003에서 인용.

60) Harvey Herr and Guenter Karl, "Estimating Global Slum Dwellers: Monitoring the Millenium Development Goal 7, Target 11, UN-HABITAT working paper, Nairobi 2003, p. 19.

61) 고든 브라운의 말, *Los Angeles Times*, 4 October 2004에서 인용.

62) UN 통계, John Vidal, "Cities Are Now the Frontlines of Poverty", *Guardian*, 2 February 2005에서 인용.


## 2장 슬럼이 대세다

1) Chris Abani, *Graceland*, New York 2004, p. 7.

2) Anquing Shi, "How Access to Urban Potable Water and Sewerage Connections Affects Child Mortality," Finance, Development Research Group, working paper, World Bank, January 2000, p. 14.

3) University College London Development Planning Unit and UN-HABITAT, *Understanding Slums: Case Studies for the Global Report on Human Settlements* 2003, www.ucl.ac.uk/dpu-projects/Global_Report에서 볼 수 있음. 이중 대부분의 연구들은 『슬럼의 도전』 말미의 부록에 요약되어 있다. 그러나 하르툼에 관한 Galal Eldin Eltayeb의 탁월한 조사는 빠져 있다. 삭제 이유는 저자가 이곳을 '이슬람주의 체제, 전체주의 체제'라고 설명했기 때문인 듯하다.

4) *Challenge*, p. 245 참고.

5) Branko Milanovic, "True World Income Distribution, 1988 and 1993: First Calculation Based on Household Survey Alone," working paper, World Bank, New York 1999, n.p.

6) Prunty, *Dublin Slums*, p. 2.

7) J. A. Yelling, *Slums and Slum Clearance in Victorian London*, London 1986, p. 5.

8) Robert Woods et al., *The Poor in Great Cities: Their Problems and What is Being Done to Solve Them*, New York 1895, p. 305 (*Scribners Magazine*); Blair Ruble, *Second Metropolis: Pragmatic Pluralism in Gilded Age Chicago, Silver Age Moscow, and Meiji Osaka*, Cambridge 2001, pp. 266~267 (Khitrov); *Rudyard Kipling, The City of Dreadful Night, and Other Poems*, London 1891, p. 7.

9) Rev. Edwin Chapin, *Humanity in the City*, New York 1854, p. 36.

10) Carroll D. Wright, *The Slums of Baltimore, Chicago, New York, and Philadelphia*, Washington 1894, pp. 11~15.

11) *Challenge*, pp. 12~13.

12) UN-HABITAT 사무국장 Anna Tibaijuka의 말, "More than One Billion People Call Urban Slums Their Home," *City Mayors Report*, February 2004에서 인용: www.citymayors.com/report/slums.html.

13) UN-HABITAT, "Slums of the World: The Face of Urban Poverty in the New Millenium?," working paper, Nairobi 2003, annex 3.

14) 이들 수치는 2003 UN-HABITAT 사례연구와 수십 종의 자료의 평균이다. 자료의 출처는 생

략한다.

15) Christiaan Grootaert and Jeanine Braithwaite, "The Determinants of Poverty in Eastern Europe and the Former Soviet Union," in Jeanine Braithwaite, Christiaan Grootaert, and Branko Milanovic (eds), *Poverty and Social Assistance in Transition Countries*, New York 2000, p. 49; UNCHS Global Indicators Database 1993.

16) Office of the Mayor, Ulaanbaatar City, "Urban Poverty Proflle," World Bank, n.d., infocity.org/F2F/poverty/papers2/UB(Mongolia)%20Poverty.pdf에 제출된 문서.

17) Simon, "Urbanization, Globalization, and Economic Crisis in Africa," p. 103; Jean-Luc Piermay, "Kinshasa: A Reprieved Mega-City? in Rakodi, p. 236; Carmen Ledo García, *Urbanization and Poverty in the Cities of the National Economic Corridor in Bolivia*, Delft 2002, p. 175 (코차밤바의 60%가 일일 1달러 미만).

18) 루안다의 유아사망률은 5세 미만 사망률 최하의 도시인 프랑스 렌의 400배가 넘는다. Shi, "How Access to Urban Portable Water Sewerage Connections Affects Child Mortality," p. 2.

19) *Challenge*, p. 28.

20) Kavita Datta and Gareth A. Jones, "Preface," in Datta and Jones (eds), *Housing and Finance in Developing Countries*, London 1999, p. xvi. 예를 들어 콜카타에서 빈곤선은 일 평균 2,100칼로리 섭취에 해당하는 금액으로 정의된다. 따라서 유럽에서 가장 가난한 사람이 콜카타에 가면 가장 부유한 사람이 되고 콜카타에서 가장 부유한 사람이 유럽에 가면 가장 가난한 사람이 될 공산이 크다.

21) 세계은행 보고서의 내용, Ahmed Soliman, *A Possible Way Out: Formalizing Housing Informality in Egyptian Cities*, Hanham (md) 2004, p. 125에서 인용.

22) Shi, "How Access to Urban Potable Water and Sewerage Connections Affects Child Mortality," Appendix 3, 출처는 UNCHS Global Indicators Database 1993. 이 자료에서 이바단의 수치는 소수점이 잘못 찍혔을 수 있다.

23) Jonathan Rigg, *Southeast Asia: A Region in Transition*, London 1991, p. 143.

24) Imparato and Ruster, *Slum Upgrading and Participation*, p. 52.

25) Paul McCarthy, "Jakarta, Indonesia," UN-HABITAT Case Study, London 2003, pp. 7~8.

26) Rigg, *Southeast Asia*, p. 119.

27) Erhard Berner, *Defending a Place in the City: Localities and the Struggle for Urban Land in Metro Manila*, Quezon City 1997, pp. 21, 25, 26.

28) Keith Pezzoli, *Human Settlements and Planning for Ecological Sustainability: The Case of Mexico City*, Cambridge 1998, p. 13.

29) Nitai Kundu, "Kolkata, India," UN-HABITAT Case Study, London 2003, p. 7.

30) 50개 이상의 자료를 참고했고, 최고치와 최저치를 제외한 중간 수치를 선택했다.

31) 네사우알코요틀Nezahualcoyotl (150만), 찰코Chalco (30만), 이스타팔라파Iztapalapa (150만), 치말우아칸Chimalhuacan (25만) 이외에 메트로폴리스 동남쪽 사분면에 위치한 14개 인접 지역 포함.

32) S. J. de L. (75만), Comas (50만), Independencia (20만) 포함.

33) "Cono sur" = Villa El Salvador (35만), San Juan de Miraflores (40만), Villa María de Triunfo (40만).

34) "Cape Flats", Khayelitsha (40만), Mitchell's Plain (25만), Crossroads (18만) 그리고 그 밖의 소규모 흑인 재정착촌(1996년 인구조사에 따름).

35) Islamshahr (35만)에 Chahar Dangeh (25만)를 더함

36) John Turner, "Housing Priorities, Settlement Patterns and Urban Development in Modernizing Countries," *Journal of the American Institute of Planners* 34 (1968), pp. 354~363; "Housing as a Verb," in John Turner and Robert Fichter (eds), *Freedom to Build: Dweller Control of the Housing Process*, New York 1972 참고.

37) Soliman, *A Possible Way Out*, pp. 119~120.

38) *Ibid.*

39) Keith Pezzoli, "Mexico's Urban Housing Environments," in Brian Aldrich and Ranvinder Sandhu (eds,), *Housing the Urban Poor: Policy and Practice in Developing Countries*, London 1995, p. 145; K. Sivaramakrishnan, "Urban Governance: Changing Realities," in Michael Cohen et al., (eds), *Preparing for the Urban Future: Global Pressures and Local Forces*, Washington, D.C. 1997, p. 229; Mariana Fix, Pedro Arantes, and Giselle M. Tanaka, "São-Paulo, Brazil," UN-HABITAT Case Study, London 2003, p. 9; Jacquemin, *Urban Development and New Towns in the Third World*, p. 89.

40) David Glasser, "The Growing Housing Crisis in Ecuador" in Carl Patton (ed.), *Spontaneous Shelter: International Perspectives and Prospects*, Philadelphia 1988, p. 150.

41) Oscar Lewis, *The Children of Sanchez: Autobiography of a Mexican Family*, New York 1961.

42) Kalinga Tudor Silva and Karunatissia Athukorala, *The Watta-Dwellers: A Sociological Study of Selected Urban Low-Income Communities in Sri Lanka*, Lanham (Md.) 1991, p. 20.

43) Feng-hsuan Hsueh, Victor F. S. Sit, *Beijing: The Nature and the Planning of the Chinese Capital City*, Chichester 1995, pp. 182~184.

44) Harns Harms, "To Live in the City Centre: Housing and Tenants in Central Neighborhoods of Latin American Cities," *Environment and Urbanization* 9:2 (October 1997), pp. 197~198.

45) Jo Beall, Owen Crankshaw, and Susan Parnell, *Uniting a Divided City: Governance and Social Exclusion in Johannesburg*, London 2002, 특히 7장 참고.

46) Jeffrey Nedoroscik, *The City of the Dead: A History of Cairo's Cemetery Communities*, Westport 1997, p. 43.

47) Max Rodenbeck, *Cairo: The City Victorious*, New York 1999, pp. 158~159.

48) Nandini Gooptu, *The Politics of the Urban Poor in Early Twentieth-Century India*, Cambridge (UK) 2001, pp. 91~102 참고.

49) Jacquemin, *Urban Development and New Towns in the Third World*, p. 89.

50) Geert Custers, "Inner-city Rental Housing in Lima: A Portrayal and an Explanation," *Cities* 18:1 (2001), p. 252.

51) *Ibid*, p. 254.

52) Fix, Arantes, and Tanaka, "São Paulo, Brazil."

53) David Keeling, *Buenos Aires: Global Dreams, Local Crises*, Chichester 1996, p. 100.

54) Michael Edwards, "Rental Housing and the Urban Poor" in Philip Amis and Peter Lloyd (eds), *Housing Africa's Urban Poor*, Manchester 1990, p. 263.

55) A. Graham Tipple and David Korboe, "Housing Poverty In Ghana," in Aldrich and Sandhu, *Housing the Urban Poor*, pp. 359 - 361.

56) Alan Smart, *Making Room: Squatter Clearance in Hong Kong*, Hong Kong 1992, p. 63.

57) Seong-Kyu Ha, "The Urban Poor, Rental Accomodation, Housing Policy in Korea," *Cities* 19:3 (2002), pp. 197~198.

58) Asian Coalition for Housing Rights, "Building an Urban Poor People's Movement in Phnom Penh, Cambodia," *Environment and Urbanization* 12:2 (Octobor 2001), p. 63; Soliman, *A Possible Way Out*, p. 119.

59) Bruce Taylor, "Hong Kong's Floating Settlements," in Patton, *Spontaneous Shelter*, p. 198.

60) Minar Pimple and Lysa John, "Security of Tenure: Mumbai's Experience," in Durand-Lasserve and Royston, *Holding Their Ground*, p. 78.

61) Jacquemin, *Urban Development and New Towns in the New World*, p. 90.

62) Frederic Thomas, *Calcutta Poor: Elegies on a City Above Pretense*, Armonk (NY) 1997, pp. 47, 136.

63) Erhard Berner, "Learning from informal Markets," in David Westendorff and Deborah Eade (eds), *Development and Cities: Essays from Development Practice*, Oxford 22, p. 233.

64) Amy Otchet, "Lagos: The Survival of the Determined," *UNESCO Courier*, 1999.

65) Galal Eldin Eltayeb, "Khartoum, Sudan," UN-HABITAT Case Studies, London 2003, p. 2.

66) Sivaramakrishnan, "Urban Governance, "in Cohen, *Preparing the Urban Future*, p. 229.

67) Çağlar Keyder, "The Housing Market from Informal to Global," in Keyder (ed.), *Istanbul: Between the Global and the Local*, Lanham (Md.) 1999, p. 149.

68) Berner, *Defending a Place*, pp. 236~237.

69) Kenneth Karst, Murray Schwartz, and Audrey Schwartz, *The Evolution of Law in the Barrios of Caracas*, Los Angeles 1973, pp. 6~7.

70) Latife Tekin, *Berji Kristin: Tales from the Garbage Hills*, London 1996 (1984년 터키에서 출판).

71) Asef Bayat, "Un-civil Society: The Politics of the 'Informal People'," *Third World Quarterly* 18:1 (1997), pp. 56~57.

72) Eileen Stillwaggon, *Stunted Lives, Stagnant Economics: Poverty, Disease and Underdevelopment*, New Brunswick (NJ) 1998, p. 67.

73) Keeling, *Buenos Aires*, pp. 102~105.

74) Paul Baróss, "Sequencing Land Development: The Price Implications of Legal and Illegal Settlement Growth," in Paul Baróss and Jan van der Linden (eds), *The Transformations of Land Supply Systems in Third World Cities*, Aldershot 1990, p. 69.

75) Rekesh Mohan, *Understanding the Developing Metropolis: Lessons from the City Study*

*of Bogotá and Cali, Columbia*, New York 1994, pp. 152~153.

76) Keeling, *Buenos Aires*, pp. 107~108.

77) 삼합회가 스쿼팅을 통제하는 상황을 보려면, Smart, *Making Room*, p. 114 참고.

78) Khan, *Orangi Pilot Project*, p. 72.

79) Urban Resource Center, "Urban Poverty and Transport: A Case Study from Karachi," *Environment and Urbanization* 13:1 (April 2001), p. 224.

80) Paul Baróss, "Introduction" in Paul Baróss and Jan van der Linden, *The Transformations of Land Supply Systems in Third World Cities*, p. 2~7.

81) Ayse Yonder, "Implications of Double Standards in Housing Policy: Development of Informal Settlements in Istanbul," in Edésio Fernandes and Ann Varley (eds), *Illegal Cities: Law and Urban Change in Developing Countries*, London 1998, p. 62."

82) Philip Amis, "Commercialized Rental Housing in Nairobi," in Patton, *Spontaneous Shelter*, pp. 240, 242.

83) Marianne Fay and Anna Wellenstein, "Keeping a Roof over One's Head," in Fay (ed.), *The Urban Poor in Latin America*, Washington, D. C. 2005, p. 92.

84) Rigg, *Southeast Asia*, p. 143.

85) Soliman, *A Possible Way Out*, p. 97.

86) Alan Gilbert et al., *In Search of a Home: Rental and Shared Housing in Latin America*, Tucson 1993, p. 4.

87) Eckstein, pp. 60, 235~238.

88) Durand-Lasserve and Royston, "International Trends and Country Contexts," p. 7.

89) Diana Lee-Smith, "Squatter Landlords in Nairobi: A Case Study of Korogocho," in Amis and Lloyd, *Housing Africa's Urban Poor*, pp. 176~185.

90) Jo Beall, Owen Crankshaw, and Susan Parnell, "Local Government, Poverty Reduction and Inequality in Johannesburg," *Environment and Urbanization* 12:1 (April 2000), pp. 112~113.

91) Peter Ward, *Mexico City: The Production and Reproduction of an Urban Environment*, London 1990, p. 193.

92) Ellen Brennan, "Urban Land and Housing Issues Facing the Third World," in Kasarda and Parnell, *Third World Cities*, p. 80.

93) Seabrook, *In the Cities of the South*, p. 187 참고.

94) Mohamadou Abdoul, "The Production of the City and Urban Informalities," in Enwezor et al., *Under Siege*, p. 342.

95) Guy Thuillier, "Gated Communities in the Metropolitan Area of Buenos Aires," *Housing Studies* 20:2 (March 2005), p. 255.

96) Hans Schenk, "Urban Fringes in Asia: Markets versus Plans," in I. S. A. Baud and J. Post (eds), *Realigning Actors in an Urbanizing World: Governance and Institutions from a Development Perspective*, Aldershot 2002, pp. 121~122, 131.

97) Cristóbal Kay, "Latin America's Agrarian Transformation: Peasantization and Proletarianization," in Bryceson, Kay and Mooij, *Disappearing Peasantries?*, p. 131.

98) Asian Coalition for Housing Rights, "Special Issue on How Poor People Deal with Eviction," *Housing by People in Asia* 15 (October 2003), p. 19.

99) Monique Skidmore, *Karaoke Fascism: Burma and the Politics of Fear*, Philadelphia 2004, pp. 150~151, 156.

100) Fact sheet, Al-Dameer Association for Human Rights Gaza, 2002.

101) Eltayeb, "Khartoum, Sudan," p. 2.

102) *Washington Post*, 26 August 2002.

103) Tony Hodges, *Angola*, 2nd ed., Oxford 204, p. 22.

104) Project Counseling Services, "Deteriorating Bogotá: Displacement and War in Urban Centres", *Columbia Regional Report: Bogotá* (December 2002), pp. 3~4.

105) Michael Taussig, *Law in a Lawless Land: Diary of a Limpreza in Columbia*, New York 2003, pp. 114~115.


## 3장 국가의 배신

1) Alan Gilbert and Peter Ward, *Housing, the State and the Poor: Policy and Practice in Three Latin American Cities*, Cambridge 1985, p. 254.

2) Richard Harris and Malak Wahba, "The Urban Geography of Low-Income Housing: Cairo (1947~1996) Exemplifies a Model," *International Journal of Urban and Regional Research* 26:1 (March 2002), p. 59.

3) Garth Myers, "Colonial and Postcolonial Modernities in Two African Cities," *Canadian Journal of African Studies* 37:2~3 (2003), pp. 338~339.

4) Amis, "Commercialized Rental Housing in Nairobi," p. 238.

5) Karin Nuru, "Tanzania," in Kosta Mathéy, *Housing Policies in the Socialist Third World*, Munich 1990, p. 183.

6) Myers, "Colonial and Postcolonial Modernities in Two African Cities," pp. 334.

7) Michel Garenne, *Urbanization, Poverty and Child Mortality in Sub-Saharan Africa*, Paris 2003, 표 1, p. 22.

8) Gooptu, *The Politics of the Urban Poor in Early Twentieth-Century India* 3장 참고.

9) Crawford Young and Thomas Turner, *The Rise and Decline of the Zairian State*, Madison (WI) 1985, p. 87.

10) Jean Suret-Canale, *French Colonialism in Tropical Africa, 1900~1945*, New York 1971, p. 417.

11) On-Kowk Lai, "The Logic of Urban Development and Slum Settlements," in Aldrich and Sandhu, *Housing the Urban Poor*, p. 284.

12) Dorothy Solinger, *Contesting Citizenship in Urban China: Peasant Migrants, the State and the Logic of the Market*, Berkeley 1999, pp. 2, 41.

13) Table 1, Fabre, "La Chine," p. 196.

14) Karst, Schwartz, and Schwartz, *The Evolution of Law in the Barrios of Caracas*, p. 7.

15) Pezzoli, in Aldrich and Sandhu, *Housing the Urban Poor*, p. 147.

16) Diane Davis, *Urban Leviathan: Mexico City in the Twentieth Century*, Philadelphia 1994, pp. 132~135, 155.

17) Frederic Thomas, *Calcutta Poor: Elegies on a City Above Pretense*, Armonk (NY) 1997, p. 41.

18) Sujata Patel, "Bombay's Urban Predicament," in Patel and Alice Thorner (eds), *Bombay: Metaphor for Modern India*, Delhi 1996, p. xvi.

19) Oskar Verkaaik, *Migrants and Militants: Fun and Urban Violence in Pakistan*, Princeton 2004, p. 64.

20) Robert-Jan Baken and Jan van der Linden, *Land Delivery for Low Income Groups in Third World Cities*, Aldershot 1992, p. 31.

21) Samuel Huntington, "The Bases of Accommodation," *Foreign Affaires* 46:4 (July 1968), pp. 650~653.

22) Marilyn Young, *The Vietnam Wars: 1945~1990*, New York 1991, p. 177.

23) Djaffar Lesbet, "Algeria," in Mathéy, *Housing Policies in the Socialist Third World*, pp. 252~263.

24) Keyder, *Istanbul*, p. 147; H. Tarik Şengul, "On the Trajectory of Urbanization in Turkey,' *International Development Planning Review* 25:2 (2003), p. 160.

25) Keyder, "The Housing Market from Informal to Global," p. 147.

26) Soliman, *A Possible Way Out*, p. 51.

27) Farhad Kazemi, *Poverty and Revolution in Iran: the Migrant Poor, Urban Marginality, and Politics*, New York 1980, p. 114.

28) Asef Bayat, "Un-civil Society," p. 53.

29) Young and Turner, *The Rise and Decline of the Zairian State*, p. 98; Deborah Posel, "Curbing African Urbanization in the 1950s and 1960s,' in Mark Swilling, Richard Humphries, and Khehla Shubane (eds) *Apartheid City in Transition*, Cape Town 1991, pp. 29~30.

30) Carole Rakodi, "Global Forces, Urban Change, and Urban Management in Africa," in Rakodi, *The Urban Challenge in Africa*, pp. 32~39.

31) Urban Planning Studio, Columbia University, *Disaster-Resistent Caracas*, New York 2001, p. 25.

32) Davis, *Urban Leviathan*, pp. 135, 177~180.

33) Solinger, *Contesting Citizenship in Urban China*, p. 155.

34) Westen, p. xxii에 인용된 라이언 말란의 말.

35) Joseph Scarpaci, Roberto Segre, and Mario Coyula, *Havana: Two Faces of the Antillean Metropolis*, Chapel Hill 2002, pp. 199~203.

36) Richard Kirkby, "China," in Kosta Mathéy (ed.), *Beyond Self-Help Housing*, London 1992, pp. 298~299.

37) Andrew Harding, "Nairobi Slum Life," *The Guardian* series, 4, 8, 10, 15, October 2002.

38) Berner, "Learning from Informal Markets," p. 244.

39) Smart, *Making Room*, pp. 1, 33, 36, 52, 55.

40) Ann-Louise Shapiro, "Paris," in M. J. Daunton (ed.), *Housing the Workers, 1850~1914: A Comparative Perspective*, London 1990, pp. 40~41.

41) Hans-Dieter Evers and Rüdiger Korff, *Southeast Asian Urbanism: The Meaning and Power of Social Space*, New York 2000, p. 168.

42) Victor Sit, *Beijing: The Nature and Planning of a Chinese Capital City*, Chichester 1995, pp. 218~219.

43) Evers and Korff, *Southeast Asian Urbanism*, p. 168.

44) Lesbet, "Algeria," pp. 264~265.

45) Frei Stambouli, "Tunis: Crise du Logement et Réhabilitation Urbaine," in Amis and Lloyd, *Housing Africa's Urban Poor*, p. 155.

46) Alain Jacquemin, *Urban Development and New Towns in the Third World*, pp. 196~197.

47) Neelima Risbud, "Policies for Tenure Security in Delhi," in Durand-Lasserve and Royston, *Holding their Ground*, p. 61.

48) Thomas, *Calcutta Poor*, p. 147.

49) Nguyen Duc Nhuan and Kosta Mathéy, "Vietnam," in Mathéy, *Housing Policies in the Socialist Third World*, p. 282.

50) T. Okoye, "Historical Development of Nigerian Housing Policies," in Amis and Lloyd, *Housing Africa's Urban Poor*, p. 81.

51) H. Main, "Housing Problems and Squatting Solutions in Metropolitan Kano," in Robert Potter and Ademola Salau (eds), *Cities and Development in the Third World*, London 1990, p. 22.

52) Thomas Klak and Marlene Smith, "The Political Economy of Formal Sector Housing Finance in Jamaica," in Datta and Jones, *Housing and Finance in Developing Countries*, p. 72.

53) Pezzoli, "Mexico's Urban Housing Environments," p. 142.

54) John Betancur, "Spontaneous Settlements in Colombia," in Aldrich and Sandhu, *Housing the Urban Poor*, p. 224.

55) John Leonard, "Lima: City Profile," *Cities* 17:6 (2000), p. 437.

56) Oberai, *Population Growth, Employment and Poverty in Third-World Mega-Cities*, p. 169.

57) Nick Devas, "Can City Governments in the South Deliver for the Poor?," *International Development and Planning Review* 25:1 (2003), pp. 6~7.

58) Oberai, *Population Growth, Employment and Poverty in Third-World Mega-Cities*, pp. 165, 171.

59) Jacquemin, *Urban Development and New Towns in the Third World*, pp. 41, 65; K. Sivaramakrishnan, "Urban Governance: Changing Realities," pp. 232~233도 참고.

60) Soliman, in Ananya Roy and Nezar Al Sayyad (eds), *Urban Informality: Transnational Perspectives from the Middle East, Latin America, and South Asia*, Lanham (Md.) 2004, pp.

171, 202.

61) Gooptu, *The Politics of the Urban Poor in Early Twentieth-Century India*, p. 84.

## 4장 자조라는 거짓말

1) Seabrook, *In the Cities of the South*, p. 197.

2) S. Sethuraman, "Urban Poverty and the Informal Sector: A Critical Assessment of Current Strategies," ILO working paper, Geneva 1997, pp. 2~3.

3) Cedric Pugh, "The Role of the World Bank in Housing," in Aldrich and Sandhu, *Housing the Urban Poor*, p. 63.

4) Zeynep Çelik, *Urban Forms and Colonial Confrontations: Algiers under French Rule*, Berkeley 1997, p. 112.

5) Pugh, "The Role of the World Bank in Housing," p. 64.

6) Seabrook, *In the Cities of the South*, pp. 196~197.

7) Kavita Datta and Gareth Jones, "Preface," in Datta and Jones, *Housing and Finance in Developing Countries*, p. 12.

8) Lisa Peattie, "Affordability," *Habitat International* 11:4 (1987), pp. 69~76.

9) Berner, *Defending a Place*, p. 31.

10) Erhard Berner, "Poverty Alleviation and the Eviction of the Poorest," *International Journal of Urban and Regional Research* 24:3 (September 2000, pp. 558~559.

11) Greg O' Hare, Dina Abott, and Michael Barke, "A Review of Slum Housing Policies in Mumbai, *Cities* 15:4 (1998), p. 279.

12) A. Mosa, "Squatter and Slum Settlements in Tanzania," in Aldrich and Sandhu, *Housing the Urban Poor*, p. 346; John Campbell, "World Bank Urban Shelter Projects in East Africa," in Amis and Lloyd, *Housing Africa's Urban Poor*, p. 211.

13) Charles Choguill, "The Future of Planned Urban Development in the Third World," in Aldrich and Sandhu, *Housing the Urban Poor*, p. 408.

14) Campbell, "World Bank Urban Shelter Projects in East Africa," *Housing Africa's Urban Poor*, p. 211; Richard Stern, "Urban Housing in Africa," *ibid*, p. 41.

15) Oberai, *Population Growth, Employment and Poverty in Third-World Mega-Cities*, p. 122.

16) "Livelihood and Shelter Have to Be Seen as One Rather than Separate Entities," in Kalpana Sharma, *Rediscovering Dharavi: Stories from Asia's Largest Slum*, New Delhi 2000, p. 202.

17) Datta and Jones, "Preface," p. xviii.

18) Sebastian Mallaby, *The World's Banker: A Story of Failed States, Financial Crises, and the Wealth and Poverty of Nations*, New York 2004, pp. 89~90, 145.

19) Rita Abrahamsen, "Review Essay: Poverty Reduction or Adjustment by Another Name?," *Review of African Political Economy* 99 (2004), p. 185.

20) 스티글리츠의 1998년 연설 "More Instruments and Broader Goals: Moving Towards the Post-Washington Consensus"에 대한 논의를 보려면, John Pender, "From 'Structural Adjustment' to 'Comprehensive Development Framework' : Conditionality Transformed?", *Third World Quarterly* 22:3 (2001).

21) Impaiato and Ruster, *Slum Upgrading and Participation*, p. 255.

22) Diana Mitlin, "Civil Society and Urban Poverty—Examining Complexity," *Environment and Urbanization* 13:2 (October 2001), p. 164.

23) Rubén Gazzoli, "The Political and Institutional Context of Popular Organizations in Urban Argantina," *Environment and Urbanization* 8:1 (April 1996), p. 163.

24) Lea Jellinek, "Collapsing under the Weight of Success: An NGO in Jakarta," *Environment and Urbanization* 15:1 (April 2003), p. 171.

25) Bayat in Roy and Al Sayyad (eds), *Urban Informality: Transnational Perspectives from the Middle East, Latin America, and South Asia*, pp. 80~81.

26) Thomas, *Calcutta Poor*, p. 131.

27) P.K.Das, "Manifesto of a Housing Activist," in Patel and Thorner, *Bombay*, pp. 179~180.

28) Gita Verma, *Slumming India: A Chronicle of Slums and Their Saviours*, New Delhi 2002, pp. 150~152.

29) *Ibid.*, pp. 8~15, 33~35.

30) *Ibid.*, pp. 90~91.

31) Arundhati Roy, *The Checkbook and the Cruise Missile: Conversations with Arundhati Roy*, Boston 2004, p. 82.

32) Hernando de Soto, *The Mystery of Capital: Why Capitalism Triumphs in the West and Fails Everywhere Else*, New York 2000, pp. 301~331.

33) Geoffrey Payne, 1989년 미출판 보고서, Alan Gilbert and Ann Varley, *Landlord and Tenant: Housing the Poor in Urban Mexico*, London 1991, p. 4.

34) Ward, *Mexico City*, p. 193.

35) Suzana Taschner, "Squatter Settlements and Slums in Brazil," in Aldrich and Sandhu, *Housing the Urban Poor*, pp. 216~219.

36) Amis, "Commercialized Housing in Nairobi," p. 237.

37) Gilbert and Varley, *Landlord and Tenant*, p. 11.

38) Berner, *Defending a Place*, p. 179.

39) Gareth Stedman Jones, *Outcast London: A Study in the Relationship Between Classes in Victorian Society*, London 1971, pp. 209.

40) *Ibid.*, pp. 212~213.

41) Frank Snowden, *Naples in the Time of Cholera 1884~1911*, Cambridge 1995, p. 39.

42) Evers and Korff, *Southeast Asian Urbanism*, p. 180.

43) *Ibid.* 저자들이 강조하는 것처럼, "주제의 중요성에도 불구하고, 도시 토지소유에 관한 자료는 극히 드물다. 이는 농촌 지역 토지보유에 대한 연구와는 선명한 대조를 이룬다." (p. 184)

44) Berner, *Defending a Place*, p. 21.

45) Baken and van der Linden, *Land Delivery for Low Income Groups in Third World Cities*,

p. 13.

46) Brennan, "Urban Land and Housing Issues Facing the Third World," p. 78.

47) Kwadwo Konadu-Agyemang, *The Political Economy of Housing and Urban Development in Africa: Ghana's Experience from Colonial Times to 1998*, Westport 2001, p. 123.

48) Keyder, "The Housing Market from Informal to Global," p. 153.

49) Özlem Dündar, "Informal Housing in Ankara," *Cities* 18:6 (2001), p. 393.

50) Janet Abu-Lughod, "Urbanization in the Arab World and the International System," in Gugler, *Cities of the Developing World*, p. 196.

51) Timothy Mitchell, "Dreamland: The Neoliberalism of Your Desires," *Middle East Report* (Spring 1999), np (인터넷 아카이브).

52) Nedoroscik, *The City of the Dead*, p. 42.

53) Brennan, "Urban Land and Housing Issues Facing the Third World," p. 76.

54) Dayaratne and Samarawickrama, "Empowering Communities," p. 102.

55) Fix, Arantes and Tanaka, "São Paulo, Brazil," p. 18.

56) Glasser, "The Growing Housing Crisis in Ecuador," p. 151. 키토에 대한 또 다른 자료를 보려면, Gerrit Burgwal, *Caciquismo, Paralelismo and Clientelismo: the History of a Quito Squatter Settlement*, Amsterdam 1993 참고.

57) Umberto Molina, "Bogotá: Competition and Substitution Between Urban Land Markets," in Baken and van der Linden, p. 300.

58) Margaret Peil, *Lagos: The City Is the People*, London 1991, p. 146.

59) Margaret Peil, "Urban Housing and Services in Anglophone West Africa," in Hamish Main and Stephen Williams (eds.), *Environment and Housing in Third World Cities*, Chichester 1994, p. 176.

60) Drakakis-Smith, *Third World Cities*, p. 146.

61) Amis, "Commercialized Rental Housing in Nairobi," p. 245.

62) Patrick Wasike, "The Redevelopment of Large Informal Settlements in Nairobi," Ministry of Roads and Public Works, Kenya, nd.

63) Davan Maharaj, "Living on Pennies," 4부, *Los Angeles Times*, 16 July 2004에서 인용.

64) Khaled Adham, "Cairo's Urban Déjà vu," in Yasser Elsheshtawy (ed.), *Planning Middle Eastern Cities: An Urban Kaleidoscope in a Globalizing World*, London 2004, p. 157.

65) Peter Nientied and Jan van der Linden, "The Role of the Government in the Supply of Legal and Illegal Land in Karachi," in Baken and van der Linden, Land Delivery for Low Income Groups in *Third World Cities*, pp. 230, 237~238.

66) Berner, "Learning from Informal Markets," p. 241.

67) "Farmers Being Moved Aside by China's Booming Market in Real Estate," *New York Times*, 8 December 2004.

68) August van Westen, "Land supply for Low-Income Housing: Bamako," in Baróssa and van der Linden, *The Transformation of Land Supply System in Third World Cities*, pp. 93, 101~103.·

69) Manuel Castells, *The City and the Grassroots: A Cross-Cultural Theory of Urban Social*

*Movements*, New York 1983, p. 191.

70) Berner, "Learning from Informal Markets," pp. 234~235.

71) Baróss and Jan van der Linden, "Introduction," in *The Transformation of Land Supply in Third World Cities*, pp. 1, 2, 8.

72) Brennan, "Urban Land and Planning Issues Facing the Third World," pp. 75~76.

73) Gilbert et al., *In Search of a Home*, p. 3.

74) Alain Durand-Lasserve, "Articulation between Formal and Informal Land Markets in Cities in Developing Coutries: Issues and Trends," in Baróss and van der Linden, *The Transformation of Land Supply in Third World Cities*, p. 50.

75) Evers and Korff, *Southeast Asian Urbanism*, p. 176.

76) Pezzoli, *Human Settlements*, p. 15.

77) Gilbert and Varley, *Landlord and Tenant*, pp. 3, 5.

78) Jim Yardley가 *New York Times*, 8 December 2004에 실은 중국의 농촌/도시 불평등에 관한 훌륭한 연재기사 5회 참고.

79) Greg Bankoff, "Constructing Vulnerability: The Historical, Natural and Social Generation of Flooding in Metropolitan Manila," *Disasters* 27:3 (2003), p. 232.

80) "11구의 어떤 지역은 1km²당 인구가 24만 3,641명이고, 봄베이의 쿰바와라는 18만 7,722명이다." Roy Lubove, *The Progressives and the Slums: Tenement House Reform in New York City 1890~1917*, Pittsburgh 1962, p. 94.

81) Sharma, *Rediscovering Dharavi*, pp. xx, xxvii, 18.

82) James Drummond, "Providing Collateral for a Better Future," *Financial Times*, 18 October 2001.

83) Suzana Taschner, "Squatter Settlements and Slums in Brazil," pp. 196, 219.

84) Urban Planning Studio, *Disaster Resistant Caracas*, p. 27.

85) Mohan, *Understanding the Developing Metropolis*, p. 55.

86) Peil, Lagos, p. 178; Peil, "Urban Housing and Services in Anglophone West Africa," p. 180.

87) Rasna Warah, "Nairobi's Slums: Where Life for Women Is Nasty, Brutish and Short," *Habitat Debate* 8:3 (September 2002), np.

88) Berner, "Learning from Informal Markets," p. 230.

## 5장 불도저 도시계획

1) Gita Verma, *Slumming India*, p. xix.

2) G. Sartori, G. Nembrini, and F. Stauffer, "Monitoring of Urban Growth of Informal Settlements and Population Estimation from Aerial Photography and Satellite Imagining," Occasional Paper #6, Geneva Foundation, June 2002, np.

3) Jeevan Vasagar, "Bulldozers Go in To Clear Kenya's Slum City," *Guardian*, 20 April 2004.

4) Shihabuddin Mahmud and Umut Duyar-Kienast, "Spontaneous Settlements in Turkey and

Bangladesh: Preconditions of Emergence and Environmental Quality of Gecekondu Settlements and Bustees," *Cities* 18:4 (2001), p. 272.

5) Edmundo Morel and Manuel Mejía, "The Dominican Republic," in Antonio Azuela, Emilio Duhau, and Enrique Ortiz (eds), *Evictions and the Right to Housing: Experience from Canada, Chile, the Dominican Republic, South Africa, and South Korea*, Ottawa 1998, p. 90; Fay and Wellenstein, "Keeping a Roof Over One's Head," p. 97.

6) O'Hare, Abbott, and Barke, "A Review of Slum Housing Policies in Mumbai," p. 276. 아파두라이의 계산에 따르면, 뭄바이는 600만 명의 가난한 주민이 도시 면적의 8%에 불과한 지역에 몰려 있다. ("Deep Democracy: Urban Governmentality and the Horizon of Politics," *Environment and Urbanization* 13:2 [October 2001], p. 27.)

7) Konadu-Agyemang, *The Political Economy of Housing and Urban Development in Africa*, p. 73.

8) Alison Brown, "Cities for the Urban Poor in Zimbabwe: Urban Space as a Resource for Sustainable Development," in Westendorff and Eade, *Development in Cities*, p. 269; Chalo Mwimba, "The Colonial Legacy of Town Planning in Zambia," paper, Planning Africa 2002 Conference, Durban, September 2002, p. 6.

9) Neil Dewar, "Harare: A Window on the Future for the South Africa City?," in Anthony Lemon (ed.), *Homes Apart: South Africa's Segregated Cities*, Cape Town 1991, p. 198.

10) Allen Howard, "Cities in Africa, Past and Present," *Canadian Journal of African Studies* 37:2/3 (2003), p. 206.

11) Sharma, *Rediscovering Dharavi*, p. 8.

12) Gooptu, *The Politics of the Urban Poor in Twentieth-Century India*, p. 421.

13) Tunde Agbola, *Architecture of Fear*, Ibadan 1997, p. 51.

14) Auguste Blanqui, "Capital et travail" (1885), Walter Benjamin, *The Arcade Projects*, Cambridge 2002, p. 144에서 인용.

15) Richard Stren, "Urban Housing in Africa," p. 38.

16) Berner, *Defending a Place*, p. xv.

17) Solomon Benjamin, "Globalization's Impact on Local Government," *UN-HABITAT Debate* 7:4 (December 2001), p. 25.

18) Banashree Chatterjimitra, "Land Supply for Low-Income Housing in Delhi," in Baken and van der Linden, *Land Delivery for Low Income Groups in Third World Cities*, pp. 218~229; Neelima Risbud, "Policies for Tenure Security in Delhi," p. 61.

19) Seabrook, *In the Cities of the South*, p. 267.

20) Varun Soni, "Slumming It," *Hindustan Times*, 24 October 2003.

21) Rangit Dervraj, "No Way but Down for India's Slum Dwellers," *Asia Times*, 20 July 2000.

22) Margaret Peil, "Urban Housing and Services in Anglophone West Africa," p. 178.

23) Odia Ofeimun, "Invisible Chapters and Daring Visions," *This Day*, 31 July 2003. 몇몇 사례: Ogaga Ifowodo, *Red Rain* (원제는 *Maroko's Blood*); Maik Nwosu, *Invisible Chapters*; J.P. Clark, "Maroko" (in *A Lot From Paradise*); 크리스 아바니의 너무 멋진 소설 『그레이스랜드』.

24) Vasagar, "Bulldozers Go in to Clear Kenya's Slum City."

25) *The East African Standard* (Nairobi), 8~9 February 2004에 포함된 논문들 참고.

26) 여러 종의 신문기사 참고. 너무 많아서 서지사항을 밝히기 어렵다.

27) Ananya Roy, "The Gentleman's City: Urban Informality in the Calcutta of New Commu-
nism," in Roy and Al Sayyad, *Urban Informality*, p. 159.

28) Hodges, *Angola*, pp. 30~31.

29) Yan Zhang and Ke Fang, "Is History Repeating Itself? From Urban Renewal in the United
States to Inner-City Redevelopment in China," *Journal of Planning Education and
Research* 23 (2004), pp. 286~289.

30) *Ibid.*

31) Ben Omiyi, *The City of Lagos: Ten Short Essays*, New York 1995, p. 48.

32) Erhard Berner, "Poverty Alleviation and the Eviction of the Poorest," *International Jour-
nal of Urban and Regional Research* 24:3 (September 2000), p. 559.

33) Drakakis-Smith, *Third World Cities*, p. 28.

34) Berner, *Defending a Place*, p. 188.

35) Task Force Detainees of the Philippines (TFDP — AMRSP), "Urban Poor, Demolition and
the Right of Adequate Housing," briefing paper, Manila 2000.

36) Helen Basili, "Demolition the Scourge of the Urban Poor," *Transitions* (newsletter of Ser-
vice for the Treatment and Rehabilitation of Torture and Trauma Survivors [STARTTS]),
#6 (May 2000).

37) Morel and Mejía, "The Dominican Republic," p. 85.

38) *Ibid.*, pp. 95~97.

39) Catholic Institute for International Relations, *Disposable People: Forced Evictions in
South Korea*, London 1988, p. 56.

40) Asian Coalition for Housing Rights, *Housing by People in Asia* (newsletter), 15 October
2003, p. 12.

41) Human Rights Watch의 이번 뉴스 리포트, 그리고 "Demolished: Forced Evictions and the
Tenants' Rights Movement in China" at hrw.org/reports/2004/china 참고.

42) Anne-Marie Broudehoux, *The Making and Selling of Post-Mao Beijing*, New York 2004,
p. 162.

43) *Ibid*, p. 88. 또 www.idpproject.org 미얀마에 관한 파일 참고.

44) Skidmore, *Karaoke Fascism*, pp. 84~85, 89, 159~160.

45) Taschner, "Squatter Settlements and Slums in Brazil," p. 205.

46) Michael Barke, Tony Escasany and Greg O' Hare, "Samba: A Metaphor for Rio's Fave-
las," *Cities* 18:4 (2001), p. 263.

47) Alfredo Rodriguez and Ana Maria Icaza, "Chile," in Azuela, Duhau, and Ortiz, *Evictions
and the Right to Housing*, p. 51.

48) Harms, "To Live in the City Centre," p. 198.

49) Cathy Schneider, *Shantytown Protest in Pinochet's Chile*, Philadelphia 1995, p. 101.

50) Cecilia Zanetta, *The Influence of the World Bank on National Housing and Urban Poli-*

cies: *The Case of Mexico and Argentina in the 1990s*, Aldershot 2004, pp. 194~196.

51) Harris and Wahba, "The Urban Geography of Low-Income Housing," p. 68.

52) Geneive Abdo, *No God but God: Egypt and the Triumph of Islam*, Oxford 2000, pp. 129~130.

53) Farha Ghannam, *Remaking the Modern: Space, Relocation, and the Politics of Identity in a Global Cairo*, Berkeley 2002, p. 38.

54) *Ibid.*, p. 135.

55) Mpanjilwa Mulwanda and Emmanuel Mutale, "Never Mind the People, the Shanties Must Go," *Cities* 11:5 (1994), pp. 303, 311.

56) Asian Coalition for Housing Rights, *Housing by People in Asia*, pp. 18~19.

57) BBC 뉴스, 1999년 8월 8일, 23일.

58) Dutton, *Streetlife China*, p. 149.

59) Liu Xiaoli and Liang Wei, "Zhejiangcun: Social and Spatial Implications of Informal Urbanization on the Periphery of Beijing," *Cities* 14:2 (1997), pp. 95~98.

60) Solinger, *Contesting Citizenship in Urban China*, p. 233.

61) Dutton (공문서에서 인용), *Streetlife China*, pp. 152~159.

62) Solinger, *Contesting Citizenship in Urban China*, p. 69.

63) Asian Coalition for Housing Rights, *Housing by People in Asia* 또 Asian Human Rights Commission and Urban Poor Consortium 홍보자료(도시 빈민 웹사이트 www.urbanpoor. or.id)도 참고.

64) Munyaradzi Gwisai, "Mass Action Can Stop Operation Murambasvina," International Socialist Organization (Zimbabwe), 30 May 2005; BBC 뉴스, 2005년 5월 27일; *Guardian*, 28 May 2005; *Los Angeles Times*, 29 May 2005.

65) BBC 뉴스, 2005년 6월 8일; *Mail & Guardian* online (www.mg.co.za), 2005년 7월 21일.

66) BBC 뉴스, 2005년 7월 22일.

67) Brian Raftopoulos, "The Battle for the Cities," 현재 짐바브웨를 둘러싸고 진행되는 인터넷 논쟁 중에서 인용(http://lists.kabissa.org/mailman/listsinfo/debate).

68) Pu Miao, "Deserted Streets in a Jammed Town: The Gated Community in Chinese Cities and Its Solution," *Journal of Urban Design* 8:1 (2003), p. 45.

69) Asef Bayat and Eric Denis, "Who Is Afraid of Ashiwaiyat?," *Environment and Urbanization* 17:2 (October 2000), p. 199.

70) *Orange County Register*, 14 April 2002.

71) *New York Times*, 3 Feburary 2003.

72) Laura Ruggeri, "Palm Springs: Imagineering California in Hong Kong," 1991/94, 저자 웹사이트 (www.spacing.org). 또 다른 팜스프링스는 베이징에 위치한 우아한 콘도미니엄 단지다.

73) Solomon Benjamin, "Governance, Economic Settings and Poverty in Bangalore," *Environment and Urbanization* 12:1 (April 2000), p. 39.

74) Harald Leisch, "Gated Communities in Indonesia," *Cities* 19:5 (2002), pp. 341, 344~345.

75) Berner, *Defending a Place*, p. 163.

76) 라고스의 요새 저택에 대한 설명을 보려면, Agbola, *Architecture of Fear*, pp. 68~69 참고.

77) Andre Czegledy, "Villa of the Highveld: A Cultural Perspective on Johannesburg and Its Northern Suburbs," in Richard Tomlinson et al. (eds), *Emerging Johannesburg: Perspectives on the Postapartheid City*, New York 2003, p. 36.

78) Murray Williams, "Gated Villages Catch on among City's Super-Rich," *Cape Argus* (Cape Town), 6 January 2004. 교외 전기철조망 테크놀로지에 관한 자세한 사항을 보려면, www.electerrific.co.za 참고.

79) Teresa Caldeira, *City of Walls: Crime, Segregation, and Citizenship in São Paulo*, Berkeley 2000, pp. 253, 262, 278.

80) Dennis Rodgers, " 'Disembedding' the City: Crime, Insecurity and Spatial Organization in Managua," *Environment and Urbanization* 16:2 (October 2004), pp. 120~121.

81) *Ibid.*

82) Guy Thuillier, "Gated Communities in the Metropolitan Area of Buenos Aires," p. 258~259.

83) Rodgers, " 'Disembedding' the City," p. 123.

84) Amália Geriges de Lemos, Francisco Scarlato, and Reinaldo Machado, "O Retorno a Cidade Medieval: Os Condominios Fechados da Metropole Paulistana" in Luis Felipe Cabrales Barajas (ed.), *Latinoamérica: Países Abiertos, Ciudades Cerradas, Guadalajara* 2000, pp. 217~236.

85) Rodgers, " 'Disembedding' the City," p. 123.

86) Ruggeri, "Palm Springs."

87) Seabrook, *In the Cities of the South*, p. 211.

## 6장 슬럼의 생태학

1) Stillwaggon, *Stunted Lives, Stagnant Economies*, p. 67.

2) Verma, *Slumming India*, p. 69.

3) Seabrook, *In the Cities of the South*, p. 177.

4) Malcolm Lupton and Tony Wolfson, "Low-Income Housing, the Environment and Mining on the Witwatersrand," in Main and Williams, *Environment and Housing in Third World Cities*, pp. 115, 120.

5) Claudia Viana and Terezinha Galvão, "Erosion Hazards Index for Lateritic Soils," *Natural Hazards Review* 4:2 (May 2003), pp. 82~89.

6) Taschner, "Squatter Settlements and Slums in Brazil," p. 218.

7) Richard Pike, David Howell, and Russell Graymer, "Landslides and Cities: An Unwanted Partnership," in Grant Heiken, Robert Fakundiny, and John Sutter (eds), *Earth Science in the Citiy: A Reader*, Washington, D.C. 2003, p. 199.

8) Virginia Jimenez-Diaz, "The Incidence and Causes of Slope Failure in the Barrios of Carracas," in Main and Williams, *Environment and Housing in Third World Cities*, pp. 127~129.

9) Gerald F. Wieczorek et al., "Debris-Flow and Flooding Hazards Associated with December 1999 Storm in Coastal Venezuela and Strategies for Mitigation," US Geological Survey, Open File Report 01-0144, Washington, D.C. 2000, p. 2.

10) Pike, Howell, and Graymer, "Landslides and Cities," p. 200.

11) Richard Gott, *In the Shadow of the Liberator: Hugo Chávez and the Transformation of Venezuela*, London 2001, p. 3에서 인용.

12) Berner, *Defending a Place*, p. xiv.

13) Bankoff, "Constructing Vulnerability," pp. 224~236; *Asian Economic News*, 31 December 2001 (파야타스 재난을 다룬 영화에 관한 기사).

14) Hamish Main and Stephen Williams, "Marginal Urban Environments as Havens for Low-Income Housing," in Main and Williams, *Environment and Housing in Third World Cities*, p. 159.

15) Mohamed Hamza and Roger Zetter "Structural Adjustment, Urban Systems, and Disaster Vulnerability in Developing Countries," *Cities*, 15:4 (1998), p. 291.

16) Azzedine Layachi, "Algeria: Flooding and Muddled State-Society Relations," *The Middle East Research and Information Project (MERIP) Online*, 11 December 2001.

17) "Flood and Mudslides in Algeria," *Geotimes* (January 2002).

18) Layachi, "Algeria."

19) Geoffrey Payne, "Lowering the Ladder: Regulatory Frameworks for Sustainanable Development," in Westendorff and Eade, *Development and Cities*, p. 259.

20) Kenneth Hewitt, *Regions of Risk: A Geographical Introduction to Disasters*, Harlow 1997, pp. 217~218.

21) Leonard, "Lima," p. 439.

22) Seabrook, *In the Cities of the South*, p. 271.

23) Berner, *Defending a Place*, p. 144.

24) Hans Schenk, "Living in Bangalore's Slums,' in Schenk (ed.), *Living in India's Slums: A Case Study of Bangalore*, Delhi 2001, p. 34.

25) Matthew Gandy, "Amorphous Urbanism: Chaos and Complexity in Metropolitan Lagos," manuscript, November 2004 (*New Left Review 33*(May/June 2005)에 실림), pp. 1~2.

26) Seabrook, *In the Cities of the South*, p. 192.

27) Verma, *Slumming India*, p. 16.

28) Joel Simon, *Endangered Mexico: An Environment on the Edge*, San Francisco 1997, p. 157.

29) M. El Arabi, "Urban Growth and Environment Degradation: The Case of Cairo," Cities 19:6 (2002), p. 294; Expressway and Rapid Transit Authority of Bangkok, *Statistical Report*, 1992, Bangkok 1993; US Department of Energy, Energy Information Administration, "Indonesia: Environment Issues," fact sheet (February 2004).

30) Amnesty International, *Clouds of Injustice: the Bhopal Disaster 20 Years On*, London 2004, pp. 12, 19; Gordon Walker, "Industrial Hazards, Vulnerability and Planning," in Main and Williams, *Environment and Housing in Third World Cities*, pp. 50~53.

31) M. Pemberton, *Managing the Future — World Vehicle Forecasts and Strategies to 2020, Vol. 1: Changing Patterns of Demand*, 2000; Daniel Sperling and Eileen Clausen, "The Developing World's Mororization Challenge," *Issues in Science and Technology Online* (Fall 2002), p. 2.

32) Sperling and Clausen, "The Developing World's Motorization Challenge," p. 3.

33) Sit, *Beijing*, pp. 288~289에 나오는 베이징의 사례.

34) WHO가 지원한 Road Traffic Injuries Research Network의 연구물, *Detroit Free Press*, 24 September 2002에서 인용.

35) Vinand Nantulya and Michael Reich, "The Neglected Epidemic: Road Traffic Injuries in Developing Countries," *British Journal of Medicine* 324 (11 May 2002), pp. 1139~1141.

36) El Arabi, "Urban Growth and Environmental Degradation," pp. 392~394; Oberai, *Population Growth, Employment and Poverty in Third World Mega-Cities*, p. 16 (사고율).

37) Glenn McKenzie, "Psychiatric Tests Required for Traffic Offenders," *RedNova*, 20 June 2003; Peil, "Urban Housing and Services in Anglophone West Africa," p. 178.

38) *Hindustan Times*, 1 February 2004.

39) WHO, "Road Safety Is No Accident!" (November 2003); Road Traffic Injuries Research Network, *Detroit Free Press*, 24 September 2002에서 인용.

40) *People's Daily* (영어판), 24 June 2003.

41) Asim Khan, "Urban Air Pollution In Megacities of the World," *Green Times* (Spring 1997, Penn Environment Group이 출판). 또 "Commentary: Urban Air Pollution," in Current Science 77:3 (10 August 1999), p. 334도 참조; "World Bank Group Meets to Clean Up Asia's Deadly Air," Associated Press, 22 July 2003.

42) Suketu Mehta, *Maximum City: Bombay Lost and Found*, New York 2004, p. 29; Karina Constantino-David, "Unsustainable Development: the Philippine Experience," in Westendorff and Eade, *Development and Cities*, p. 163.

43) Vincent Ifeanyi Ogu, "Private Sector Participation and Municipal Waste Management in Benin City," *Environment and Urbanization* 12:2 (October 2000), pp. 103, 105.

44) *Washington Post*, 26 August 2002.

45) Daily Graphic (Accra), 12 August 2000, H. Wellington, "Kelewle, Kpokpoi, Kpanlogo," in Ralph Mills-Tetty and Korantema Adi-Dako (eds), *Visions of the City: Accra in the Twenty-First Century*, Accra 2002, p. 46.

46) Shahab Fazal, "Urban Expansion and Loss of Agricultural Land — a GIS-Based Study of Saharanpur City, India," *Environmental and Urbanization* 12:2 (October 2000), p. 124.

47) "Loss of Agricultural Land to Urbanization'" at www.infoforhealth.org/pr/m13/m13chap3_3shtml#top 참고; "Farmland Fenced off as Industry Makes Inroads," *China Daily*, 18 August 2003.

48) Florian Steinberg, "Cairo: Informal Land Development and the Challenge for the Future," in Baken and van der Linden, *Land Delivery for Law Income Groups in Third World Cities*, p. 131.

49) Van den Berg, van Wijk, and Van Hoi, "The Transformation of Agriculture and Rural Life

Downstream of Hanoi," p. 52.

50) Dayaratne and Samarawickrama, "Empowering Communities" , p. 102.

51) Taschner, "Squatter Settlements and Slums in Brazil," p. 193; Luis Galvão, "A Water Pollution Crisis in the Americas," *Habitat Debate* (September 2003), p. 10.

52) *The News* (Monrovia), 23 January 2004.

53) Peter Mutevu, "Project Proposal on Health and Hygiene Education to Promote Safe Handling of Drinking Water and Appropriate Use of Sanitation Facilities in Informal Settlements," brief, Nairobi (April 2001).

54) Imparato and Ruster, *Slum Upgrading and Participation*, p. 61; Pezzoli, *Human Settlements*, p. 20.

55) Stillwaggon, *Stunted Lives, Stagnant Economics*, p. 97.

56) Stephen Marcus, *Engels, Manchester and the Working Class*, New York 1974, p. 184.

57) *Ibid.*

58) *Ibid.*, p. 185.

59) Friedrich Engels, *The Condition of the Working-Class in England in 1844*, Marx-Engels Collected Works, Volume 4, Moscow 1975, p. 351.

60) Meja Mwangi, *Going Down River Road*, Nairobi 1976, p. 6.

61) Kipling, *The City of Dreadful Night*, pp. 10~11.

62) Katy Salmon, "Nairobi's 'Flying Toilets': Tip of an Iceberg," *Terra Viva* (Johannesburg), 26 August 2002; Mutevu, "Project Proposal on Health and Hygiene Education."

63) Andrew Harding, "Nairobi Slum Life" (series), *Guardian*, 4, 8, 10, 15 October 2002.

64) Berner, *Defending a Place*, p. xiv.

65) UN-HABITAT, *Debate* 8:2 (June 2002), p. 12.

66) Mehta, *Maximum City*, p. 127에서 인용.

67) Susan Chaplin, "Cities, Sewers and Poverty: India's Politics of Sanitation," *Environment and Urbanization* 11:1 (April 1999), p. 152. '배변권'을 둘러싼 이런 유의 계급투쟁은 식민도시의 고질적 갈등의 연장이다. 굽투는 1932년 칸푸르 스쿼터들의 경우를 예로 든다. 식수와 위생적인 변소를 얻으려는 시도가 시의회에 의해 좌절되자 이들은 공무용 방갈로 바로 옆의 광장에 침입해 그곳을 (저항의 일환으로) 공동변소로 이용했다. 곧 경찰이 출동했고 폭동이 일어났다 (Gooptu, *The Politics of the Urban Poor in Early Twentieth-Century India*, p. 87).

68) Arundhati Roy, "The Cost of Living," *Frontline* 17:3 (5~8 February 2000).

69) Solinger, *Contesting Citizenship in Urban China*, p. 121.

70) Asha Krishnakumar, "A Sanitation Emergency," *Focus* 20:24 (22 November~5 December 2003).

71) Loes Schenk-Sandbergen, "Women, Water and Sanitation in the Slums of Bangalore: A Case Study of Action Research," in Schenk, *Living in India's Slums*, p. 198.

72) Mehta, *Maximum City*, p. 128.

73) Deborah Pellow, "And a Toilet for Everyone!," in Mills-Tetley and Adi-Dako, *Visions of the City*, p. 140.

74) Nick Devas and David Korboe, "City Governance and Poverty: The Case of Kumasi,"

*Environment and Urbanization* 12:1 (April 2000), pp. 128~130.

75) Salmon, "Nairobi's 'Flying Toilets.' "

76) Halima Abdallah, "Kampala's Soweto," *The Monitor* (Kampala), 19~25 November 2003.

77) Beverly Bell, *Walking in Fire: Haitian Women's Stories of Survival and Resistance*, Ithaca 2001, p. 45.

78) Stillwaggon, *Stunted Lives, Stagnant Economics*, p. 95.

79) Pellow, "And a Toilet for Everyone!" ; Nikhil Thapar and Ian Sanderson, "Diarrhoea in Children: an Interface Between Developing and Developed Counties," *The Lancet* 363 (21 February 2004), pp. 641~650; Mills-Tettey and Adi Dako, *Visions of the City*, p. 138 참고.

80) UN Integrated Regional Information Networks, press release, 19 February 2003.

81) Rasna Warah, "Nairobi's Slums: Where Life for Women is Nasty, Brutish and Short," UN-HABITAT, *Debate* 8:3 (2002).

82) Chaplin, "Cities Sewers, and Poverty," p. 151.

83) Skidmore, *Karaoke Fascism*, p. 156.

84) *Los Angeles Times*, 4 August 2004.

85) Shi, "How Access to Urban Potable Water and Sewerage Connections Affects Child Mortality," p. 2.

86) Thapar and Sanderson, "Diarrhoea in Children," p. 650.

87) 1996년 WHO report, David Satterthwaite, "The Links Between Poverty and the Environment in Urban Areas of Africa, Asia, and Latin America," *The ANNALS of the American Academy of Political and Social Science* 590 (1993), p. 80에서 인용 설명.

88) 1997년 UN Economic and Social Comission for Asia and the Pacific에서 나온 수치.

89) *Intermediate Technology Development Group (ITDG) East Africa Newsletter* (August 2002).

90) Mary Amuyunzu-Nyamongo and Negussie Taffa, "The Triad of Poverty, Environment and Child Health in Nairobi Informal Settlements," *Journal of Health and Population in Developing Countries*, 8 January 2004, p. 7.

91) Hodges, *Angola*, p. 30.

92) Angeline Mwacan and Theodore Trefon, "The Tap Is on Strike," in Trefon (ed.), *Reinventing Order in the Congo: How People Respond to State Failure in Kinshasa*, Kampala 2004, pp. 33, 39, 42.

93) Jeevan Vasagar, "Pipes Run Dry in Tanzania," *Guardian* (27 September 2004).

94) Herr and Karl, *Estimating Global Slum Dwellers*, p. 14.

95) Carolyn Stephens, "Healthy Cities or Unhealthy Islands? The Health and Social Implications of Urban Inequality," *Environment and Urbanization* 8:2 (October 1996), pp. 16, 22.

96) Jacquemin, *Urban Development and New Towns in the Third World*, pp. 90~91.

97) Abdul Barkat, Mati Ur Rahman, and Manik Bose, "Family Planning Choice Behavior in Urban Slums of Bangladesh: An Econometric Approach," *Asia-Pacific Population Journal* 12:1 (March 1997) offprint, p. 1.

98) Edmundo Werna, Ilona Blue, and Trudy Harpham, "The Changing Agenda for Urban Health," in Cohen et al., *Preparing for the Urban Future*, p. 201.

99) Richard Horton, *Health Wars: On the Global Front Lines of Modern Medicine*, New York 2003, p. 79.

100) 그래서 전 세계에서 발생한 뇌졸중과 심장발작 1,700만 건 가운데 1,100만 건이 개발도상국에서 발생했다. D. Yach et al., "Global Chronic Diseases," *Science* (21 January 2005), p. 317, 그리고 서신 왕래 (2005년 7월 15일) 참고.

101) David Satterthwaite, "Environmental Transformations in Cities as They Get Larger, Wealthier and Better Managed," *The Geographical Journal* 163:2 (July 1997), p. 217.

102) Women's Global Network for Reproductive Rights, *A Decade After Cairo: Women's Health in a Free Market Economy*, Corner House Briefing 30, Sturminister Newton 2004, p. 8.

103) Shi, "How Access to Urban Portable Water and Sewerage Connections Affects Child Mortality," pp. 4~5.

104) Frances Stewart, *Adjustment and Poverty: Options and Choices*, London 1995, pp. 196, 203, 205.

105) *Financial Times*, 10 September 2004에서 인용한 세계은행 통계.

106) *A Decade After Cairo*, p. 12에서 인용.

107) Fantu Cheru, "Debt, Adjustment and the Politics of Effective Response to HIV/AIDS in Africa," *Third World Quarterly*, 23:2 (2002), p. 300.

108) *Ibid.*, p. 9.

109) Deborah Potts and Chris Mutambirwa, "Basics Are Now a Luxury: Perceptions of Structural Adjustment's Impact on Rural and Urban Areas in Zimbabwe," *Environment and Urbanization* 10:1 (April 1998), p. 75.

110) Chaplin, "Cities, Sewers and Poverty," p. 156.

111) Meja Mwangi, *The Last Plague*, Nairobi 2000, p. 4.

112) Mike Davis, *The Monster at Our Door: The Global Threat of Avian Flu*, New York 2005.

## 7장 구조조정이라는 흡혈귀: 제3세계 빨아먹기

1) Fidelis Odun Balogun, *Adjusted Lives: Stories of Structural Adjustments*, Trenton (NJ) 1995, p. 75.

2) Martin Ravallion, *On the Urbanization of Poverty*, World Bank paper, 2001.

3) Eduardo López Moreno, *Slums of the World: The Face of Urban Poverty in the New Millenium?*, Nairobi 2003, p. 12.

4) Balogun, *Adjusted Lives*, p. 80.

5) Stewart, *Adjustment and Poverty*, p. 213.

6) Mallaby, *The World's Banker*, p. 110.

7) Tony Killick, "Twenty-five Years in Development: The Rise and Impending Decline of

Market Solutions," *Development Policy Review* 4 (1986), p. 101.

8) William Tabb, *Economic Governance in the Age of Globalization*, New York 2004, p. 193.

9) Ha-Joon Chang, "Kicking Away the Ladder: Infant Industry Promotion in Historical Perspective," *Oxford Development Studies* 31:1 (2003), p. 21.

10) Stephen Andreasson, "Economic Reforms and 'Virtual Democracy' in South Africa,' *Journal of Contemporary African Studies* 21:3 (September 2003), p. 385.

11) *Challenge*, p. 48.

12) Theodore Trefon, "Introduction: Reinventing Order," in Trefon, *Reinventing Order in the Congo*, p. 1.

13) Rakodi, "Global Forces, Urban Change, and Urban Management in Africa," in Rakodi, *Urban Challenge*, pp. 50, 60~61.

14) Achille Mbembe and Janet Roitman, "Figures of the Subject in Times of Crisis," in Enwezor et al., *Under Siege*, p. 112.

15) Michael Mattingly, "The Role of the Government of Urban Areas in the Creation of Urban Poverty," in Sue Jones and Nici Nelson (eds), *Urban Poverty in Africa: From Understanding to Alleviation*, London 1999, p. 21.

16) Adil Mustafa Ahmad and Atta El-Hassan El-Batthani, "Poverty in Khartoum," *Environment and Urbanization* 7:2 (October 1995), p. 205.

17) Sethuraman, "Urban Poverty and the Informal Sector," p. 3.

18) World Bank, *Nigeria: Country Brief*, September 2003.

19) Potts, "Urban Lives," p. 459.

20) UN, *World Urbanization Prospects*, p. 12.

21) Potts, "Urban Lives," p. 459.

22) Alberto Minujin, "Squeezed: The Middle Class in Latin America," *Environment and Urbanization* 7:2 (October 1995), p. 155.

23) Agustín Escobar and Merceds González de la Rocha, "Crisis, Rstructiuring and Urban Poverty in Mexico", *Enviornment and Urbanization* 7:1 (April 1995), pp. 63~64.

24) Henry Dietz, *Urban Poverty, Political Participation, and the State: Lima, 1970~1990*, Pittsburgh 1998, pp. 58, 65.

25) A. Oberai, *Population Growth, Employment and Poverty in Third World Mega-Cities*, p. 85.

26) Luis Ainstein, "Buenos Aires: A Case of Deepening Social Polarization," in Gilbert, *The Mega-City in Latin America*, p. 139.

27) World Bank, *Inequality in Latin America and the Caribbean: Breaking with History?*, New York 2003, np.

28) U. Kalpagam, "Coping with Urban Poverty in India," *Bulletin of Concerned Asian Scholars* 17:1 (1985), p. 18.

29) Sylvia Chant, "Urban Livelihoods, Employment and Gender," in Robert Gwynne and Cristóbal Kay (eds), *Latin America Transformed: Globalzation and Modernity*, London 2004, p. 214.

30) Caroline Moser with Linda Peake (ed.), *Urban Research in Developing Countries — Vol-*

ume 4: Thematic Issues, Toronto 1996, p. 309.

31) Women's Global Network for Reproductive Rights, A Decade After Cairo, p. 12.

32) Caroline Moser, "Adjustment from Below: Low-Income Women, Time, and the Triple Role in Guayaquil, Ecuador," in Sarah Radcliffe and Sallie Westwood (eds), "Viva": Women and Popular Protest in Latin America, London 1883, pp. 178~185.

33) Escobar and González, "Crisis, Restructuring and Urban Poverty in Mexico," pp. 63~73.

34) Pugh, "The Role of the World Bank in Housing," p. 55.

35) Rogerson, "Globalization or Informalization?," p. 347.

36) Nazneen Kanji, "Gender, Poverty and Structural Adjustment in Harare, Zimbabwe," Environment and Urbanization 7:1 (April 1995), pp. 39, 48~50; Drakakis-Smith, Third World Cities, p. 148 (영양실조). 또 Deborah Potts and Chris Mutambirwa, "Basics Are Now a Luxuray," pp. 73~75 참고.

37) B. Rwezaura et al., Miriam Grant, "Difficult Debut: Social and Economic Identities of Urban Youth in Bulawayo, Zimbabwe," Canadian Journal of African Studies 37:2/3 (2003), pp. 416~417에서 인용.

38) John Walton and David Seddon, Free Markets and Food Riots: The Politics of Structural Adjustment, Oxford 1994, pp. 39~45.

39) Ibid., p. 43.

40) Abani, Graceland, p. 280.

41) Challenge, p. 34.

42) United Nations Development Programme, Human Development Report 2004, New York 2004, p. 132.

43) Henry Chu, "Joblesss in São Paulo," Los Angeles Times, 30 May 2004.

44) Don Robotham, "How Kingston Was Wounded," in Jane Schneider and Ida Susser (eds), Wounded Cities: Destruction and Reconstruction in a Globalized World, Oxford 2003, pp. 111~124.

45) Zanetta, The Influence of the World Bank on National Housing Policies, p. 25.

46) Paul Jenkins, Paul Robson, and Allan Cain, "Luanda," Cities 19:2 (2002), p. 144.

47) Zanetta, The Influence of the World Bank on National Housing Policies, p. 64.

48) Forrest Hylton, "An Evil Hour: Uribe's Columbia in Historical Perspective," New Left Review 23 (September~October 2003), p. 84.

49) Shaohua Chen and Martin Ravallion, "How Did the World's Poorest Fare in the 1990s?" World Bank working paper, Washington, D.C. 2000, p. 18.

50) Laabas Belkacem, "Poverty Dynamics in Algeria," Arab Planning Institute, working paper, Kuwait (June 2001), pp. 3, 9.

51) Djavad Salehi-Isfahani, "Mobility and the Dynamics of Poverty in Iran: What Can We Learn from the 1992~1995 Panel Data?," World Bank working paper (November 2003), p. 17.

52) Soliman, A Possible Way Out, p. 9.

53) Akmal Hussain, Pakistan National Human Development Report 2003: Poverty, Growth

*and Governance*, Karachi 2003, pp. 1, 5, 7, 15, 23.

54) *Challenge*, p. 2.

55) Braithwaite, Grootaert, and Milanovic, *Poverty and Social Assistance in Transition Countries*, p. 47.

56) Alexey Krasheninnokov, "Moscow," UN-HABITAT Case Study, London 2003, pp. 9~10.

57) Tatyana Protasenko, "Dynamics of the Standard of Living During Five Years of Economic Reform," *International Journal of Urban and Regional Research* 21:3 (1997), p. 449.

58) Krasheninnokov, "Moscow," p. 10.

59) Protasenko, "Dynamics of the Standard of Living During Five Years of Economic Reform," p. 449.

60) *Ibid.*

61) World Bank, "Bulgaria: Poverty During the Transition," 이는 Social Rights Bulgaria, 29 June 2003, www.socialrights.org에서 인용.

62) World Bank, "Albania: Growing Out of Poverty," working paper, 20 May 1997, p. 41.

63) Azizur Rahman Khan and Carl Riskin, *Inequality and Poverty in China in the Age of Globalization*, Oxford 2001, p. 36. 저자들이 지적한 것처럼, 중국의 도시 소득 통계는 시골에서 흘러오는 거대한 망류 행렬을 포함하지 않으며, 따라서 불평등을 실제보다 적게 계산하는 경향을 보인다.

64) Pamela Yatsko, *New Shanghai: The Rocky Rebirth of China's Legendary City*, Singapore 2003, p. 113.

65) *Ibid.*, pp. 113~115.

66) Solinger, *Contesting Citizenship in Urban China*, p. 5.

67) Yatsko, *New Shanghai*, pp. 120~121.

68) People's Daily (English version), 30 October 2002; Athar Hussain, "Urban Poverty in China: Measurement, Patterns and Policies," ILO working paper, Geneva 2003.

69) Seabrook, *In the Cities of the South*, p. 63.

70) Praful Bidwai, "India's Bubble Economy Booms as Poverty Grows," *Asia Times*, 17 March 2000.

71) *Financial Times*, 24/25 July 2004.

72) Hans Schenk and Michael Dewitt, "The Fringe Habitat of Bangalore," in *Living in India's Slums*, p. 131.

73) Schenk, "Living in Bangalore's Slums" and "Bangalore: An Outline," in *Living in India's Slums*, pp. 23, 30~32, 44, 46; H. Ramachandran and G. S. Sastry, "An Inventory and Typology of Slums in Bangalore," in *ibid.*, p. 54; Benjamin, "Governance, Economic Settings and Poverty in Bangalore," p. 39; 넝마주이와 부랑자에 대해서는 www.agapeindia.com/street_children.htm.

74) Benjamin, "Governance, Economic Settings and Poverty in Bangalore," pp. 36~39.

75) Bernard Wysocki, "Symbol Over Substance," *Wall Street Journal*, 25 September 2000에 인용된 William Lewis의 말.

## 8장 잉여 인간?

1) Patrick Chamoiseau, *Texaco*, New York 1997, p. 314.
2) 필자의 *Late Victorian Holocausts: El Ninño Famines and the Making of the Third World*, London 2001 참고, 특히 pp. 206~209.
3) *Challenge*, pp. 40, 46; Thomas Mitschein, Henrique Miranda, and Mariceli Paraence, *Urbanizaçao Selvagem e Proletarização Passive na Amazônia — O Caso de Belém*, Belém 1989 (Browder and Godfrey, *Rainforest Cities*, p. 132에서 인용).
4) Snowden, *Naples in the Time of Cholera*, Cambridge 1995, pp. 35~36.
5) Castells, *The City and the Grassroots*, pp. 181~183.
6) Orlandina de Oliveira and Bryan Roberts, "The Many Roles of the Informal Sector in Development: Evidence from Urban Labor Market Research, 1940~1989," in Cathy Rakowsky (ed.), *Contrapunto: the Informal Sector Debate in Latin America*, Albany 1994, p. 56.
7) *Challenge*, pp. 40, 46.
8) *The Economist*, 21 March 1998, p. 37에서 인용.
9) *Challenge*, p. 103; Rondinelli and Kasarda, "Job Creation Needs in Third World Cities," *Third World Cities*; Hasan, "Introduction," in Khan, *Orangi Pilot Project*, p. xl (Karachi Master Plan of 1989 인용); Ubaidur Rob, M. Kabir, and M. Mutahara, *Urbanization in the New Millennium*, Singapore 2005, p. 36.
10) Rondinelli and Kasarda, p. 107.
11) Laquian, "The Effects of National Urban Strategy and Regional Development Policy on Patterns of Urban Growth in China," p. 66.
12) Guy Mhone, "The Impact of Structural Adjustment on the Urban Informal Sector in Zimbabwe," "Issues in Development" discussion paper #2, Geneva n.d., p. 19.
13) Cour and Snrech, *Preparing for the Future*, p. 64.
14) *Challenge*, p. 104.
15) Gooptu, *The Politics of the Urban Poor in Early Twentieth-Century India*, p. 2.
16) Khan and Riskin, *Inequality and Poverty in China in the Age of Globalization*, p. 40.
17) M. Todaro, "A Model of Labor Migration and Urban Unemployment in Less Developed Countries," *American Economic Review* 59:1 (1969), pp. 138~145의 고전적 정식 참고.
18) Oberai, *Population Growth, Employment and Poverty in Third-World Mega-Cities*, p. 64.
19) Jan Breman, *The Labouring Poor: Patterns of Exploitation, subordination, and Exclusion*, New Delhi, p. 174.
20) Donald Krueckeberg, "The Lessons of John Locke or Hernando de Soto: What If Your Dreams Come True?," *Housing Policy Debate* 15:1 (2004), p. 2에서 인용
21) Michael Mutter, UK Department for International Development, 이는 *Environment and Urbanization* 15:1 (April 2003), p. 12에서 인용.
22) William House, "Nairobi' s Informal Sector: Dynamic Entrepreneurs or Surplus Labor?" *Economic Development and Cultural Change* 32 (January 1984), pp. 298~299 참고; 또

Priorities for Urban Labour Market Research in Anglophone Africa," *The Journal of Developing Areas* 27 (October 1992).

23) Alejandro Portes and Kelly Hoffman, "Latin American Class Structures: Their Composition and Change during the Neoliberal Era," *Latin American Research Review* 38:1 (2003), p. 55. 강조는 원저자들의 것.

24) Oberai, *Population Growth, Employment and Poverty in Third-World Mega-Cities*, p. 109.

25) Breman, *The Labouring Poor*, pp. 4, 9, 154, 196.

26) Jan Breman and Arvind Das, *Down and Out: Labouring Under Global Capitalism*, New Delhi 2000, p. 56.

27) Breman, *The Labouring Poor*, p. 231.

28) Thomas, *Calcutta Poor*, p. 114.

29) William Kombe, "Institutionalising the Concept of Environmental Planning and Management," in Westendorff and Eade, *Development and Cities*, p. 69.

30) Sethuraman, "Urban Poverty and the Informal Sector," p. 8.

31) Bryan Roberts, "From Marginality to Social Exclusion: From Laissez Faire to Pervasive Engagement," *Latin American Research Review* 39:1 (February 2004), p. 196.

32) Clifford Geertz, *Agricultural Involution: The Process of Ecological Change in Indonesia*, Berkeley 1963, pp. 80~82. T. McGhee가 '도시 퇴축'의 비유를 사용한 곳은 "Beachheads and Enclaves: the Urban Debate and the Urbanization Process in Southeast Asia since 1945," in Y. M Yeung and C. P. Lo (eds), *Changing South-East Asian Cities: Readings on Urbanization*, London 1976.

33) Evers and Korff, *Southeast Asian Urbanism*, p. 143.

34) Serajul Hoque, "Micro-credit and the Reduction of Poverty in Bangladesh," *Journal of Contemporary Asia* 34:1 (2004), pp. 21, 27.

35) Jaime Joseph, "Sustainable Development and Democracy in Megacities," in David Westendorff and Deborah Eade, *Development Cities*, Oxford 2002, p. 115.

36) Bell, *Walking on Fire*, p. 120에서 인용.

37) Sylvia Chant, "Urban Livelihoods, Employment and Gender," in Gwynne and Kay, pp. 212~214에 부연된 설명.

38) Bremen, *The Labouring Poor*, pp. 5, 201.

39) Philip Amis, "Making Sense of Urban Poverty," *Environment and Urbanization* 7:1 (April 1995), p. 151.

40) 카스텔과 포르테스는 1989년 논문에서 '노동 상황과 사회 조건의 점진적 이질화'로 인해 프롤레타리아가 '사라지고 있다'는 뉘앙스를 풍기는데, 이것은 다소 과장인 듯하다(Castells and Portes, "World Underneath: The Origins, Dynamics and Effects of the Informal Economy," in Portes, Castells, and Lauren Benton (eds), *The Informal Economy: Studies in Advanced and Less Developed Countries*, Baltimore 1989, p. 31). 비공식 노동자가 대규모로 밀집되어 있는 몇몇 주요 틈새의 경우, 제대로 된 노동권과 노동법이 존재하면 효과적인 조직화와 '계급의식'이 생길 수 있다. 비공식 노동이 의뢰인에게 종속되거나 인종에 따라 갈

라지는 경향을 보이는 이유는 경제적 시민권이 부재하기 때문이지 생계의 이질성 자체가 원인이 되는 것은 아니다. 따라서 나는 비공식 부문의 주요 사안이 재산권 보호의 공식화가 아니라 노동권 보호의 공식화라는 브레먼의 말(p. 201)에 동의한다.

41) Jane Pryer, *Poverty and Vulnerability in Dhaka Slums: the Urban Livelihoods Study*, Aldershot 2003, p. 176; Victoria de la Villa and Matthew S. Westfall (eds), *Urban Indicators for Managing Cities: Cities Data Book*, Manila 2001 (아동 노동자 수치).

42) Arjun Appadurai, "Deep Democracy: Urban Governmentality and the Horizon of Politics," *Environment and Urbanization* 13:2 (October 2001), p. 27.

43) Nedoroscik *The City of the Dead*, p. 64.

44) Zama Coursen-Neff, *Small Change: Bonded Child Labor in India's Silk Industry* (Human Rights Watch Report 15:2, January 2003), p. 30.

45) UNICEF, *The State of the World's Children 1997*, Oxford 1998, p. 35.

46) Coursen-Neff, *Small Change*, pp. 8, 30.

47) *State of World's Children*, p. 37.

48) *Ibid.*, p. 30; Human Rights Watch, "Child Domestics: The World's Invisible Workers," June 2004, p. 3.

49) David Strand, *Rickshaw Beijing: City People and Politics in the 1920s*, Berkeley 1989, p. 28. 또 James Warren, *Rickshaw Coolie: A People's History of Singapore 1880~1940*, Singapore 2003 참고.

50) Stella Dong, *Shanghai: The Rise and Fall of a Decadent City*, New York 2000, pp. 162~163.

51) Sethuraman, "Urban Poverty and the Informal Sector," p. 7.

52) Seabrook, *In the Cities of the South*, pp. 35~37.

53) *Housing by People in Asia* 15 (Asian Coalition for Housing Rights가 출판) (October 2003)에 포함된 논문 참고.

54) Breman, *The Labouring Poor*, pp. 149~154.

55) 쌍둥이 마을 Pallipalayam과 Kumarapalayam 등 그 밖의 가난한 마을들도 타밀나두 신장매매에 관련되어 있었다. 기증자 가운데 많은 수가 실업 상태 혹은 해외 경쟁 상황에 처해 있는 역직기 노동자다. "One-Kidney Communities" (Investigation), *Frontline* 14:25 (13~26 December 1997).

56) Nedoroscik, *The City of the Dead*, p. 70.

57) René Devisch, "Frenzy, Violence, and Ethical Renewal in Kinshasa," *Public Culture* 7:3 (1995) p. 603.

58) Thierry Mayamba Nlandu, "Kinshasa: Beyond Dichotomies," 도시 빈곤에 관한 학술대회 발표논문, *African News Bulletin-Bulletin d'Information Africaine Supplement*, issue 347 (1998), p. 2.

59) René Devisch, "Parody in Matricentered Christian healing Communes of the Sacred Spirit in Kinshasa," *Contours* 1:2 (Fall 2003), p. 7.

60) Wrong, *In the Footsteps of Mr. Kurtz*, p. 152.

61) Filip De Boeck, "Kinshasa: Tales of the 'Invisible City' and the Second World," in Enwe-

zor et al., *Under Siege*, p. 258.

62) James Astill, "Congo Casts out Its Child Witches," *Observer*, 11 May 2003.

63) Lynne Cripe et al., "Abandonment and Separation of Children in the Democratic Republic of the Congo," US Agency for International Development evaluation report, Displaced Children and Orphans Fund and Leahy War Victims Contract (April 2002), pp. 5~7.

64) Tshikala Biaya, "SAP: A Catalyst for the Underdevelopment and Privatization of Public Administration in the Democratic Republic of Congo, 1997~2000," *DPMN Bulletin* 7:3 (December 2000).

65) Devisch, "Frenzy, Violence, and Ethical Renewal in Kinshasa," p. 604.

66) Carlos Elbirt, "Albania under the Shadow of the Pyramids," Utpal Bhattacharya, "On the Possibility of Ponzi Schemes in Transition Economies," in *Transition Newsletter* (세계은 행 그룹에서 출판한 뉴스레터) (January~February 2000), (www.worldbank.org/transition-newsletter/janfeb600/pgs24-26.htm) 등 세계은행 연구원들의 분석 참고.

67) Devisch, "Frenzy, Violence, and Ethical Renewal in Kinshasa," p. 604.

68) *Ibid.*, p. 606.

69) De Boeck, "Kinshasa," p. 258.

70) USAID mission to Congo의 구지휘관 Anthony Gambino은 사망자 수를 380만 명으로 추산 했다(Mvemba Dizolele, "Eye on Africa: SOS Congo", UPI, 28 December 2004).

71) De Boeck, "Kinshasa," p. 266.

72) Devisch, "Frenzy, Violence, and Ethical Renewal in Kinshasa," p. 625.

73) Abdou Maliq Simone, p. 24.

74) Sedecias Kakule 인터뷰, "Democratic Republic of the Congo: Torture and Death of an Eight-Year-Old Child," Federation Internationale de L' Acat (Action des Christiens pour L' Abolition de la Torture (FIATCAT), (October 2003).

75) René Devisch, précis of talk ("'Pillaging Jesus' : The Response of Healing Churches of Central Africa to Globalizaton"), *Forum from Liberation Theology, Annual Report* 1997~1998.

76) Filip De Boeck Review of lecture, "Children, the Occult and the Street in Kinshasa," *News from Africa* (February 2003).

77) Astill, "Congo Casts Out its 'Child Witches'" 에 인용된 Mahimbo Mdoe의 말.

78) Devisch, "Frenzy, Violence, and Ethical Renewal in Kinshasa," p. 608.

79) "DRC: Torture and Death of an Eight-Year Old Child," October 2003.

80) "Christian Fundamentalist Groups Spreading over Africa," German campaign of Friends of People Close to Nature, 17 June 2004 (www.fpcn-global.org) 참고.

81) Cripe et al. "Abandonment and Separation of Children in the Democratic Republic of Congo," p. 16.

82) Filip De Boeck, "Geographies of Exclusion: Churches and Child-Witches in Kinshasa," *BEople* 6 (March~August 2003).

83) Vincen Beeckman, "Growing Up on the Streets of Kinshasa," *The Courier ACP EU* (September~October 2001), pp. 63~64.

84) *Ibid.*, p. 64.

85) Thierry Mayamba Nlandu, "Kinshasa: Beyond Chaos," in Enwezor et al., p. 186.

86) Chamoiseau, *Texaco*, p. 316.

## 에필로그 도시의 묵시록

1) John Berger, "Rumor," preface to Tekin, *Berji Dristin*, p. 8.

2) Breman, *The Labouring Poor*, p. 13.

3) Central Intelligence Agency, *The World Factbook*, Washington, D. C. 2002, p. 80.

4) *Human Development Report 2004*, pp. 132~133; Tanya Nolan, "Urgent Action Needed to Meet Millennium Goals," *ABC Online*, 13 April 2005.

5) UN-HABITAT, "Sounding the Alarm on Forced Evictions," press release, 20th Session of the Governing Council, Nairobi, 4~8 April 2005.

6) James Glanz, "Iraq's Dislocated Minorities Struggle in Urban Enclaves," *New York Times*, 3 April 2005에 인용.

7) www.maroc-hebdo.press.ma과 www.bladi.net 참고.

8) Major Ralph Peters, "Our Soldiers, Their Cities," *Parameters* (Spring 1996), pp. 43~50.

9) Jennifer Morrison Taw and Bruce Hoffman, *The Urbanization of Insurgency: The Potential Challenge to U.S. Army Operations*, Santa Monica 1994 (온라인 요약본은 www.rand.org/pubs/monograph_reports/2005/MR398.SUM.pdf에 있다).

10) Captain Troy Thomas, "Slumlords: Aerospace Power in Urban Fights," Aerospace Power Journal (Spring 2002), pp. 1~15 (온라인판).

11) Geoffrey Demarest, "Geopolitics and Urban Armed Conflict in Latin America," *Small Wars and Insurgencies* 6:1 (Spring 1995), n.p. (인터넷 문서). '전략적 인구통계학'의 발생과 청년층 범죄화에 대해서는 Anne Hendrixson의 중요한 페이퍼 *Angry Young Men, Veiled Young Women: Constructing a New Population Threat*, Corner House Briefing 34, Sturminster Newton 2004 참고.

12) Stephen Graham, "Cities and the 'War on Terror'," in *Theory, Culture and Society*, draft, 2005, p. 4에 실릴 내용.

13) Mike Davis, "The Urbanization of Empire: Megacities and the Laws of Chaos," *Social Text* 81 (Winter 2004) 참고.

## 옮긴이의 말

## 1 도시의 비극

21세기 도시는 어떤 모습일까? 도시사회학자 마이크 데이비스가 보여주는 미래의 도시들은 상상보다 훨씬 끔찍하다. 빅토리아 시대의 영국인들이 1920년대의 로스앤젤레스를 상상할 수 없었던 것처럼, 전쟁의 폐허에 무허가 판자촌뿐이었던 서울이 뉴욕 규모의 메갈로폴리스로 변할 것을 50년 전에는 아무도 상상할 수 없었던 것처럼, 우리는 오늘날 사상 초유의 속도로 불어나는 세계 곳곳의 도시들이 앞으로 어떻게 변할지 상상하기 어렵다. 혹은 상상하기 두렵다.

20세기 말부터 시작된 오늘날의 도시화는 기존의 도시화 패턴을 더 이상 따르지 않는다. 다시 말해, 도시화의 추동력은 더 이상 산업 발전으로 인한 고용 증대가 아니다. 일자리가 부족한 대도시, 경제성장이 동반되지 않는 인구과밀 등은 우리에게도 이미 익숙한 풍경이다. 이러한 새로운 도시화 패턴은 도시 주민의 삶을 어떻게 바꿀까? 여기엔 어떤 정치 경제적 요인들이 개입하고 있는 걸까? 이런 식의 도시화가 계속될 수 있을까? 이 책은 바로 이런 으스스한 질문을 던진다.

1장에서 저자는 오늘날 세계 곳곳의 도시화 추세를 한눈에 조망케 해주는 세계지도를 그린다. 제3세계 도시들은 1980년대부터 1990년대 초반까지 전 세계적으로 외채부담에 시달렸다. 실질임금이 하락하고, 물가가 급등하고, 실업이 급증했다. 전문가들은 이러한 상황이 도시로 이주하는 속도를 늦추거나 시골로의 역逆이주를 부추길 것으로 예측했다. 그러나 현실은 예측을 완전히 벗어났다. 1980년대 중반 이후, 제3세계 도시들은 산업화와 완전히 단절된 상태로 팽창했고, 이로 인해 도시경제는 퇴보하는데 도시인구는 급증하는 기이한 상황을 경험했다. 이것이 어떻게 가능했을까? 실리콘 자본주의? 고용증대 없는 생산증대? 저자는 그런 단순한 답안으로 다 설명되지 않는 현실을 구체적 자료와 주민들의 경험에 기대어 파헤친다.

오늘날 제3세계 도시화를 가능케 한 동력은 바로 농촌의 몰락이다. 그리고 농촌이 몰락한 원인은 바로 전지구적 채무위기 및 제3세계 경제 구조조정이다. 빚에 몰린 국가들은 IMF의 융자조건을 받아들이고 농업에 대한 정부 지원을 중단했다. 사회적 안전망을 상실한 농민들은 흉작, 인플레이션, 이자율 상승, 농산물 가격하락 등 온갖 외부적 충격에 노출되었다. 대부분의 농민에게 도시로 가는 것 외에는 대안이 없었고, 도시로 흘러든 이주민에게는 무허가 판자촌 외에는 대안이 없었다. 요컨대 제3세계에서 도시화의 진실은 도시의 슬럼화 바로 그것이었다.

2장에서 저자는 전 세계 슬럼의 현실을 정리한다. 슬럼의 형태는 지역마다 다를 수 있지만, 인구과밀, 주택의 열악함, 주택보유의 불안정성,

수도나 전기를 비롯한 공공설비의 부재라는 공통된 특징을 갖고 있다. 이 열악하고 불안한 거주지에 얼마나 많은 사람들이 살고 있을까? 이것은 결코 쉬운 질문이 아니다. 슬럼을 규정하는 기준이 모호할 뿐 아니라 신뢰할 만한 통계가 거의 없기 때문이다. 어쨌든 UN의 (보수적) 통계에 따르면, 2001년의 슬럼 주민 수는 9억을 훌쩍 뛰어넘었으며, 2005년에는 10억을 넘어설 것으로 예상되었다. 이는 전 세계 도시인구의 1/3에 해당하는 숫자다.

저자는 슬럼의 구체적 현황을 폭로하는 한편으로, 슬럼 내에 존재하는 계층 구조와 역학관계를 분석한다. 슬럼 주민은 네 가지 유형으로 분류된다. 첫번째 유형은 스쿼터, 즉 남의 땅에 들어와 집을 짓고 사는 주민이다. 스쿼터가 진보적 정치운동과 연결되는 도시 개혁의 기수였던 시기도 있었지만, 지금은 변두리 부동산시장의 한 요소로 변질되는 경향을 보인다. 슬럼 주민의 두번째 유형은 해적형 분양지의 피분양자다. 사유지에서는 땅 주인이 정부 보상을 기대하며 피분양자들을 부추기고, 공유지의 경우에는 주로 정치가나 범죄조직이 분양권을 판매한다. 세번째 유형은 세입자다. 스쿼터나 해적형 분양지의 피분양자가 변두리 개발의 피착취 계층이라면, 세입자는 이들 피착취 계층에게 착취당하는 계층이다. 그러나 변두리 주거의 최악의 형태는 따로 있다. 강제퇴거 주민, 농촌 유민, 국내외 난민들은 간이숙소나 가수용시설에서 자고 착취 공장과 계절제 농장 사이를 배회하며 살아간다. 감시와 규제의 사각지대에서 약탈적 사업주와 부패한 정치가는 노동 유목민을 법에 구애받지 않고 마음껏 착취할 수 있다.

3장에서 저자는 제3세계 도시 이민의 과거와 현재를 조망하며, 해방 이후 집권 세력의 도시 정책을 식민지 시대의 연장선상에서 분석한다.

식민지 시대에 도시당국은 농촌 원주민의 도시 진입을 철저하게 차단했다. 제국주의 시대의 인종차별적 정책들은 해방 이후 빈민차별적 정책으로 이어졌다. 전체주의 국가들은 농민의 유입을 막기 위해 이주의 자유를 엄격하게 제한했고, 독재 정권들은 도시 팽창을 막기 위해 무자비한 공권력을 동원했다.

한편, 해방 이후 집권한 민족주의 계열의 정부들과 군부독재 붕괴 이후 집권한 진보적 경향의 정부들은 대중의 주거권 보장을 위한 여러 정책을 내놓는다. 그러나 정부가 주도하는 주택 정책이 만족스러운 성과를 거두는 경우는 거의 없다. 대부분의 정부는 식민지로부터 물려받은 왜곡된 도시 구획을 재편할 역량이 없다. 정부가 제공하는 공공주택 규모는 엄청난 슬럼 인구에 비하면 턱없이 부족하고, 부족한 주택들마저도 공무원과 부자들의 축재 수단으로 전용된다. 더구나 정부의 주택 정책은 SAP(구조조정프로그램)로 인해 더 위축될 수밖에 없다.

4장에서 저자는 정부의 방관이 주거 환경에 미치는 영향을 분석한다. 정부가 주택 정책에서 손을 놓으면서 슬럼의 운명은 온전히 시장의 손에 맡겨졌다. 시장이 고위층과 관련되어 있는 것은 물론이다. 스쿼터의 자조 의지와 정부의 복지 의지가 사라진 자리에 도시형 지주제도와 정실 자본주의가 들어섰다. 이렇듯 토지소유가 왜곡되고 슬럼 주민이 착취당하는 현상은 생산경제의 후퇴에 그 뿌리를 두고 있다. IMF 이후 국내산업에 대한 생산 투자와 공공고용을 유도하는 동기들이 대부분 파괴되면서, 국내 저축의 투자대상은 제조 및 복지가 아니라 부동산이 되었다. 이는 고소득층 아파트단지의 과잉 건설 등으로 주택시장을 더욱 왜곡시켰다. 전반적인 불황 내지 경제파탄 상황에서 거품 현상이 나타났고, 한번 생긴 거품은 잘 꺼지지 않았다.

최근에는 슬럼의 문제에 국제 대부업체들이 관여하는 모습이 종종 눈에 띈다. 이를테면, 세계은행은 슬럼 주민에게 돈을 빌려주며 동네에 공원을 짓거나 변기를 설치할 것을 권한다. 이를 통해 세계은행은 저렴한 비용으로 이미지를 쇄신하고 정부의 주택 정책에 개입할 구실을 만들 수 있다. 대부업체와 슬럼 주민 사이를 연결하는 대형 NGO도 이를 통해 지역사회에 대한 영향력을 확대할 수 있다. 그러나 정작 슬럼 주민들에게 실질적인 혜택이 돌아가는 경우는 드물다. 더구나, 이런 유의 사업은 도시 주민의 1/4이 도시 면적의 5%에 밀집되는 불평등한 현실을 그대로 유지하려 한다는 점에서 기만적이다.

　　5장에서 저자는 제3세계 도시계획을 일종의 계급투쟁으로 파악한다. 제3세계 도시개발의 역사는 정부가 빈민층을 배제하고 통제해온 역사다. 오늘날 제3세계 시당국은 도심에서 빈민과 지속적으로 충돌해야 한다는 공통점을 갖고 있다. 도심은 재산권과 생존권이 충돌하는 공간이다. 땅 주인은 재산 획득을 방해하는 세입자나 행상들을 몰아내기 위해 공권력에 의존한다. 마천루, 초호화 아파트단지, 강변 산책로, 관광객 편의시설 등을 건설하기 위해 주거지역을 밀어내는 것은 전혀 낯선 풍경이 아니다. 특히 올림픽을 비롯한 국제 행사에 수반되는 강제철거는 정부의 대빈민 테러라고 할 수 있을 정도로 엄청난 규모와 폭력성을 자랑한다.

　　한편, 지금 제3세계 도시외곽에는 쾌적하고 편리한 도로망을 확보한 폐쇄형 초호화 주택단지들이 유행하고 있다. 개발당국이 교외 거주자를 위해 공간과 설비를 아낌없이 제공하기 때문이다. 결과적으로, 제3세계 도시 공간은 부유층과 빈민층이 점점 단절되는 방향으로 재편된다. 예를 들어, 카이로 외곽의 비벌리힐스, 베이징 외곽의 오렌지카운티와 롱비치, 홍콩 외곽의 팜스프링스 등 그 이름도 이국적인 제3세계 외곽 도시 주민들은 빈곤과 폭력과 정치 소요로 점철된 도심의 현실과는 아무 상관 없이 살 수 있다. 이 뿌리 없는 엘리트 계층이 디지털 꿈나라의 세계 시민을 자처하며 TV에 나오는 캘리포니아 라이프스타일을 흉내 내는 동안, 사설 경비업체들은 전시 상황을 방불케 하는 삼엄한 경비를 늦추지 않는다. "탈식민 중간계층은 현실감각을 상실했다"는 것이 저자의 판단이다.

6장에는 도시 빈민의 정착치가 점점 열악해지는 상황이 묘사되어 있다. 오늘날 스쿼팅 지역은 습지, 범람지대, 화산 기슭, 산사태 지대, 쓰레기장, 화학폐기물 처리장, 철도변, 사막 가장자리 등 생명과 건강을 심각하게 위협하는 곳뿐이다. 개발업자가 외면하는 가치 없는 땅이 그곳밖에 없기 때문이다. 위험지역과 인구밀집이라는 아찔한 조합은 이제 슬럼의 공식이 되었다. 이런 상황에서 각종 재해와 사고가 점점 끔찍한 대형참사로 이어지는 것은 당연한 일이다. 한편 인구가 밀집되고 길도 좁은 슬럼 여건상 화재가 끊이지 않는 것은 자연스러운 일이다. 하지만 슬럼에서 화재는 단순한 사고가 아닌 조직적 방화일 때가 많다. 개발업자들은 공식적인 철거 허가를 기다리기보다는 이른바 '뜨거운 철거'를 선호하기 때문이다. 예를 들어, 필리핀 지주들은 들쥐나 고양이를 등유에 적시고 불을 붙여 골치 아픈 슬럼에 풀어놓는다. "개는 너무 빨리 죽기 때문에 잘 쓰지 않는다."

슬럼의 상하수도 문제는 상상을 초월할 때가 많다. 슬럼에서 깨끗한 물과 화장실은 주민의 권리가 아니라 이윤 창출의 수단이기 때문이다. 부유층은 저렴한 수돗물을 이용할 수 있는 반면, 상수도설치 비용을 감당할 수 없는 빈민층은 기업이 되파는 수돗물을 사서 써야 한다. 화장실

설비의 부족도 심각한 문제다. 주민 수천 명이 화장실 하나를 공동으로 사용하는 기가 막힌 상황에서 주민들은 어쩔 수 없이 "날아다니는 화장실"이나 "스커드 미사일"에 의존한다(배설물을 비닐봉지에 담아 던지는 데에서 유래한 이름이다). 이와 함께 유료 화장실이 각광받는 사업으로 떠올랐다. 예를 들어, 가나의 쿠마시에서 한 가족이 하루 1번 화장실을 이용하는 요금은 기본급의 10%다. 깨끗한 물은 가장 저렴한 약이자 가장 중요한 약이다. 그러나 WHO에 따르면, 2025년에도 500만의 제3세계 아이들이 물을 구하지 못해서 예방 가능한 질병으로 죽어갈 것이다.

7장에서 저자는 외국 채권자의 득세와 국가의 쇠퇴라는 테마를 중심으로 20세기 말의 제3세계 현대사를 약술한다. IMF와 세계은행은 레이건, 대처, 콜 정권이 주도하는 국제 자본주의 혁명의 시녀로서 제3세계 구조조정에 박차를 가했다. 그 결과 제3세계는 농업 몰락, 고용 감소, 임금 하락, 물가 상승, 만성적인 경기침체에 시달렸다. 상당수 중간계급이 빈민으로 전락했고, 빈부격차는 역사상 최고치를 기록했다.

제3세계 주민들이 IMF 치하에서 생존하기 위해서는 생활방식을 바꾸지 않을 수 없었다. 공식 고용이 줄고 남성 이민자가 늘어나면서 여자들과 아이들 중심의 불안정한 고용 형태가 일반화되었고, 빈민들은 노동강도는 높아지고 소득은 감소하는 무한 경쟁 상황으로 내몰렸다. 식량 폭동도 빈번하게 발생했다. 폭동의 주체는 기초적인 공공설비를 '추억'처럼 기억하는 사람들, "나 감기 걸렸어"라고 말할 때와 똑같은 말투로 "나 끝장이야"라고 말하는 법을 배운 사람들, 경제학자들에게 "임금의 수수께끼"를 내는 사람들(학자들은 이 사람들이 대체 무슨 수로 목숨을 부지하고 사는지를 좀처럼 밝혀내지 못하고 있다), 가족들이 죽어가는 것을 지켜보던 사람들이었다. 역사상 처음으로 완벽한 자유 시장경제의 조건이 조성된 1990년대에, 신자유주의 이론의 낙관적 전망과는 달리 최악의 불황과 불평등과 혼란이 지배하는 사회가 도래한 것이다.

8장은 제3세계 도시 빈민의 변화된 생활방식을 구체적으로 보여준다. 제3세계 도시 빈민의 참혹한 일상은 아동노동, 인력거, 장기매매의 사례에서 가감 없이 드러난다. 유괴와 꼬임, 부모와의 인신매매 계약으로 노동자를 확보한 공장은 감금과 고문을 포함하는 살인적인 작업 환경에서 아이들에게 하루 20시간 강제노동을 시킨다.

한편, 인력거 운전은 대도시 빈민 남성의 밑바닥을 상징한다. 인력거 운전사는 하루 1달러를 벌기 위해 무시무시한 교통 혼잡과 공해를 뚫고 60km씩 달려야 하며, 2~3년 안에 심장 및 폐 질환으로 사망하는 경우가 많다. 장기매매는 도시 빈곤의 가장 끔찍한 단면을 보여준다. 1980년대에 신장이식 기술이 발달하면서 형성된 장기시장은 장기 사냥꾼들을 인도와 이집트 등 극빈 지역 슬럼으로 끌어들였다.

킨샤사의 참상은 제3세계 거대도시의 암울한 미래를 웅변적으로 보여준다. 저자가 묘사하는 킨샤사는 공식 경제가 완전히 붕괴한 도시, 주민의 연평균 소득이 100달러 미만인 도시, 인구의 2/3가 영양실조인 도시, 중간계급이 자취를 감춘 도시, 성인의 1/5이 HIV 양성인 도시, 인구의 3/4이 병원비가 없어 신앙 치료나 주술에 의존하는 도시. 킨샤사를 이렇게 만든 것은 부패한 정권의 도둑정치, 냉전의 지정학, 만성적 내전 그리고 구조조정이었다. 도시 생활에 절망한 주민들 일부는 농촌식 자조 공동체를 꾸렸다. 이들은 돈이라는 '백인병'에서 벗어나야 한다는 믿음으로, 근대적 합리성을 거부하고 토착적인 주술이나 기독교 전도사의 예언에 의존했다. 심지어 빈곤층 가정이 의존적인 구성원을 부양할 능력을 상실하기 시작한 1990년대 이후부터는 어린아이들을 대상으로 대대적인 마녀사냥(비유적인 말이 아니다)이 횡행했다. 미신과 종교가 유일한 정신적 지주가 된 킨샤사에서 기독교 지도자가 승인하는 마녀사냥은 부모가 자녀를 버릴 수 있는 좋은 구실이 되어주었다.

## 2 금융 제국주의, 부패 권력, 중간계급 헤게모니

지금 지구상에 빈곤과 억압에 시달리는 사람들이 그렇지 않은 사람보다 많다는 것은 우리도 알고 있다. 저자가 『슬럼, 지구를 뒤덮다』에서 하는 일은 이 분명한 사실에 "왜?"라는 질문을 던지는 것이다. 데이비스가 밝히는 전지구적 도시 빈곤의 가장 큰 원인은 세계은행과 IMF 주도로 1970년대 후반에 시작된 제3세계 구조조정이다. 제국주의 시대에 서구 열강들이 식민지를 수탈하며 이른바 제3세계를 건설했던 것과 마찬가지로, 20세기 후반에 구제국 금융자본 주체들은 정치적 독립을 이룩한 제3세계를 다시 한번 자본의 식민지로 만들었다.

여기에는 식민지 해방 이후 집권한 탈식민 엘리트의 부패와 무능이 결정적인 역할을 담당했다. 제3세계 전역의 탈식민 엘리트는 식민지 시대의 차별적 관행을 반복했다. 독립 이후 집권 세력들은 민족해방과 사회정의를 지배 이념으로 내세우면서도 식민지 관료층이 누리던 계급적 특권과 독점적 공간을 반납할 생각은 없었다. 이들에게 IMF 융자는 경제 파국의 전조가 아니라 자금을 확보할 호기일 뿐이었다. "빈민과 공공부문 중간계급을 짓밟았던 구조조정은 민간 사업자, 외국 수입업자, 마약상, 군 장성, 정치가들에게는 대박을 터뜨릴 기회였다."

진보적 정치 세력들도 일단 집권한 후엔 중간계급 헤게모니에 편승하는 방향으로 노선을 수정했다. 공공주택 사업 등 복지 정책이 실시되는 경우에도 그 열매는 대부분 중산층에게 '가로채기' 당했다. 요컨대, "도시계획은 유산계급의 이익과 욕심을 강화시키는 수단이자 빈민의 주변화를 심화시키는 도구로 전락했다". 제3세계 집권층의 정치적 위상을 단적으로 보여주는 예는 바로 조세 정책이다. 판매세가 증가하고 공공설비 이용료가 높아지면서 세금부담이 부자 쪽에서 빈자 쪽으로 일방적으로 옮겨가는 현상이 심화된다. 부유층에 대한 과소 과세는 가히 '범죄적' 수준이며, 상류층의 탈세는 통제 불능 상황이다.

이렇듯 저자는 전지구적 빈곤의 원인을 규명하면서 서구 제국주의의 역사와 오늘날의 반동적 계층관계의 인과성을 보여준다. 이는 제3세계 빈곤화의 문제에 전 세계가 연루되어 있다는 주장이자, 모든 사회 내부에 제3세계가 존재하고 있다는 지적이다.


## 3 저항주체의 문제

2006년 초판이 나온 후 『슬럼, 지구를 뒤덮다』에 대한 무수한 서평이 쏟아져 나왔고, 학술서로서는 유례없이 폭넓은 독자층의 열렬한 지지를 받았다. 그러나 일부에서는 비판도 없지 않았다. 가장 큰 비판은, 슬럼 주민을 수동적인 피해자로 설정함으로써 도시 빈민의 주체적 역량을 간과하고 있다는 것이었다. UN을 비롯한 여러 국제 기관과 정부 기관의 통계를 근거로 사용하면서 빈곤에 대한 행정적 시각에 물든 것이 아니냐는 비판도 있었다. 주로 공식적 자료에 의존하여 도시 빈곤의 규모와 성격을 개괄하는 1장과 2장만 읽는다면 그러한 비판도 가능할 것이다. 그러나 명쾌한 정치적 비전이 철저한 현실 분석과 맞물리는 3장 이후에는 더 이상 그러한 비판이 불가능해진다. 빈곤에 대한 저자의 분석은 곧 빈민의 연대와 투쟁을 가로막는 장애물에 대한 분석이며, 이는 빈민의 정치적 역량에 대한 근본적 신뢰를 전제하는 것이기 때문이다. 예를 들어, 국제적 대부업체들을 등에 업은 보수적 NGO들이 빈곤 문제를 구호 문제로 탈정치화시킨다는 비판에 정치적 연대에의 요청이 전제되어 있는 것은 두말 할 필요도 없다. "인간 연대의 미래는 도시 빈민이 전지구적 자본주의 내에서의 최악의 주변성을 전투적으로 거부할 수 있느냐의 여부에 달려 있다"고 분명히 밝히는 저자는 이 책의 속편으로 "전지구적 자본주의에 저항하는 슬럼 기반 투쟁의 역사와 미래"에 관한 책을 쓰고 있다고 한다.

사실상 『슬럼, 지구를 뒤덮다』는 주체적 저항의 측면을 간과한다기보다는 오히려 포스트모던 저항 담론과 대결하고 있다고 봐야 한다. 특히 저자는 비공식 노동의 확산으로부터 다중적 주체를 끌어내는 포스트 이론에 대해 반감을 숨기지 않는다. 저자에 따르면, "네그리와 하트 등이 보여주는 포스트마르크스주의의 엄숙한 사변은 세계화의 '리좀 공간'에 존재하는 '다중'의 새로운 정치학을 논하고 있지만, 현실에 기반한 정치사회학에서는 이에 대한 근거가 전혀 발견되지 않고 있다". 대체로 저자의 반감은 진지한 반론으로 표현되기보다는 일종의 패러디 형태를 띠고 있다. 유목민은 포스트모던 주체의 대명사로 쓰이지만, 돈이라는 초영토에 편입하여 세계 시민을 자처하는 제3세계 도시 엘리트가 디지털 유목민이라면, 일거리를 따라 끊임없이 이동하는 이주 노동자도 유목민이고, 상시적인 퇴거의 위협 속에 살고 있는 변두리 빈민도 유목민이다. 들뢰즈의 계열 개념도 슬럼에 적용되면 불길한 의미를 띠게 된다.

"사실상 이스탄불 전체가 (최소한의 유기적 통일성을 유지한 채로 뭉친) 게체콘두 구역들의 덩어리라고 해도 과언이 아니다. 새로운 게체콘두 공간이 — 불가피하게 가장 바깥쪽에 — 덧붙으면서 전체 망web에 새로운 연결고리들nodes이 계열적으로 첨가된다." 카프라의 수평화나 만델브로의 프랙탈 등 포스트모더니즘 이론의 전형적인 개념들도 제3세계 슬럼에 적용되면서 비슷한 방식으로 뒤틀린다.

## 4 파국주의의 문제

『슬럼, 지구를 뒤덮다』에 대한 또 하나의 비판은 미래의 파국을 경고하고 있다는 점이다. 저자는 슬럼의 열악한 위생 상황을 언급하면서 "경제적 지구화에 전지구적 공중보건 인프라가 뒤따르지 않는다면, 파국이 닥치는 것은 시간문제"라고 예언한다.\* 또한, 저자는 슬럼에 대한 경제적 배제가 계속된다면, 그야말로 파국적인 미래가 펼쳐질 것이라고 전망한다. 펜타곤과 테러리스트 사이의 끝나지 않는 전투. 저자에 따르면, 그것은 예언이 아니라 이미 현실이다. "최근 우리〔펜타곤〕의 군사軍史는 도시의 이름으로 점철되어 있다. 투즐라, 모가디슈, 로스앤젤레스, 베이루트, 파나마시티, 후에, 사이공, 산토도밍고……" 냉소적인 논자들이 데이비스에게 '치킨리틀'\*\*이라는 별명을 붙인 것은 바로 이런 파국적 예언들

---

\* 이 예언은 『조류독감』(돌베개, 근간)에서 본격적으로 다뤄진다.
\*\* 디즈니 애니메이션의 주인공. 무언가에 머리를 얻어맞은 치킨리틀은 하늘이 무너진다고 외치고 다니면서 마을을 혼란에 빠뜨린다. 그러나 그의 머리 위로 떨어진 것은 도토리였고 이로 인해 치킨리틀은 마을의 놀림감이 된다.

때문이다. 2005년 뉴올리언스 참사에 대한 그의 예언이 실현되면서 파국적 경고에 대한 조롱이 자취를 감춘 것은 사실이다. 그러나 일반적으로 파국의 전망은 대안적 행동을 원천적으로 차단할 수 있다는 점에서 항상 의심받아 왔으므로, 이 책에 나오는 파국의 전망이 어떤 의의가 있는지 확인해보는 것이 무의미한 일은 아닐 것이다.

어느 밉살스럽고도 유머러스한 한 유명 일간지 서평은 다음과 같은 말로 끝난다. "이 책은 논증이라기보다는 묵시록이다. 그러나 당신이 묵시록을 원한다면, 이 책의 저자보다 훌륭한 묵시록을 쓰는 사람은 없다. 솔직히, 묵시록을 원치 않는 사람이 누가 있을까? 우리가 살고 있는 엉망진창 세상을 묵시록이 아니라면 어떻게 설명할 것인가?"[*] 이 말대로라면, 이 책의 파국적 전망은 무력한 비판의식에 카타르시스를 제공할 뿐이다. 실제로 어떤 철학자는 "불행한 지식인은 자기가 기본적으로 행복하고 안전하고 안락한 삶을 살고 있다는 사실을 견딜 수 없으며, 자신의 고차원적 사명을 정당화하기 위해서는 근본적 파국의 시나리오를 구상하지 않을 수 없다"는 통찰을 내놓기도 한다.

그러나 이러한 냉소적 독해는 『슬럼, 지구를 뒤덮다』에서 말하는 파국의 의미를 왜곡하고 있다. 실제로 『슬럼, 지구를 뒤덮다』의 파국은 언제나 조건부 파국이다. 즉 상황이 바뀌지 않는다면, 파국이 닥칠 것이다. 그러니 상황이 바뀌어야 한다. 그리고 상황은 바뀔 것이다. 이러한 상황이 계속되어서는 안 된다는 사실에 우리가 동의하기 때문이다. 물론 이에 동의하지 않는 사람들, 상황이 바뀌지 않기를 바라는 사람들도 있다. 그들은 "가난한 사람들은 항상 우리와 함께 있을 것이다. 그것은 시대가

---

[*] "Shantytown Apocalypse," *Guardian*, August, 19, 2006.

변해도 마찬가지다"라고 생각한다. 빈곤의 원인을 규명할 수는 있지만 그렇다고 변하는 것은 없다, 구조조정 이전에도 빈곤은 있었다, 오늘날 빈곤의 이유가 구조조정이라면 그렇다고 치자, 어쨌든 채무국은 빚을 갚을 것이다. 이것이 그들의 생각이다.

이렇듯 파국적 전망은 '막아야 한다'와 '어쩔 수 없다'라는 두 가지 상반된 입장으로 나뉠 수 있다. 『슬럼, 지구를 뒤덮다』의 파국을 어느 쪽으로 읽을 것인가는 독자의 선택일 것이다. 그리고 그 선택에는 독자의 존재방식이 반영될 것이다("한 사람의 이데올로기적 관점은 그가 사는 주택의 위상에 따라 형성되는 것 같다"고 저자는 말한다). 부동산 불로소득에 대한 탐욕을 복지 행정에 대한 불신이나 노후 빈곤에 대한 공포라며 정당화할 것인가, 빈곤층을 수혜자로 간주하는 후견주의로 계층 문제를 은폐할 것인가, 내 안의 제국을 무시하고 선량한 서울 시민의 정체성을 내세울 것인가? 이러한 난제들에 어떻게 대답하느냐가 그 선택의 내용일 것이다.

# 슬럼이라는 질문을
# 어떻게 받아들일 것인가

우석훈(성공회대학교 외래교수)*

## 1 어떻게 1세기 만에 이런 일이 가능할까?

1960년대까지 많은 경제학자들은 인류 대부분이 아주 가난한 상태에서
20세기를 맞았다는 일종의 편견을 가지고 있었고, 국민소득이라는 관점
에서 제3세계 국가 혹은 원시공동체의 소득 수준을 추정하기를 즐겼다.
이러한 관점은 국민소득 중심의 역사관을 만들어주는데, 지금 많은 한국
인들이 현실적으로 세상을 이런 방식으로 보고 있다. 김영삼 정권 때 1
만 달러를 넘으려다가 IMF 경제위기를 맞았고, 노무현 정부에서 2만 달
러를 달성했고, 앞으로 많은 사람들이 3만 달러 혹은 4만 달러라는 국민

---

* 서울에서 태어나 프랑스 파리10대학에서 경제학을 전공했다. 현대환경연구원, 에너지관리공단을 거쳐
수년간 기후변화협약 정부대표단으로서 국제협상에 참가했다. 현재 성공회대학교 외래교수, 초록정치
연대 정책실장으로 있다. 지은 책으로 『한미FTA 폭주를 멈춰라』, 『도마 위에 오른 밥상』, 『아픈 아이
들의 세대』 등이 있다.

소득을 달성하여 우리나라의 역사가 발전할 것이라는 아주 단순하면서도 명쾌한 역사관으로 세상을 바라본다. 만약 이런 눈으로 고려 시대나 조선 시대 국민소득을 추정한다면 얼마나 될까? 모르긴 몰라도 현재의 화폐 단위를 사용한다면 100달러 미만일 것이다. 이런 눈으로 바라본 우리의 과거는 부끄럽고 가난했던 역사에 불과할 것이다. 과연 이러한 눈이 옳은 것일까?

서구에서 이러한 무시무시하도록 단순한 역사관으로부터 탈출하게 해준 것은 바로 경제인류학자라고 불렸던 마셜 살린스M. Sahlins와 같은 인류학자들이었다. 이들은 노동시간과 여가시간 등 동원할 수 있는 모든 방법을 동원해 인류의 과거가 그렇게 가난하지 않았다는 것을 증명하기 위해 노력했는데, 그중 가장 효과적인 방식은 현재 원시 부족의 하루 섭취 열량을 밝혀내는 것이었다. 놀랍게도 밀림이나 태평양의 작은 외딴 섬에 고립되어 있는 원시공동체 구성원들의 하루 섭취 열량은 WHO가 권장하는 성인 1일 권장 섭취열량과 일치한다. 게다가 이들의 주당 노동시간은 5시간을 채 넘지 않는다. 이들이 가난하다고 말할 수 있을까?

라틴아메리카의 많은 국가들과 아프리카, 특히 사하라 이남의 아프리카는 20세기에 들어오기 전까지 충분한 열량과 최소한의 노동시간, 그리고 현대인이 상상하기 어려울 정도로 예술적인 삶을 누리고 있었다. (기근과 가난은 있었지만, 오히려 자본주의를 만들어낸 18~19세기 유럽 노동자들보다도 삶의 질은 훨씬 높은 수준이었다고 할 수 있다.) 미국의 노예 상인들이 아이보리코스트를 비롯한 아프리카 지역에서 대서양을 건너 미국까지 흑인 노예들을 데려갈 수 있었던 이유는 그들이 충분히 좋은 영양 상태를 유지하고, 비인간적인 남부 면화 농장의 가혹한 노동을 견딜 정도의 체력이 있었기 때문이다.

라틴아메리카와 아프리카 그리고 동남아시아의 문명은 이제 파괴되었고 그곳에 살던 사람들은 새로운 시장 사회에 편입되었는데, 이들은 1세기 만에 완벽하게 도시 빈민으로 전락하게 되었고 이들이 거주하는 곳을 바로 '슬럼'이라고 부른다. UN-HABITAT의 전문가들은 2020년이 되면 전 세계 도시 빈민이 세계 인구의 45~50%를 차지할 거라고 조심스럽게 전망하고 있다. 게다가 지니계수는 이미 전지구적으로는 0.67에 달한다. 기계적으로만 해석한다면, 상위 1/3이 모든 것을 가지고 있고 하위 2/3는 아무것도 가지고 있지 않은 상황이다.

이러한 상황에서 전지구의 하위 1/3이 살아가는 패턴은, 칼로리 기준으로 보면 '기아' 상태이고 정주조건을 기준으로 보면 '슬럼 거주'이다. 고용을 기준으로 얘기한다면 이들은 공식 고용이 아닌 '비공식 경제'를 통해 살아간다.

그렇다면 유럽 북구 아주 일부를 제외하면 전 세계 어디에서나 발생하는 도시 빈민화, 이 '슬럼 현상'의 원인은 무엇일까? 1세기 전에 그랬던 것처럼 전지구를 뒤덮은 제국주의 때문일까? 통계적으로 도시화가 급격히 진전된 것은 1960년대 이후의 일이지만, 지금 우리가 보고 있는 슬럼 현상이 전지구적으로 확산된 것은 1980년대 이후의 일이고, 특히 '풍요의 세기'가 될 것이라고 예견하였던 1990년대에 상당히 강화된 일이다. 고전적인 의미에서의 제국주의와 지금 진행되는 슬럼화는 별 상관이 없는 일이다.

가장 큰 요인으로는 IMF의 SAP(구조조정프로그램)가 1980년대 제3세계에서 급증한 외채와 함께 작동했다는 것을 거론할 수 있지만, 이것만으로는 자체적으로 경제적 풍요와 안정성을 가지고 있던 이 '오래된 세계'들이 1세기 만에 이렇게 쉽게 붕괴해버려서 차마 눈뜨고 볼 수 없는 상황에까지 왔다는 것이 선뜻 이해가 가지 않는다. 사실상 적은 IMF나 선진국에 본부를 둔 다국적기업 혹은 '제국화'된 미국과 같은 외부요소만이 아니라, 자신들의 정부 그 자체, 그리고 도시 빈민을 더욱 황폐하게 만드는 경제 엘리트라고 부를 수 있는 중산층과 같은 내부적 요소라는 점을 지적하지 않을 수 없다. 그리고 심지어는 세계은행과 같은 국제기구 프로그램의 거간꾼이나 다름없이 전락해버린 '슬럼 NGO', '도시 NGO' 혹은 '신흥계급 중간상'과 같이 명예롭지 않은 이름으로 불리는 시민단체들도 오히려 슬럼의 확대를 제어하거나 내부적 변화를 모색하려는 힘에 대하여 걸림돌이 되는 경우가 많다는 사실을 환기하지 않을 수 없다. '신자유주의 NGO'라는 표현이 말이 될까? 그러나 현실적으로 그것은 분명히 존재했다.

## 2 중산층의 배신과 슬럼의 확대

우리나라에도 다른 제3세계와 마찬가지로 도시에 값싼 노동력을 제공하는 '노동력 농장'인 일종의 도시 라티푼디아가 형성하던 시기가 분명히 있었다. 뿐만 아니라 우리나라는 슬럼 철거의 역사에서 당당하게 최고 기록을 보유하고 있다. 영화 〈홀리데이〉의 지강헌이 구속된 바로 그 사건이 단일 철거로는 세계 최대규모로 알려져 있다. 1988년 올림픽이 열리는 서울과 인천에서 72만 명이 철거민으로 쫓겨난 사건은 슬럼사의 한 페이지를 장식하고 있다. 물론 OECD의 그 어느 국가보다 강력한 토지수용 제도를 가지고 있는 우리나라에서는, 도시 빈민은 물론 3~4층짜리 연립주택의 주인들조차 종종 제대로 보상을 받지 못하고 쫓겨나는 일들이 지금도 전국적으로 벌어지고 있다. '사적소유권'에 대한 보장을 금과옥조처럼 외치던 사람들이 유독 이 토지수용의 경우에서만은 '공공의 편익'을 주장하면서 갑자기 소유권에 대한 종전의 주장을 갑자기 까맣게 잊어버리는 듯한 모습을 보면 기이하기는 하다.

그러나 우리나라의 중산층은 여타 제3세계의 경제 엘리트들에 비하면 '천사'라는 단어가 연상될 정도로 아직은 점잖은 편이다. 인도와 필리핀과 같은 아시아 국가나 라틴아메리카와 아프리카 전역의 중산층들, 즉 공무원과 군인들 그리고 공식 경제에 속한 사람들은 '배신'이라는 단어가 전혀 어색하지 않을 정도로 정말로 가혹하게 슬럼에 대한 착취와 공격을 강행한다.

우리나라에서는 중산층의 대부분을 차지하는 월급쟁이들이 유럽 수준은 아니지만, '유리 지갑'이라고 부를 정도로 국가 재정의 상당 부분을 소득세로 부담하고 있으며, 이들에게서 나온 세금은 차상위계층으로 불리는 도시 빈민과 영세민들에게 상대적으로 더 많이 지출되고 있다. 그러나 슬럼화가 진행되는 제3세계에서는 이 상황이 역전된다. 경제 부흥이라는 이름으로 경제 엘리트들은 오히려 빈민보다 더 적은 조세를 부담하며, 자신들의 거주지를 위한 주거 인프라나, 슬럼에 거주하는 도시 빈민들과는 아무런 상관이 없는 고속도로나, 슬럼을 통과하지 않고 자신들의 거주지로 도달할 수 있는 우회도로나 순환도로를 건설하는 데 공공기금과 공공용지를 사용한다. 국민 대다수를 차지하는 빈민들이 사용하는 상품에 부가되는 부가가치세가 오히려 중산층에게 간접보조로 작용하는 이 현실은 경제적 분석을 무색하게 만든다. 이들은 스스로를 '유목민'으로 부르며 캘리포니아의 지명을 자기네 동네에 붙이는 것과 같은 세계 일류급 소비를 자랑스럽게 생각하지만, 그들의 소비 능력을 뒷받침하는 것은 바로 도시 빈민들이다. 이들에게는 아무런 공공 인프라도 없어 심지어 나이로비의 슬럼 거주민들은 물값으로만 미국 국민 평균의 5배에 달하는 돈을 지출하고 있다.

성장이 늘어도 고용이 늘지 않는 소위 세계화된 '실리콘 자본주의' 속에서 '슬럼 지주'가 되는 사람들은 공무원과 퇴역 군인 등 공공부문과 관련된 중산층들인 경우가 많다. 결국 난민화된 이들은 아직 개발지로 편입되지 않은 도시외곽에 불법주택을 지으면서 계속해서 밖으로 나가게 되지만, 슬럼 지주들은 시의 경계가 확장되면 다시 지역 소유권을 싼 값으로 매입하므로 도시의 슬럼은 끝없이 밖으로, 밖으로만 나가게 된다. 이런 숨바꼭질에 지친 사람들이 결국 거주하게 되는 곳은 환경오염이 극심해서 도저히 사람이 거주할 수 없는 곳이고, 이러한 극단적인 상황에서 이들을 기다리는 것은 기형아 출산과 각종 수질성 전염병들이다. 게다가 이들의 열악한 화장실 시설을 파고드는 7센트짜리 공중변소와 그저 오염된 강물을 퍼올렸을 뿐인 식수공급 사업은, 단기 수익률이 세상에서 가장 높을 정도로 수지맞는 장사가 되는 것이 지금의 현실이다. 우리가 요즘 펀드를 통해 간접투자하듯이 중산층들이 유료 화장실에 투자하고 있다면 상상이 가는가?

50년 전 도시화가 진행되면 전 세계 거주 조건이 나아질 것이라고 주장하던 사람들이 있었다. 조만간 도시화 비율은 전세계적으로 90%를 넘어설 것이지만 슬럼화 비율도 50%를 넘어설 것이다. 도시의 불과 5%에 해당하는 공간에 전체 거주민의 1/4 정도가 사는 도시를 찾는 것은 이제 어려운 일도 아니다.

IMF가 요구했던 공공부문의 민영화는 외부적 요인이라고 할 수 있지만, 이 상황을 정말로 즐기고 그 속에서 꿀맛을 찾은 것은 제3세계 중산층들이다. 2003년 UN-HABITAT에서 발간한 『슬럼의 도전』이라는 보고서는 현 상황에서 국제 기구나 정부, 심지어는 '자본의 힘'도 이 문제를 해결할 가능성이 없다는 것을 잘 보여준다. 이것은 자본가와 노동자 사이의 고전적 대립도 아니고, 풀뿌리 민주주의와 자조 프로그램의 확대라는 임시방편으로 해결될 수 있는 일도 아니다. 학교 근처에도 가보지 못한 이 도시 빈민들이 더 확대되는 것을 막을 수 없는 상황, 이것이 지금 중산층의 배신 앞에 전 세계가 부딪히고 있는 엄연한 현실이다.

나는 인도의 델리, 탄자니아의 다르에스살람, 그리고 모로코 마라케쉬에서 1년에 300일씩 오존경보 수준의 대기오염에 시달리고, 200명이 하나의 공중변소를 사용하면서, 월드컵에 쓰이는 축구공을 만들거나 우리가 가볍게 쓰는 핸드백을 만들기 위해서 십대 소녀들이 일하는 것을 본 적이 있다. 이렇게 살 거라면 원시공동체의 인류는 도대체 왜 이보다는 나은 생존 조건인 동굴을 버리고 나온 것일까? 인류의 절반이 기아에 시달리고, 또 바로 그 절반이 슬럼에서 살아가는 21세기 인류의 삶의 양식은 근본적으로 심각한 문제를 가지고 있다.


## 3 비공식 경제의 확대와 우리의 주거 문제

인도와 중국은 최근 10% 이상의 고속성장을 하면서 "이들을 보라!"는 선정적인 구호와 함께 모범답안이 되었지만, 이 기간 동안에 경제 내부의 불평등은 더욱 늘었고 슬럼 거주민들도 획기적으로 늘었다. 이런 나라들에서 경제성장이 얼마나 계속될 수 있을 것인가? 그리고 그 사회가 얼마나 온전하게 인간으로서 최소한의 존엄성을 지킬 수 있게 해줄 것인가?

우리에게 이 질문은 아주 남의 일이 아니다. 1976~1992년 사이에 전 세계적으로 146건의 특별한 폭동이 있었는데, 이 폭동을 'IMF 폭동'이라고 부른다. 실제로 우리나라도 1998년 막 출범한 김대중 정부의 일각에서는 서울역으로 몰려나왔던 노숙자나 갑자기 직장을 잃어버린 사람들 틈에서 폭동이 일어나지 않을까 하는 우려가 있었던 것이 사실이다. 어쩌면 OECD 국가 내에서 최초의 IMF 폭동을 우리나라가 기록할 뻔했던 것이다.

슬럼의 확대와 함께 1세기 전까지 인류가 부당한 대우로부터 자신을 지키기 위해서 사용했던 '혁명'과 같은 방식은 전 세계적으로 아주 먼 나라 얘기처럼 되어버렸다. 정부 통계에 잡히지 않는 비공식 경제로 내몰린 사람들에게는 '단결'이나 '연대'와 같은 개념도 아주 먼 얘기일 수밖에 없다. 지금 슬럼을 늘리고 있는 나라들은 전부 시장경제를 적극 도입한 친미 국가들일 것이라고? 그렇지 않다. 사회주의 정당이 연정하는 제3세계 국가들도 중산층의 표를 얻기 위해서 슬럼 확대를 오히려 묵인하거나 조장하는 상황이고, '주거권 보장'이라는 말은 선거 때 잠깐 등장하는 허울 좋은 정치 구호일 경우가 많다.

우리나라에서는 아직 여타 제3세계에서 볼 수 있는 것과 같은 대규모 슬럼은 등장하지 않았지만, 주거 문제라는 측면에서 앞으로 더 힘들어질 조짐들은 충분히 가지고 있다.

가장 위험한 것은 우리나라에서도 지난 5년간 국내 경제의 균형이 무너지면서 '비공식 경제'가 점차적으로 커졌다는 사실인데, 일단은 800만에 해당하는 비정규직의 증가 속도가 너무 빠르고, 이러한 변화와 함께 은행과 같은 제도권 경제에 접근할 수 없는 사람들의 증가 속도가 너무 빠르다. 이런 비공식적 경제가 증가하게 되면 현재로서는 쪽방이나 옥탑방같이 일반 주거지역에 흩어져 있는 슬럼형 주거 공간이 점차적으로 축을 형성하면서 열등지로 이동하게 될 것이다.

두번째로 위험한 요소는 중산층과 도시 빈민의 거주지역이 점차적으로 격리되고 있다는 점인데, 우리나라에서는 이런 현상이 비벌리힐스와 같은 '폐쇄형 교외 주택단지'가 아니라 메트로폴리스의 일부분을 경제 엘리트가 점유하는 '타워팰리스' 형태로 나타나는 것이 특징이다. 민간 개발과 민자 도로로 자신의 거주에 들어가는 비용을 스스로 부담하는 비벌리힐스형과 달리 우리나라의 '요새 주택'은 공공부문이 도로망과 기반시설을 지원하는 도심형으로 진행되는 중이다. 물론 여기에 간접보조 현상이 생겨나는 것이 당연하다. 경제 엘리트를 위해서 정부가 비용의 일부를 간접적이나마 부담하게 되는 이런 '폐쇄형 도심 주택단지'는 비용 부담이 적기 때문에 더욱 빨리 중산층과 도시 빈민을 분리하게 되는데, 일단 이런 현상이 벌어지게 되면 슬럼이 등장하기에 적절한 사회 여건이 형성된다. 특히 '30평 이상 임대주택' 건설이 대규모로 진행되면 더 이상 정부도 한정된 재원으로 도시 빈민들의 주거 환경을 개선하기가 어려워지고, 구시가지의 양호한 주택들의 정주조건이 급속도로 열악해지게 된다.

세번째로는, 싸지만 불량하지 않은 주택 공급이 급속도로 줄어들고, 일정한 자산을 축적한 중산층만이 접근할 수 있는 주택의 점유율이 지나치게 빨리 올라가고 있다는 것을 지적하지 않을 수 없다. 현재와 같이 국가가 통제하거나 지원하기 어려운 비공식 경제가 급속하게 진행하는 상황에서, 예를 들면 새로 결혼하는 20대가 접근할 수 있는 주거의 축소는 잠재적으로 슬럼 지역의 재탄생을 불러오게 된다. 이건 골프장을 아무리 지어도 필드에 나갈 수 있는 구매력을 가지고 있는 계층이 한정되어 있기 때문에 새 골프장이 생길 때마다 열등한 조건의 오래된 골프장이 망하는 것과 같은 원리이다.

보통 비공식 경제가 증가하는 현상은 국가 통계에 포착되지 않기 때문에 대리 지표들을 사용해 포착하는데, 흔히 '제3경제'라고 부르는 도박, 다단계, 복권이 그런 대리 지표들이다. 이런 신비한 재산 획득 수단이 사회적으로 맹위를 떨치는 순간을 보통 비공식 경제가 확대되는 순간으로 보는데, 비공식 경제가 이미 국민 경제의 40% 정도를 차지한 것으로 추정되는 러시아 경제가 수년 전부터 전형적으로 이런 모습을 보이고 있다. 우리나라도 3년 전부터 '바다이야기'와 카지노, 불법과 합법의 영역에 교묘하게 걸쳐 있는 다단계, 그리고 로또로 상징되는 복권이 대성공을 거두고 있다. 이런 제3경제에서 사회의 패배자로 몰락한 사람들도 당연히 어디에선가 잠을 청할 텐데, 이들의 가족들은 지금 어디에서 하룻밤을 보내고 있을까?

화려함을 구가하며 도시가 팽창되는 지금 우리나라 지방에서 슬럼 현상이 생기지 않는 것은 그 주민들이 경기도를 중심으로 한 수도권으로 떠났기 때문이 아닐까? 간단하게 도시 빈민이라고 부르는 이들이 모여 살기 시작하면 우리나라의 오래된 도시 빈민 대책이 되살아나, 철거반원이 그들을 내쫓는 슬픈 숨바꼭질이 되풀이될 것이다. 제3세계의 슬럼이든 파리와 뉴욕에 등장하는 게토ghetto의 형태든, 이런 도시 빈민들의 주거권 문제는 우리에게 아주 먼 곳의 문제만은 아니다.

우리 사회는 지금 '한국 경제 영광의 30년' 동안 충실한 납세와 사회통합의 중간 역할로 국민 경제의 천사 노릇을 했던 중산층이, 아주 일부만 상류층의 경제 엘리트로 편입되고 대부분은 하층민으로 분리되는 변화를 겪는 중이다. 엘리트의 '요새 주택'은 이미 등장했고, 본격적인 슬럼이 등장할 가능성도 대단히 높다. 그리고 이 슬럼에 거주하게 될 사람들은 부모에게 집을 물려받지 못할 지금의 십대들일 가능성이 높다. 슬럼이 등장하고 확대되는 메커니즘에 대해서 이제는 진지하게 생각해보아야 할 때가 아닌가?